Karl Stankiewitz
Münchner Meilensteine
Ein Reporter blickt zurück auf sein 20. Jahrhundert

Karl Stankiewitz

Münchner Meilensteine
Ein Reporter blickt zurück auf sein 20. Jahrhundert

Verlag Attenkofer

Impressum:
© by Verlag Attenkofer, 94315 Straubing
ISBN 978-3-947029-26-6
Gesamtherstellung: Cl. Attenkofer'sche Buch- und Kunstdruckerei,
94315 Straubing

Inhalt

Vorwort	9

Das große Geschehen

Geschichten um Geschichte	11

Das große Jahrhundert

1900 – Jahr der Verheißung	13

Der große Krieg 1

Grauen im Graben	16
Tod für „Defaitisten"	17
Propaganda für Pimpfe	18

Der große Krieg 2

Erst eine Mordsgaudi	21
Jugend in Opposition	22
Flammendes Inferno	25
Stunde der Befreiung	28

Der große Neuanfang

Democracy aus USA	33
Kein Ende der Gewalt	36
Aug um Aug	39

Das große Wunder

Gutes neues Geld	41
Der Zustrom beginnt	44
Sterben die Münchner aus?	45
Weiß-blaues Fähnelein	46
Millionenstadt jubiliert	49

Das große Fressen

Welle folgt auf Welle	50
Genuss und Völlerei	51
Die kleinen Tricks	53

Das große Erschrecken

Nazis sind wieder da 54
    Edelweiß und Brillanten 56
    Kalter Krieg ganz heiß 58
    Die Volksaufklärer 61
    Die Brutalen 63
    Neue braune Brut 66
    Push für die AfD 68

Der große Schwarze

Schatten überm Land 69
    Alois und der Teufel 71
    Schmierer und Ausgschmierte 72
    Landschaftsfresser 75

Der große Vorsitzende

Franz-Josef-Land 77
    Der Unaufhaltsame 77
    Der Machtkämpfer 80
    Der Spezl 82
    Der Weltpolitiker 84
    Der Aufrüster 87
    Der Atompolitiker 91
    Der Jugendfreund 93
    Der Barockfürst 95
    Der Medien-Mensch 97
    Der Amigo 103

Der große Protest

Halbstarker Bürgerschreck 106
    1962: Schwabinger Krawalle 109
    1965: Klar zur Wende 113
    1967: Das Vorspiel 116
    1968 – die Revolte 120
    Die Blumenkinder 128
    1969 – das Nachspiel 131
    1970 – Jahr des Terrors 134

Das große Bauen

Auferstanden aus Ruinen 138
- Stadt für Kranke 141
- Stadt für Studenten 143
- Stadt im Grünen 143
- Boom mit Qualen 145
- Wohnen zum Vergnügen 147
- Basar der Popkultur 149
- Das große Chaos 152
- Der Ring-Kampf 155
- Wundervolle Welt 158
- Tempel des Konsums 160
- City für Fußgänger 161
- Schnell unten durch 163

Die großen Spiele

Olympische Träume 164
- Das Superdach 164
- Schnecke und Dackel 166
- Das Gesamtkunstwerk 169
- Viel Vergnügen 172
- Swinging Munich 174
- Saubere Spiele 175
- Der Anschlag 176
- Was ist geblieben? 179

Die große Gaudi

Tanz in Trümmern 184
- Toben auf Treppen 188
- Sterne im Theater 189
- Society unter sich 192
- Ritter im Bräuhaus 193
- Rebellen als Narren 194
- Unlustige Umzüge 195
- Der Umbruch 197

Die großen Prozesse

Von Fall zu Fall 198
    Ein deutscher Dreyfus 199
    Die Lebedame 202
    Die Tragödin 205
    Der Super-Bayer 209

Der große Fluss

Ein Stück Freiheit 213
    Nach Minga mi'm Floß 215
    Neue Badelust 216
    Die große Flut 217
    Immer wieder Nothilfe 219
    Poetische Promenaden 222
    Hier irrte Goethe 225
    Hier liebte Rilke 226

Die großen Dichter

Der Verfemte 227
    Die Weggebliebenen 228
    Ein Jahrhundert in München 231

Nachwort

Reporter als Zeithistoriker 245

Literatur 248
Bildnachweis 248

Vorwort

Dass ein Journalist, der jahrzehntelang in seiner Stadt gearbeitet hat, in hohem Alter noch einmal in einem Buch die Ereignisse darstellt, die ihm auch heute noch besonders wichtig erscheinen, ist wahrlich nicht alltäglich. Karl Stankiewitz tut dies in einer bemerkenswerten Weise. Interessant ist dabei auch die Auswahl der Ereignisse, die er trifft. Ich wünschte mir deshalb, dass sein Buch in den Münchner Schulen verbreitet und einzelne Ereignisse auch ausführlich erörtert werden. Dabei würde dann auch deutlich, was die junge Generation gegen extremistische Angriffe, an denen es ja gegenwärtig leider nicht mangelt, verteidigen sollte.

Ich hoffe sehr, dass dies nicht das letzte Buch von Karl Stankiewitz ist. München könnte noch ein weiteres durchaus gebrauchen. Wer sich gründlicher mit der jüngeren Geschichte dieser Stadt befassen will, kann an Stankiewitz nicht mehr vorbei kommen.

Dr. Hans-Jochen Vogel,
Jahrgang 1926, Oberbürgermeister der Landeshauptstadt München von 1960 bis zum Olympiajahr 1972.

Das grosse Geschehen

Geschichten um Geschichte

Journalisten schreiben Geschichten, keine Geschichte. Dennoch habe ich in meinem ganzen, bis 1947 zurückreichenden Berufsleben immer wieder versucht, wichtige Abschnitte und Ereignisse der Zeitgeschichte journalistisch aufzuarbeiten. Das will heißen: neue Fakten, Forschungsergebnisse und Jahrestage sozusagen als Aufhänger nutzen, Bekanntes hinterfragen, Geschehenes an Personen festmachen, das Ungewohnte, Hintergründige, vielleicht auch Sensationelle hervorheben und alles, was in der wissenschaftlichen Darstellung oft trocken daherkommt, allgemein lesbar machen.

Geschichten aus der Geschichte also. Als Münchner Korrespondent auswärtiger Zeitungen und dann als Autor von Büchern mit vorzugsweise lokaler oder regionaler Thematik war ich in dieser Hinsicht von vornherein begünstigt. Denn Bayerns dynamische Hauptstadt hat in der jüngsten deutschen Geschichte fortwährend eine außerordentliche Rolle gespielt; sie scheint für Umbrüche prädestiniert zu sein.

Es gab noch einen anderen Vorzug: Gut die Hälfte des 20. Jahrhunderts habe ich selbst bewusst miterlebt und publizistisch begleitet, während ich große Ereignisse aus dem halben Jahrhundert davor aus den verfügbaren historischen Quellen, nicht zuletzt aus alten Zeitungen, nachrecherchiert habe, um sie dann in Zeitungssprache, manchmal in Form von Reportagen umzusetzen.

Gebündelt habe ich diese 100 Jahre in prägende Zeitströmungen: vom Anfang des Zweiten Weltkriegs über die gesellschaftlichen Revolten der 60er-Jahre bis zum Jahrhundertende mit dem Einstieg ins globale, digitale Zeitalter, das ja auch unsere Gegenwart bestimmt. Oft war München zugleich Ausgangspunkt und Schauplatz solcher Zeitwenden. Einige der in diesem Buch beschriebenen Episoden und Ereignisse hatte ich zuvor schon als Artikel oder Serien in Zeitungen publiziert, einzelne Texte auch in Büchern; sie wurden natürlich umgeschrieben und möglichst aktualisiert oder entaktualisiert.

Geschichte hat mich immer fasziniert. Dramatische Verläufe von Münchner Protestbewegungen sind in meinem Kopf-Computer ebenso gespeichert wie bayerische Königsmärchen. Geschichte ist ein weiter Weg von der Vergangenheit in die Zukunft. Wie bei jedem Weitwanderweg gibt es einzelne, unterschiedliche Etappen. Diese sind durch Meilensteine markiert. Stolpersteine und andere Hindernisse liegen auf dem Weg. In der Geschichte der Stadt München häufen sich Höhen und Tiefen, heiteres und tragisches Geschehen. Manch harmloser Einstieg endet an einem Abgrund. Allein jenes Jahrzwölft, das sich als „Tausendjähriges Reich" gerierte, hat in der Hauptstadt dieser sogenannten „Bewegung" untilgbare Spuren hinterlassen. In diesem Buch beschränke ich mich jedoch auf wenige persönliche Erinnerungen an jene düstere Zeit. Gleiches gilt für die Etappen, die mit den Jahreszahlen 1918 und 1968 nur unzureichend gekennzeichnet sind.

Verglichen mit dem 20. Jahrhundert scheint München im 21. Jahrhundert in ein ruhigeres Fahrwasser zu steuern. Die großen Umwälzungen jedenfalls sind Geschichte. Von dieser Geschichte sollen die folgenden Geschichten erzählen. Durch Anmerkungen zwischen den Textblöcken versuche ich auch, die Leserfrage zu beantworten, wie kommt ein Journalist an Fakten und wie erhellt er Hintergründe?

Karl Stankiewitz, Sommer 2019

Das grosse Jahrhundert

1900 – Jahr der Verheißung

Großartiger, glanzvoller, dynamischer kann ein Jahrhundert nicht beginnen. Binnen eines Jahrzehnts ist München aufgebläht, aufgeblüht, ja geradezu explodiert. Doch laut Statistik für das Jahr 1900 sind nur etwa 180 000 der bald 500 000 gemeldeten Einwohner in der Haupt- und Residenzstadt Bayerns geboren. Das heißt: Münchens Aufschwung ist – schon damals – nur einer außergewöhnlichen Zuwanderung zu verdanken. Und es heißt auch: diese 750 Jahre alte Ansiedlung ist eine sehr junge Stadt. Die Männer sind durchschnittlich nur 23,8 Jahre alt. (Heute gilt München mit einem Vergleichsalter von gut 41 Jahren als „extrem jung"). Am Stichtag 30. Dezember 1900 fehlen der Bevölkerung nur noch genau 68 Bürger zur halben Million.

Nicht allein aus dem Prinzregentenreich selbst, aus halb Europa sind sie eingewandert, um Bürger zu werden und manuelle Arbeit zu finden in der Stadt, in der jetzt Fabriken, Großsiedlungen, Mietskasernen, Privatvillen, Theater, Verkehrsanlagen, Wohlfahrtseinrichtungen, Krankenhäuser, Bäder nur so aus dem Boden schießen. Auch kommen sie, um sich zu verdingen auf üppigen Märkten oder in immer mehr Kontoren (die man bald „Bureaux" nennen wird) oder in zahllosen Volkssängerbühnen, Bierpalästen, Vergnügungs- und Versorgungsstätten. Oder um etwas zu lernen in den schönen neuen Schulen und anderen Bildungseinrichtungen. Oder um Literatur und Kunst, Kitsch und Kritik zu produzieren in dieser Stadt, die heller noch als andere „leuchtet" – wie bald ein aus Lübeck zugewanderter Dichter eine Novelle beginnen wird.

Allein im ersten Jahr des 20. Jahrhunderts werden in München eingeweiht: das Nationalmuseum, das Künstlerhaus, das Schauspielhaus, das Marionettentheater, das Armeemuseum, ein Arbeitermuseum, die Prinzregentenbrücke, der Ostfriedhof mit 37 000 Gräbern und imposanter Trauerhalle; letzte Hand angelegt wird noch am Rathaus, Prinzregententheater, Volksbad, der Börse. Gegründet wird auch der Fußballclub FC Bayern, der die ersten Spiele mehrstellig gewinnt. Bis Jahresende nächtigen in feinen neuen

Mein Opa Franz Vogl war aus Österreich eingewandert

Grandhotels über 400 000 Touristen, um sich dieses Gründermünchen anzuschauen und 94 Millionen Reichsmark auszugeben. Ohnedies ernährt der Bauboom viele der Angekommenen. Von den 2,80 Mark Tageslohn könnte sich ein Ziegelarbeiter zehn Maß Bier leisten.

Einer jener Einwanderer („Bürger mit Migrationshintergrund" sagte man noch nicht) war mein Großvater Franz Vogl. Mit seiner Frau Elisabeth kam er aus einem Dorf in Oberösterreich, wo er als Hufschmied in der auslaufenden Postkutschenzeit immer weniger Pferde zu beschlagen hatte. In München indes sind bereits 54 Kraftfahrzeuge zugelassen, die allerdings – so bestimmt die erste Verkehrsregelung – nicht schneller als zwölf Kilometer per Stunde fahren dürfen. Opa hat bald einen Posten („Job" sagte man noch nicht) bei der städtischen Straßenbahn, die just im Jahr 1900 auf 93 Kilometern elektrifiziert wird – und die er zeitlebens altmodisch „Tramway" nennt. 1902 wird meine Mutter geboren.

Ein ebenfalls zugewanderter Schriftsteller, der in Polen gebürtige Max Halbe, begründet die „bunteste Blütenpracht", die das öffentliche Leben jetzt in München entfaltet, mit dem „Zustrom künstlerischer Kräfte aller Art", welcher zur Jahrhundertwende seinen höchsten, niemals mehr übertroffenen Pegelstand erreicht habe. Das Hoftheater inszeniert sein Drama „Das Tausendjährige Reich". (Der utopische Titel wird dann missbraucht werden von einem Reich, das nur zwölf Jahre währte). Halbes Hymne belegt eine kleine Auswahl jener „künstlerischen Kräfte", die im Blütejahr 1900 als Zugewanderte in München wirken:

– Da sind etwa die Schriftsteller Ricarda Huch, Lena Christ, Paul Heyse, Thomas und Heinrich Mann, Frank Wedekind, Otto Julius Bierbaum, Hugo von Hofmannsthal, Ludwig Thoma, Stefan George, Karl Wolfskehl, Hans von Gumppenberg; die Maler Wassily Kandinsky, Gabriele Münter, Franz Marc, Paul Klee, Arnold Böcklin, Franz von Stuck, Friedrich Kaulbach, Lovis Corinth, Max Slevogt und die genialen Zeichner des „Simplicissimus";
– Pädagogen, Prediger, Publizisten, Propheten von Rang;
– der Physiker Conrad Röntgen und der Ingenieur Rudolf Diesel;

– die Architekten Richard Riemerschmid, Martin Dülfer, Carl Hocheder und die Urmünchner Brüder Gabriel und Emanuel Seidl, die wiederum eng mit den genialen Stadtplanern Theodor Fischer und Hans Grässel zusammenarbeiten.

Die geistigen Kräfte („Kreative" sagte man noch nicht) treffen in München auf weitblickende, bodenständige Unternehmer, deren Familiennamen noch heute große Firmen tragen: Krauss, Maffei, Heilmann, Littmann, Steinheil, Rodenstock, Linde, Ungerer, Wamsler, Sedlmayr. Schnell, optimal und fundamental verändern sich Wirtschaft, Wissenschaft und Gesellschaft in der Metropole des einstigen Bauernlandes Bayern. – Und die Politik?

Im April 1900 trifft ein Flüchtling aus dem zaristischen Russland in München ein. Er wohnt illegal zur Untermiete beim sozialdemokratischen Gastwirt Rittmeyer in der Schwabinger Kaiserstraße 53 (heute 46), nennt sich „Meyer" und bereitet nun unter dem Decknamen „Lenin" insgeheim die Weltrevolution vor. 1913 besucht er mit seiner Frau noch einmal das beliebte Hofbräuhaus, bevor ihn im April 1917 die deutsche Heeresleitung im verplombten Zug nach Petrograd exportiert.

Indessen ist am 25. Mai 1913 ein Emigrant, aus einem Wiener Männerheim kommend, als Untermieter beim Schneidermeister Popp in der Schleißheimer Straße 34 eingezogen; er lebt vom Verkauf selbstgemalter Postkarten an Kunsthändler, bevor er am 1. September 1914 dem bayerischen Infanterie-Regiment 16 zugeteilt wird. Im polizeilichen Meldeamt ist er als Adolf Hitler registriert.

Dieses zwanzigste Jahrhundert, mein Jahrhundert, verheißt Großes, nicht unbedingt Gutes.

Der grosse Krieg 1

Grauen im Graben

Über das wahre Geschehen im Ersten Weltkrieg wurde ich zuerst durch meinen Vater aufgeklärt. Es waren keine schönen Geschichten, die er immer wieder, wahrscheinlich traumatisiert, im Familienkreis erzählte. Auch Wilhelm Stankiewicz, mein Vater, war um die Jahrhundertwende eingewandert: vom damals westpreußischen Teil Polens ins Ruhrgebiet, wo Arbeiter in Kohleflözen und an Stahlkochern gebraucht wurden. Als 24-Jähriger wurde er an die Front in Flandern befohlen.

Mein Vater Wilhelm Stankiewitz stammte aus Posen

Dort lag er drei Jahre in Schützengräben, vis-á-vis einer französischen Kolonialeinheit. „Baumlange Neger" (sehr lange noch war das Wort „Neger" durchaus korrekt) seien mit aufgepflanztem Bajonett, schreiend oder mit dem Messer zwischen den Zähnen gegen die deutschen Stellungen gestürmt. Umgekehrt war es ähnlich. Immer verlustreich, nie erfolgreich. Manchmal konnte man sich sogar über den Graben hinweg verständigen. Mein Vater hatte eine französische Mutter. Seinen Namen ließ er auf Stankiewitz „eindeutschen".

Nach dem großen Völkermord fuhr er nicht mehr ein in die kohlenschwarze Unterwelt, sondern kämpfte weiter: als Funktionär der Christlichen Gewerkschaften für die Rechte der Bergarbeiter und als Funktionär der Zentrumspartei für die Demokratie, bis ihn die Nazis 1933 auf die Straße setzten; Vater schlug sich dann als Versicherungshausierer durch. Meine Mutter besuchte in meinem Geburtsjahr die Schlachtfelder an der Somme und vor Verdun und schrieb für eine Berliner Zeitung eine lange Reportage. Hier ein Auszug:

Weit, weit, noch am fernsten Horizont nichts von Menschenhand und -leben, alles dem Erdboden gleichgemacht, vernichtet, was hier lebte und atmete. Umso

Meine Mutter Elsa mit den Geschwistern Irmgard, Karl Heinz und Alfred beim Taubenfüttern vor der Feldherrnhalle

beredtere Wahrzeichen sind die Tausende und Abertausende tiefe Löcher, nun mit schmutzigem Wasser bis oben angefüllt … Überläuft dich nicht ein schrecklich Grauen, wenn du im Geiste dir vorstellst, wie hier die Soldaten monatelang in diesen kalten, nassen Löchern gelegen sind, wenn du heute noch überall diese rostigen Drahtverhaue siehst? … Die Bajonette stehen noch aus der Erde heraus ganz so in der Stellung, wie die Soldaten vom Tode überrascht wurden, das Holz hat die Zeit vernichtet und der Stahl ist verrostet. Unter einem nackten, lang gestreckten Erdenhügel ruhen die Gebeine so vieler blühender Menschenleben. Ein paar Kreuze, ein paar Palmsträuße – das letzte Andenken an so viele!

Tod für „Defaitisten"

Vom Zweiten Weltkrieg erlebte Vater nur das erste Jahr. Kurz vor dem Tod durch Schlaganfall flüsterte er der – inzwischen auseinander gebrochenen – Familie noch zu, diesen Weltkrieg könne Deutschland angesichts einer Welt von Feinden genau so wenig gewinnen wie den vorigen. Wir drei Kinder waren erst mal geschockt. Denn noch wurde an allen Fronten gesiegt – und wir siegten im Geiste mit. „Die Hitlers", wie sich meine Großeltern ausdrückten, werteten solche Einflüsterungen als „Defaitismus" oder „Wehrkraftzersetzung" und bedrohten sie mit dem Tode.

Auf diese Weise hat sich mir jedenfalls das Bild eines erbarmungslosen, sinnlosen Krieges tief ins Bewusstsein gesenkt, und zwar lebenslänglich. Bald konnte ich mein Buben-Wissen durch ein schwarz gebundenes Buch mit dem Titel „Der Große Krieg" vertiefen. Durch Zitate aus Feldpostbriefen, internationalen Zeitungen und Heeresberichten lieferte es – obwohl es im Jahr 1935 erschien, als München „Hauptstadt der Bewegung" wurde – eine ziemlich objektive Dokumentation vom Geschehen. Und noch etwas später ließ sich das Bild vom Krieg durch Bücher und Filme wie „Im Westen nichts Neues" vervollständigen; Remarques Roman hat in unserer Hausbibliothek die Zeiten der – befohlenen oder freiwilligen – Bücherverbrennung überlebt.

Propaganda für Pimpfe

Meine Kindheit in der Nazi-Zeit verlief nicht anders als die der allermeisten „Volksgenossen". Was in dieser dunklen Zeit geschah, habe ich später immer wieder hintergründig nachrecherchiert und in Zeitungen beschrieben. Hier die Schlagzeilen von Kapiteln, auf die ich aber in diesem Buch verzichte, weil ich mich, auch aus Platzgründen, letztlich auf persönlich Erlebtes beschränken möchte:

Der große Umbruch. Ein Krieg der Ideen / Aufstand der Frauen / Eisners Festnahme / Untergang des Abendlands / Wahl oder Revolution? / „Freier Volksstaat Baiern" / Eisners Ermordung.

Das große Unheil. Nazi-Nest in Neuhausen / „Bande von Biertrinkern" / Intimes aus der Kampfzeit / Münchner Geldquellen / „Münchner Bierdimpfl" / „Grüß Gott, Herr Hitler" / Müllers Not und Tod / Schweigen, Lügen, Rätsel / Der angebliche Hitler-Sohn / Der ominöse Putsch / Der skandalöse Prozess / Noch ein Putsch-Prozess / Geheimnisvolle Tagebücher.

Der große Diktator. Palais Größenwahn / Hitlers Wahnideen / Hitlers Tod.

Zurück zur Vorkriegszeit. Als Halbwaisen brachte uns die in einem Verlag tätige Mutter zunächst in dem sogenannten Landerziehungsheim Grunertshofen bei Fürstenfeldbruck unter. Da ging es noch sehr katholisch zu: von der täglichen Morgenmesse bis zur Abendandacht. Den langen Fußmarsch zum Kloster St. Ottilien mussten wir des Öfteren antreten. Aber ein Freibad gab's auch. Und (noch) reichlich zu essen.

Mit Eintritt ins zehnte Lebensjahr, im Oktober 1938, wurde ich ins „Jungvolk" eingereiht; das war gewissermaßen die Kinderabteilung der Hitler-Jugend. Widerwillig hatte meine in Salzburg geborene, dem NS-Regime eher feindlich gesinnte Mutter die vorgeschriebene „Pimpf"-Uniform gekauft: Braunhemd, Halstuch, Schulterriemen, Käppi, Koppelschloss mit germanischem Siegeszeichen, Fahrtendolch mit Hakenkreuz, auf der Klinge die Gravur „Blut und Ehre".

Allein in Bayern zählte diese HJ gegen Ende 1937 über eine Million Mitglieder; acht Millionen Hitlerjungen und Jungmädels waren es im ganzen Deutschen Reich. Nach und nach waren alle freien Jugendverbände mit der Hitlerjugend gleichgeschaltet worden. Allein die Katholische Jugend hatte, auf Grund eines mit der Nuntiatur in München geschlossenen Konkordats, noch gewissermaßen einen halblegalen Status, der ihr Zusammenkünfte in

Kronzeuge Echtmann

Hitler ist tot! Der Kronzeuge brach sein Schweigen

Prozeß in Berchtesgaden

Von BILD-Reporter Karl STANKIEWITZ

Berchtesgaden, 16. Oktober

Hitler ist tot! – Das ist nun endlich verbrieft und versiegelt. Ein Spätheimkehrer, der Berliner Dentist Fritz Echtmann (41), hat dafür den schlüssigen Beweis geliefert. Achteinhalb Jahre lang mußte er schweigen. Weil er um das Geheimnis wußte, hielten ihn die Sowjets so lange in sibirischer Kriegsgefangenschaft zurück.

Gestern, am Freitag, ... vor dem Amts... rchtesgaden seine ...nd von ge-

...keit für die Todeserklärung wurde mit ...eis untermauert, daß Hitler zuletzt in ...haft gewesen sei.

...machte keine Anstalten, den „Fall Hit... der Hand zu geben. Das Justizministerium ...auf das laufende Verfahren in Berchtes-... Finanzministerium auf die Tatsache, ...weitaus größte Teil der Hitlerschen Hin...schaft in Bayern liege. Als nun aber das ...Amtsgericht trotzdem ein neues Verfahren ...wurde das Bayerische Oberste Landes-...eingeschaltet. Es entschied Anfang Juli ...für die Todeserklärung allein das Amts-

gericht in Berchtesgaden, dem letzten „privaten" Wohnsitz Hitlers, zuständig sei.

Im Verlauf des Verfahrens wurden 42 Zeugen vernommen, von denen 13 erst 1955/56 aus der Sowjetunion zurückgekehrt waren. Außerdem verwertete Amtsgerichtsrat Dr. Stephanus die gesamte einschlägige Literatur aus dem In- und Ausland. Er studierte sogar historische Parallelfälle, wie die ungeklärten Umstände beim Tode des Zaren Alexander I, der 1825 zwar angeblich das Zeitliche gesegnet hatte, um 1860 herum aber als Eremit gelebt haben soll. Es ging dem Gericht darum, einer weiteren Legendenbildung ein für allemal vorzubeugen.

Pfarrhäusern ermöglichte, Schikanen aber nicht ausschloss. Von einem Freund wusste ich von heimlichen Treffen in der Maximiliankirche.

Das sogenannte Jungvolk galt als „Kampfgruppe der jüngsten Soldaten des Nationalsozialismus", wie Reichsjugendführer Baldur von Schirach verkündete. Wir „Pimpfe" merkten es zunächst daran, dass wir einen Großteil unserer Freizeit nunmehr mit Heimabenden am Max-Weber-Platz verbrachten, wobei wir über unsere „Herrenrasse" und deren plutokratischen oder bolschewistischen Feinde sowie über die „nutzlosen Esser" (unheilbar Kranke) aufgeklärt wurden.

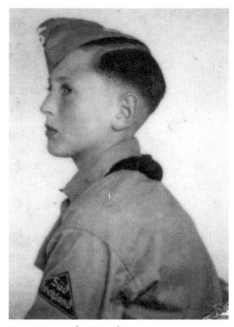

Der Autor als Pimpf

Stundenlang mussten wir strammstehen bei Weihe-Feiern der Partei. Wenn auf dem Königsplatz die Namen der „Blutopfer" vom Marsch zur Feldherrnhalle verlesen wurden, mussten wir Pimpfe und Tausende anderer Uniformierter immer „hier" schreien. Da waren die Fahrten ins Hochlandlager bei Königsdorf im Isartal doch viel erfreulicher. Außer dem gewohnten Drill gab's dort Sport vom frühen Morgen an. Und bevor wir abends in die Großzelte krochen, wurden vor lodernden Flammen wieder Lieder über Lieder gegrölt, untermischt mit Parolen.

Feierlich wurde es, wenn wir eine Art NS-Kirchenlied anstimmen mussten: „Deutschland, heiliges Wort, du voll Unendlichkeit, über die Zeiten fort, seist du gebenedeit." Eines der Pflicht-Lieder hatte Baldur von Schirach selbst gedichtet: „Vorwärts, vorwärts, schmettern die hellen Fanfaren, vorwärts, Jugend kennt keine Gefahren." Unentwegt schmetterten die Fanfaren, dumpf dröhnten die Trommeln mit den schwarzen Runen. Und die Blechbüchsen schepperten, wenn wir sonntags fürs Winterhilfswerk sammelten, nach der Parole: „Keiner soll hungern und frieren".

Der grosse Krieg 2

Erst eine Mordsgaudi

Als der Krieg ausbrach, brachen wir in Jubel aus, wir dummen Buben im zehnten bis elften Lebensjahr. Herr Gierster, der Direktor des städtischen Kinderasyls in München, wo wir nun aufbewahrt wurden, um feierlich zu verkünden: Deutsche Soldaten seien am frühen Morgen dieses 1. September 1939 irgendwo im Osten über irgendeine Grenze marschiert, und jetzt müssten wir uns alle schützen. Dann bekam jeder „Zögling" eine der längst bereitliegenden Gasmasken. Wir mussten sie gleich ausprobieren. Toll. Wir beglotzten uns gegenseitig wie komische Marsmännchen.

Wir erwarteten den Krieg wirklich wie eine Mordsgaudi. Unbekannte Abenteuer schienen bevorzustehen. Vielleicht von jener Wild-West-Art, wie ich sie aus den Tom-Mix-Heftln kannte. Ein bisschen träumten wir von einem Heldentum, mit dem uns Lehrer in der Volksschule mit Erzählungen über die Germanen und allerlei siegreiche Kriege indoktriniert hatten.

Buchstäblich zu unserem Leidwesen wurden nun allerdings die abenteuerlichen Geländespiele nach Ausbruch des Krieges immer mehr Bestandteil einer nahezu vormilitärischen Ausbildung – mit viel Feind und Ehr, mit Kleinkalibergewehr und Handgranaten. Vor allem erkannten wir den Krieg am fortwährenden Marschieren und Exerzieren. Unentwegt wurde gesungen respektive gegrölt: „Wir werden weiter marschieren, wenn alles in Scherben fällt, denn heute gehört uns Deutschland und morgen die ganze Welt." Unfreiwillige Zuhörer waren merklich geschockt.

Auch im Kinderheim herrschte bald militanter Drill. Fräulein Maria Fick achtete jetzt streng darauf, dass wir mit stramm ausgerichteter Hand immer „Heil Hitler" riefen, bevor wir von jungen Erzieherinnen von der Hochstraße über den Gebsattelberg zur Schule am Maria-Hilf-Platz geführt wurden. (Thomas Bernhard schildert eine ähnliche Szene in „Ein Kind").

Unsere neuen Freunde dort waren Arbeiterkinder, die der Krieg offenbar weniger begeisterte als uns, ihre kasernierten Mitschüler. Neben mir saß der Fischer Hermann, den sein Vater irgendwie, trotz Gestapo-Verhören, von den Braunhemden fernhalten konnte. Später buddelte dieser Hermann ein wertvolles Kruzifix aus dem Bombenschutt und versteckte es. Heute ist es in der Giesinger Heiligkreuzkirche aufgestellt. Noch später erwarb er sich unter dem Künstlernamen Philipp Arp den Ruf eines kongenialen Nachfolgers von Karl Valentin. Seine Witwe Anette Spora leitet bis heute das Theater im Sozialamt. Man munkelte von Halbwüchsigen, die sich im Auer-Mühlbach-Gehölz, wo wir Blasrohre und Pfeiferl schnitzten, insgeheim träfen. Diese „Ankerblase" pflegte insgeheim ein äußerst distanziertes Verhältnis zu den „Hajottlern". Eines Tages wurden sie von der Polizei aufgegriffen.

Jugend in Opposition

Im Februar 1940 berichtete die Gestapo: „Seit ungefähr einem halben Jahr musste in München beobachtet werden, dass sich Burschen im Alter von 15 – 20 Jahren zusammenfinden und abends die Straßenecken bevölkern sowie die Passanten anpöbeln." Erwähnt wurden verschiedene, nach ihren Treffpunkten benannte „Stenzenblasen": die Spitz-, Glockenbach-, Auermühlbach-, Malzhaus- und Rioblase. Einige hatten Erkennungszeichen, etwa einen mehrzackigen Stern. Politische Hintergründe wurden allerdings nicht festgestellt. Es kam aber sogar zu Auseinandersetzungen, ja Schlägereien zwischen uniformierten Hitlerjungen und wilden „Blasen", weshalb der HJ-Bannführer jugendliche Streifen einsetzte.

Um das „Cliquenwesen einzudämmen", wurden neue, schärfere Gesetze erlassen und die Amtsrichter zu harten Urteilen ohne Milderungsgründe angehalten. So bekam der 17-jährige Mechanikerlehrling und Ausreißer Heinz Steigenberger vom katholischen Jugendverein 1941 drei Jahre Zuchthaus wegen „Verbrechens gegen die Volksschädlingsverordnung"; es handelte sich um kleinere Einbrüche und eine versuchte Flucht nach Ungarn. Im Frühjahr 1942 wurden in München 214 solcher „Eckensteher" zum neu eingeführten Jugenddienstarrest verdonnert. Ältere Abweichler erhielten „Gelegenheit zur Feindbewährung".

Wenige Tage nach der Tragödie von Stalingrad erblickten wir nahe unseres Internats, in schwarzer Pechfarbe an Mauern der Universität gepinselt, aufwühlende Aufrufe wie „Nieder mit Hitler" und „Freiheit". Heimleiter Karer drohte jedem Zögling, der diesen „Hochverrat" nicht verdammen oder sich gar „defätistisch" äußern werde, mit dem Konzentrationslager. Tatsächlich verschwand einer meiner Freunde, ein Russe, aus dem Heim; sein Vater, Offizier einer antisowjetischen Truppe, holte ihn nach wenigen Tagen aus Dachau, kurz geschoren war er nun und einsilbig.

Über einige Hintergründe des unerhörten Freiheits-Rufes wurden wir Oberschüler aber doch informiert: Kriegsversehrte Studenten, die ebenfalls im Albertinum wohnten, berichteten uns hinter vorgehaltener Hand, dass es in der ehrwürdigen Ludwig-Maximilians-Universität brodelte, seit Gauleiter Paul Giesler am 13. Januar 1943 in einer Gründungsfeier den Studentinnen zynisch empfohlen hatte, „dem Führer lieber ein Kind zu schenken", statt in diesen schweren Zeiten einfach zu studieren. Es habe sofort wütende Zurufe gegeben, erzählte ein Beinamputierter, der später als Sportarzt der Bergwacht bekannt wurde.

Sogar Flugblätter mit gefährlichem Inhalt sollen im Lichthof von der Galerie abgeworfen worden sein. Als Urheber bekannte sich eine studentische Gruppe namens „Weiße Rose". Eines der hektografierten Blätter kursierte kurz in kleinem Kreis. Wir lasen: „Leistet passiven Widerstand – Widerstand – wo immer Ihr auch seid, verhindert das Weiterlaufen dieser atheistischen Kriegsmaschine, ehe es zu spät ist, ehe die letzten Städte ein Trümmerhaufen sind, gleich Köln, und ehe die letzte Jugend des Volkes irgendwo für die Hybris eines Untermenschen verblutet ist." Es war gleichsam ein Gegensignal aus der Generation der jungen Soldaten.

Verfasst hatten dieses erste von sechs Flugblättern schon im Sommer 1942 – das alles erfuhr die Öffentlichkeit erst nach dem Krieg – die Medizinstudenten Hans Scholl und Alexander Schmorell, Angehörige der 2. Studentenkompanie. Hergestellt wurde das mutige und verhängnisvolle Dokument nachts im Atelier-Keller des Schwabinger Architekten Manfred Eickemeyer, wo auch Diskussionsabende stattfanden. Hans Scholl war zunächst gegen den väterlichen Rat Mitglied in der Hitler-Jugend, die gewisse Eigenheiten des Wandervogels übernommen hatte. Trotzdem blieb er Mitglied einer katholischen Jugendorganisation sowie der illegalen Jugendgruppe „Grauer Orden". Auch pflegte er Umgang mit geistigen Größen Münchens (Muth, Haecker, Huber). Gemeinsam las man Adalbert Stifter und Paul Claudel.

Bereits im Dezember 1937 und dann noch mehrmals waren Hans und auch seine Schwester Sophie, die sich wie fast alle Freundinnen im nationalsozialistischen Bund Deutscher Mädels am Tanzen und Turnen freute, wegen „bündischer Umtriebe" in die Fänge der Geheimen Staatspolizei geraten. Ähnliche Beziehungen zu Wurzeln und Ideen der aufgelösten Bündischen Jugend und zu Katholischen Jungscharen hatten die meisten anderen Angehörigen der Weißen Rose. Keiner, ausgenommen ihr Professor Kurt Huber, war älter als 25 Jahre. Eine Jugendbewegung? Gewiss.

Die Urteile folgten schnell, sie waren erbarmungslos und wurden groß plakatiert. Immer öfter lasen wir Internatsschüler nun die blutroten Anschläge, die Todesurteile des oft in München tagenden Volksgerichtshofs gegen Männer und Frauen verkündeten und abschrecken sollten. Nicht selten erschienen da Geburtsdaten, die nicht weit von den unseren entfernt waren. Einmal kamen drei Lehrlinge aufs Schafott: Walter Klingenbeck (an ihn erinnert heute eine winzige Straße), Daniel von Recklinghausen und Erwin Eidel. Auch sie gehörten der Katholischen Jugend an. Ihre Verbrechen: Sie sollen das verbotene V-Zeichen (für Victory) an Häuserwände gepinselt und gar geplant haben, Flugblätter mit einem selbst gebastelten Segelflugzeug über München abzuwerfen. Vorher war in Stadelheim schon Bebo Wagner hingerichtet worden, der mit Freunden aus dem früheren Jugendverband der SPD eine Widerstandsgruppe gebildet hatte.

Nicht gerade politisch motivierter Widerstand, aber doch so viel Verweigerung wie möglich – auch eine solche Haltung war in der Großstadtjugend, besonders in den einst „roten" östlichen Vorstädten Münchens, seit Kriegsbeginn durchaus auffällig, und nicht nur den bezahlten Spitzeln. Zu erkennen war diese milde Art von Opposition am lässigen Kleidungsstil, am unbotmäßigen Haarschnitt, an Zusammenrottungen, an frechen Witzen und Gassenhauern.

In der achtköpfigen Familie meiner aus Österreich stammenden Großeltern im Schlachthofviertel waren „die Hitlers" verhasst. Nur Onkel Franz spielte bei denen mit. Er lief gern in brauner SA-Uniform herum und ohrfeigte mich, wenn ich nicht den vorgeschriebenen Kurzhaarschnitt hatte.

Natürlich hatten wir unsere Kenntnisse fast ausschließlich aus der nationalsozialistischen Propaganda. Selten hörte man in vertrautem Kreis „Radio London" aus einem abgedichteten Volksempfänger. Im Pausenhof der Wirtschaftsoberrealschule an der Herrenstraße lasen wir uns gegenseitig Feldpostbriefe von älteren Brüdern oder Freunden vor, die ganz anders klangen als die manipulierten Meldungen aus dem Oberkommando der Wehrmacht. Briefe mit dem Absender Paris dienten auch eher der erotischen Fortbildung.

Flammendes Inferno

Bevor uns dann Frontsoldaten im Fach Waffenkunde unterrichteten, musste die ganze Klasse zum Hopfenzupfen in die Holledau ausrücken. Oder zum Kartoffelkäfersammeln auf dem städtischen Petershof bei Ismaning. Dort parodierte Kurt Gessl (später Kollege bei der *Abendzeitung*) den widerlichen Minister für Volksaufklärung, Joseph Goebbels: „Während die englische Jugend mehr und mehr verkommt, steht die deutsche Jugend im heroischen Kampf gegen den Kartoffelkäfer."

Inzwischen war ich zum Jungenschaftsführer aufgerückt und bekam eine rot-weiße „Affenschaukel" für die Schulter. Nun sollte ich dazu beitragen, dass sich die zehn „Mann", die mir anvertraut waren, dem vom höchsten Führer verkündeten Leitbild anglichen: „Zäh wie Leder, flink wie Windhunde, hart wie Kruppstahl …" Solchen Pimpfen konnten die ersten Brandbomben, deren minimale Schäden im März 1940 am Alten Rathaus zu besichtigen waren, eher wie ein Verkehrsunglück vorkommen und kaum aus der altersgemäßen Fassung reißen. Der Kriegsverlauf anfangs auch nicht. Obwohl die Sommerferien ausfielen. Stattdessen wurden wir Halbwüchsige an der sogenannten „Heimatfront" eingesetzt. Die Bombenangriffe mehrten sich. Sie brachten Angst und Arbeit.

Während Mütter und Kinder, auch meine Geschwister, aus der berstenden Stadt aufs Land evakuiert wurden, verkündete Hitler im September 1944 den „Volkssturm". Der erfasste schon die Sechzehnjährigen. Ich kam noch einmal davon. Doch Herr Karrer, der „Präfekt" des ursprünglich katholischen Internats Albertinum, der jetzt nur noch in der braunen Uniform eines „Politischen Leiters" herumstolzierte, beförderte mich zum „Melder". Ich bekam einen Stahlhelm, der vor herabstürzenden Trümmern schützen sollte. Mitten in den Bombennächten, ehe noch die Sirenen „Entwarnung" signalisierten, musste ich mit meinem Fahrrad ins Stadtzentrum ausrücken, um Großbrände in den Bunker des Gauleiters zu übermitteln. Nie werde ich diese Fahrten in die Hölle vergessen, vor allem nicht das flammende Inferno der Oper.

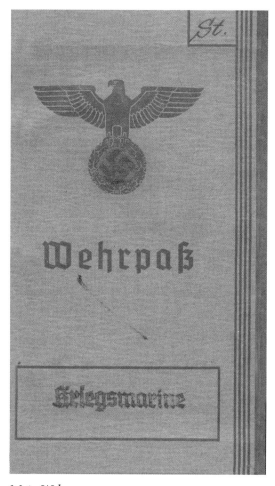

Mein Wehrpass

Zur Bergung von Bombenopfern und deren geretteten Habseligkeiten wurden alle Klassenkameraden befohlen. Dabei musste aber der ganz gewöhnliche Unterricht weitergehen – in einer Art Wanderschule. Eine Lehranstalt nach der anderen wurde ausgebombt, so dass wir Oberschüler von der Innenstadt in die Isarvorstadt und schließlich nach Schwabing wechseln mussten. Das wiederum war, weil oft auch die öffentlichen Verkehrsmittel ausfielen, mit weiten Anmärschen verbunden.

Als das menschliche Kanonenfutter anscheinend rar wurde und die Kampffront näher rückte, erschien ein tadellos geschniegelter Offizier der Waffen-SS in der Klasse; mehrmals versuchte er, uns für seine Elite-Armee anzuwerben. Doch keiner meldete sich; die Kämpfer mit dem Totenkopfzeichen hatten längst einen üblen Ruf.

Anfang 1945 wurden zahlreiche Münchner Oberschüler als „Flak-Helfer" eingezogen. Unter ihnen Joseph Ratzinger, der sich später als Papst an den Anblick misshandelter Zwangsarbeiter in Allach und damit an die „Abgründe im Menschlichen" erinnern wird. Auch meine Klasse leerte sich, Unterricht fand im Gefechtsstand nur theoretisch statt. Mein Mitschüler Karl Scheuerer erinnert sich: „Bei uns dienten am Ende nur noch Kadetten aus der Offiziersschule, die sich anscheinend vom Fronteinsatz drücken konnten. Wir selbst haben keinen einzigen Schuss abgefeuert. Es hieß, die Munition werde gebraucht für den Endeinsatz."

45 Angehörige des Volkssturms, keiner älter als 17 Jahre, wurden am Nordrand von München stationiert, denn dort befand sich einer der größten militärisch-industriellen Komplexe im Reich. Hinter Alleebäumen bei Lohhof mussten sie Erdlöcher ausheben, um von dort aus auf die von Dachau anrollenden Truppen der 20. US-Panzerdivision zu feuern. Dieselbe Einheit hatte bei der Befreiung des Konzentrationslagers am Vortag ein Massaker angerichtet unter Jungmännern der SS-Division Hitlerjugend, die sich schon ergeben hatten, was sogar, zwar erfolglos, zu einem militärischen Verfahren führte.

Außerdem lauerten bei Lohhof hinter weißen Fahnen etwa 1500 Jugendliche, die man schnell noch in der Waffen-SS-Schule bei Unterschleißheim rekrutiert und an der Panzerfaust ausgebildet hatte. Und schließlich standen kaum 20 Jahre alte Männer in einem Reichsarbeitsdienstlager, wo zuvor der 20-jährige Franz Josef Strauß gedient hatte, zum Abwehrkampf bereit. Der begann an jenem 29. April um 12.30 Uhr. Erst um 18 Uhr war der verzweifelte, sinnlos befohlene Widerstand einer missbrauchten Jugend von der Übermacht gebrochen. Die Amerikaner bargen 40 Gefallene und etwa 200 Verwundete. Die Toten auf deutscher Seite wurden nicht gezählt, nur die etwa 700 Gefangenen. Es war die letzte große Schlacht auf deutschem Boden.

Sowohl vor dem Einsatz an der Fliegerabwehrkanone (Flak) wie vor dem Volkssturm und dem Werben der Waffen-SS hatte mich meine Vorliebe für die See geschützt: Als die Einberufung unseres „weißen Jahrgangs" 1928 bevorstand, meldete ich mich zur Kriegsmarine. In Wehrertüchtigungslagern an der Ostsee und am Bodensee war ich als Angehöriger der Marine-HJ schon ausgebildet worden, in Wien hatte ich eine Offiziersbewerber-Prüfung bestanden. In den Wehrpass wurde gestempelt: „Angenommen als Kfrw. beim 2. Admiral der

Der Autor in Uniform der Marine HJ

Nordsee". Die Einberufung sollte im April 1945 erfolgen. Sie erfolgte – angesichts der Lage – nicht mehr.

Am 30. April, als sich Adolf Hitler und seine frisch vermählte Frau Eva Braun im Berliner Bunker das Leben nahmen, marschierten die Amerikaner in München ein.

Stunde der Befreiung

Die ersten Amerikaner meines Lebens – abgesehen von einem runden Zuckergebäck namens „Amerikaner" – bekam ich am Nachmittag des 30. April 1945 zu Gesicht: drei Männer im Jeep. An den Fahrer erinnere ich mich besonders, weil die dicken weißen Handschuhe so eigenartig mit seinem schwarzen Gesicht kontrastierten. Vorsichtig fuhr der Spähtrupp zur Maximiliansbrücke und hielt mitten in einem Menschenhaufen, der aus neugierigen, kriegsmüden, meist älteren Bürgern und etlichen Deserteuren der Wehrmacht bestand. Einige Leute hatten kurz zuvor die von verteidigungswilligen Kameraden bereit gelegten Stacheldrahtrollen und Sprengkisten in die Isar geworfen. Sabotage, Defaitismus, Verrat – jetzt war's egal.

In schlechtem Schulenglisch erklärten wir den behelmten, olivgrün uniformierten Soldaten, dass sich drüben im Maximilianeum trotz Rotkreuzflagge noch Waffen-SS verschanzt habe. Attention! Der kleine offene Wagen machte kehrt und bald schon donnerten schwere Sherman-Panzer der US-Regenbogendivision durch die Maximilianstraße. Der Krieg war aus! München war besetzt von so lange verteufelten Feinden, deren Flugzeuge noch am 25. Februar in fünf Wellen mit über 5000 Spreng- und 250 000 Stabbrandbomben insbesondere Industrieanlagen, Wasserversorgung, Eisenbahnen und Brücken zerstört hatten.

Merkwürdig schnell hatten unsere Eroberer – wir Jungen sahen sie ganz klar als Befreier – den Kosenamen „Ami". (Ich dachte da auch an einen UFA-Filmschlager: „Du hast Glück bei den Frau'n, Bel Ami"). Zwar waren sie nun unsere Aufpasser, zwar sollten sie die Kriegsverbrecher und die Obernazis bestrafen (das Militärgericht tagte in Permanenz) und den Rest des Volkes, vor allem die Jugend, umziehen zur Demokratie; „Re-Education" hieß die Parole aus Washington. Doch es dauerte nicht lange, bis die fremden Soldaten auch Helfer, ja Freunde wurden, mindestens für die jüngeren

Amerikanische Truppen marschieren in München ein.

Münchner. Für die vielen „Froileins" sowieso, die sich rasch einen Boyfriend angelten, der dann mit seinen Gaben aus dem PX-Laden, dem amerikanischen Kaufhaus in der Prinzregentenstraße, oder aus der im Bürgerbräukeller eingerichteten Soldatenkantine ganze Familien ernährte.

Was uns zusammenführte, war vorrangig die Musik, die sie mitbrachten. Der Jazz, den wir bislang nur verbotswidrig aus dem „Feindsender" erlauschen konnten. Wir spitzten unsere Ohren vor dem Orlando am Platzl, wo ein Saxophonist namens Max Greger aufspielen durfte, wenngleich „off limits" für nichtmilitärische Gäste galt, schon gar für Deutsche. In der zur „Jubilee Hall" umfunktionierten, mit Nazi-Mosaiken geschmückten Kongresshalle des Deutschen Museums gastierten nach und nach alle legendären Jazzer. Wir gewöhnten uns das ohrenbetäubende Pfeifkonzert als Ausdrucks starken Beifalls an – und an so manch andere amerikanische Sitte oder Unsitte.

Die neuesten Hits bot immer der Soldatensender AFN, der in der ehemaligen Gauleiter-Villa in der Kaulbachstraße untergekommen war. „Lantschen in Mantschen" (eine Verbalhornung von Lunch und München) klang es jeden Tag um 12 Uhr aus dem American Forces Network. Und sehr bald erschienen sie auch leibhaftig in München: der immer verschmitzte und verschwitze Louis Armstrong, die göttliche Ella Fitzgerald, der elegante Duke Ellington, der zappelige Lionel Hampton, der ziegenbärtige Dizzi Gillespie, der leise Dave Brubeck und andere Kings der schwarzen Musik.

Hot und Swing vom fast Feinsten waren immerhin auch für zivile Preise zu haben. Haidhausen entwickelte sich zum Münchner Harlem. Der Hinweis „Off limits for Civilians" und häufige Kontrollen weißbehelmter Military Police schreckten uns Stenze kaum ab. Mein Stammlokal wurde das „Birdland", wo sich die schwarzen „GIs" (Government Issues, etwa als Regierungseigentum zu übersetzen) von jungen, bald berühmten deutschen Combos ins ferne Dixieland entführen ließen.

Auch das legendäre Hollywood war nahegerückt. Wenngleich die ersten Importe von US-Filmen etwas banal und kitschig rüberliefen – die drei noch betriebsfähigen Kinos wurden dem Ansturm kaum Herr. Im halb zerstörten UFA-Palast erlebten wir die großen Stars und gewöhnten uns dabei an den American Way of Life. Wir fanden es toll, wie Cary Grant, Gary Cooper, John Wayne oder Errol Flynn wildeste Abenteuer bestanden, wie Superstar Rita Hayworth sie nach Sevilla, Schanghai oder Trinidad entführte, wie die bezaubernde Doris Day sie träumen ließ, wie Sonja Heni eistanzte oder Fred Astaire steppte und zugleich sang. Wenn gar noch Charly Chaplin im Goldrausch seine Schuhsohlen kochte oder als großer Diktator den Globus balancierte, dann konnte man sich schier totlachen. Im Luitpold lief aber auch, fünf Wochen lang, der von amerikanischen Kameramännern in Konzentrationslagern gedrehte Doku-Film „Todesmühlen"; 130 000 Besucher waren zutiefst erschüttert.

Da 85 Prozent der Münchner Schulkinder unterernährt und bei 20 Prozent bleibende Schäden zu erwarten waren, sorgten unsere Amis für eine tägliche Schulspeisung. In den großen Milchkannen befand sich meist ein gezuckerter, manchmal mit Dörrobst verfeinerter Maisbrei, den ein deutscher Politiker sehr zum Ärger der Amis als „Hühnerfutter" schmähte. Im September 1946 trafen dann aus der US-Enklave Bremerhaven die ersten CARE-Pakete in Bayern ein. Sie enthielten Corned Beef, Cornflakes, Erdnussbutter und weitere ungewohnte Nahrungsmittel. Vielen Deutschen half diese „Cooperative for American Remittances to Europe", den folgenden eiskalten Hungerwinter zu überleben. Die amtlich zugeteilten Kalorien waren in München auf die Hälfte der Vorkriegszeit reduziert – und am Stadtrand wurden 19 Grad Kälte gemessen, 68 Wärmestuben eröffneten.

Eine eigene Division der Militärregierung, die sich unter General Walter J. Muller in der ehemaligen Reichszeugmeisterei einquartiert hatte, initiierte und förderte Projekte für die Jugend. In der Hauptsache veranstalteten diese „German Youth Activities" gemischte Konzerte, wobei oft gewesene UFA-Stars wie die umschwärmte Margot Hielscher oder die immer noch pfeifende Ilse Werner auftraten. Musikbands, Sprachkurse, Kunststudios, Sportclubs (mit Schnupperkursen in Baseball) lockten obendrein die Halbstarken und nicht zuletzt auch gefährdete Mädchen von der Straße weg.

Das ehrgeizigste GYA-Modell war die „Junge Stadt": Regelmäßig trafen sich Vertreter von neu gegründeten Jugendorganisationen im Rathaus, um parlamentarische Demokratie einzuüben. Der Jugendoffizier Thomson hatte allerdings einige Mühe, die Aktivisten von der „Freien Deutschen Jugend" in demokratischem Zaum zu halten. Dabei waren unsere Amis einer linken und vor allem einer liberalen Politik gegenüber keineswegs abgeneigt. Das änderte sich erst 1947 mit der fanatischen Verfolgung „unamerikanischer Umtriebe" in der McCarthy-Ära, von der auch Chaplin, Brecht und Thomas Mann betroffen waren.

Übrigens sprachen die meisten Kontaktleute in München fast akzentfrei Deutsch, einige waren als Sozialdemokraten emigriert. Einer davon war Ernst Langendorf. Als Pressechef der Militärregierung für Bayern war der Ex-Hesse maßgebend beteiligt am Aufbau einer demokratischen bayerischen Presse, beginnend mit der Lizenzierung der *Süddeutschen Zeitung* am 1. Oktober 1945, sowie an der eher informativen als propagandistischen Strategie des in München stationierten US-Senders Radio Free Europe und an der Gründung des Internationalen Presseclubs.

Pflichtlektüre für halb München und weit darüber hinaus war indes die amerikanische *Neue Zeitung*, und sie blieb es noch lange, mit sagenhafter Auflage. In der Redaktion im früheren Druckhaus der NS-Propaganda arbeiteten Deutsche, die einen großen Namen hatten oder noch bekommen sollten: Erich Kästner, Alfred Andersch, Walter Kolbenhoff, Hildegard Brücher, Robert Lembke. Im ausgebauten Dachgeschoss der Schellingstraße 48 wohnten und diskutierten Schreiber, die bald berühmt wurden (aus ihnen ging auch die „Gruppe 47" hervor).

Natürlich traten unsere Besatzungs-Amis nicht immer nur als Gutmenschen in Erscheinung. Probleme des Zusammenlebens konnten nicht ausbleiben. So waren GIs aller Dienstgrade in Schlägereien, Schwarzhandel und das dirty Business mit Girls verwickelt. Am Harthof, wo 15 000 Soldaten in den ehemaligen SS-Kasernen stationiert waren, entwickelte sich zeitweise ein böser Markt: Halbwüchsige Münchner handelten mit Dollars, Zigaretten, Schnaps und minderjährigen Mädchen; der 16jährige Schüler Willy Sieber wurde von einem Amerikaner umgebracht.

Es bewahrheitete sich ein welthistorisches Gesetz: Wo Soldaten sind, da stürzen, besonders nach verlorenen Kriegen, die Sitten gegen Null.

Der grosse Neuanfang

Democracy aus USA

Aus unseren amerikanischen Befreiern wurden erst mal Besatzer. Sie bildeten eine Militärregierung, die den Bewohnern der Ruinenstadt (nur 2,5 Prozent der Häuser waren unbeschädigt, nur zehn Prozent nutzbar) allerlei Maßregeln und vielen die „genaue und gewissenhafte" Beantwortung von 131 Fragen aufzwang (der Schriftsteller Ernst von Salomon machte daraus das 670 Seiten starke Bekenntnisbuch „Der Fragebogen". Es kam die Zeit der „Re-Education" (Umerziehung), der „Non-Fraternisation" (Nichtverbrüderung) und der gut gemeinten, oft aber krampfhaften Bemühungen, „Democracy" exakt nach amerikanischem Muster herzustellen und zu sichern.

Es kamen amerikanische Befehlshaber, Berater, Beobachter und Berichterstatter. Nicht wenige hatten deutsche Namen (Keller, Muller, Wagoner, Wallenberg, Habe und wie sie alle hießen); es handelte sich in der Regel um jüdische Emigranten in eleganter US-Uniform. Durch die beim großen „Ramadama" aufgeräumten Straßen preschten jetzt viele Jeeps und größere Militärfahrzeuge. Am Isartor mahnte ein Transparent: „Drive carefully – Death is so permanent."

Per Jeep gelangte im Mai 1945 auch ein junger Soldat ans Ufer der Isar, wo seine Großfamilie vor der erzwungenen Auswanderung gewohnt hatte. „Ich hatte mir's schlimm vorgestellt, aber es war noch schlimmer. München ist nicht mehr da," berichtete er aus dem US-Press Camp Rosenheim seinem Vater Thomas Mann nach New York. Für Klaus Mann war „alles fremd, fremd fremd…" Anderen Amis machte das Wiedereingewöhnen weniger Probleme; sie verbrüderten sich sehr wohl, vorzugsweise mit „girl friends". Manche sprachen noch ein leidliches Bayerisch. Nicht wenige dieser Offiziere, Soldaten und Journalisten blieben auf Dauer in „old Munich" oder in „upper Bavaria", sie liebten die Bierkultur und die „Gemutlichkeit".

Für die Mehrheit der Münchner aber waren die ersten Besatzungsjahre wenig „gemutlich". Vom Military Government, das sein Hauptquartier in Harlaching hatte, wurde reglementiert und notfalls diszipliniert. Beispielsweise durch Entzug von Rotationspapier oder Nichtausstellen von Permits für Kurzreisen. Ohne Rücksicht auf Eigentümerrechte wurde konfisziert (insgesamt 1130 öffentliche Gebäude und viele Privatwohnungen). Mit grobem Filter wurde ausgesiebt und interniert, wobei man nicht nur schuldbeladene Nazis erwischte. Lebenswichtige Einrichtungen wurden liquidiert, auch die Polizei, die durch unbewaffnete Hilfskräfte in blauer Montur ersetzt wurde und dem Schwarzmarkt nicht Herr wurde. Wegen politischer Belastung der Inhaber wurden 96 Buchhandlungen auf Dauer geschlossen.

Im Bereich der Publizistik und der Politik griffen die Maßnahmen besonders hart. Jeder Verlag, jede regelmäßige Druckschrift musste von der zuständigen Besatzungsbehörde „authorized" werden durch eine „Licence" (sogar unsere winzige, hektografierte Schülerzeitung). Lizenziert nach strengen Kriterien wurden auch Gewerkschaften, Theater, Sportvereine und politische Parteien. Hier ging die erste Lizenz am 2. November 1945 ausgerechnet an die KPD, die wenige Tage später zur Großkundgebung ins noch bespielbare Prinzregententheater aufrief. Die Parteien und die zugelassenen Verbände der Ostemigranten ließ der in Bogenhausen residierende Geheimdienst CIC regelmäßig bespitzeln. Zeitungsredakteure mussten sich allemal auf Zensur gefasst machen, wovon die *Süddeutsche Zeitung* mehrmals betroffen war.

Und doch waren „die Amis" unsere Freunde und Helfer, jedenfalls für die jüngere Generation und für die ärmeren Bevölkerungsteile. Sie brachten uns ja nicht nur ihre Demokratie bei und begeisterten die Jugend durch ihre Musik, sie vermittelten auch damals unschätzbare materielle und immaterielle Werte. So die CARE-Pakete: Von 1945 bis 1960 schickten amerikanische Wohlfahrtsverbände über zehn Millionen Pakete mit Lebensmitteln und Kleidung ins notleidende Deutschland. So die Schulspeisung, die uns in der Hungerzeit bei Kräften hielt, auch wenn sie der Wirtschaftsdirektor der Bizone als „Hühnerfutter" schmähte. So die Bekanntschaft mit bislang verfemten Künstlern und Schriftstellern: Als erstes ausländisches Kulturinstitut wurde am 1. Januar 1946 das Amerikahaus eröffnet.

Gelegentlich zeigten sich die Besatzer fortschrittlicher als die gewählten Repräsentanten des neuen Freistaates. Gelegentlich regierte die Militärregierung einfach mit. So ordnete sie am 1. September 1948 an, dass der Schulbesuch und die Schulbücher nichts mehr kosten dürfen, stieß aber auf den

Widerstand des erzkonservativen Kultusministers Alois Hundhammer (über den in einem späteren Kapitel noch zu berichten ist).

Im Rathaus, wo das Sternenbanner hing, tagte 1947 ein „Jugendparlament", das von dem US-Officer Hans Thomson moderiert wurde. Es sollte unsereinen mit den demokratischen Spielregeln praktisch vertraut machen; die Fraktionen stellten die lizenzierten Jugendverbände. Bald gaben die Abgeordneten der FDJ den Ton an, erst allmählich wurde die kommunistische Orientierung dieser „Freien Deutschen Jugend" bemerkt und auch den amerikanischen Spielführern zum Anstoß erregenden Ärgernis. Auf höheres Geheiß lösten sie den Münchner Mini-Stadtrat auf. Eingestellt wurden noch ein paar andere Experimente, die einige zunächst leicht linke Militärs initiiert hatten. Deshalb war denn auch bald, zumal sich der Kalte Krieg anzeigte, ein personelles Revirement in der bayerischen US-Administration fällig.

Die neue Phase wurde deutlich, als Anfang der 1950er Jahre drei amerikanische Rundfunkstationen in München ihre Quartiere aufschlugen: *Radio Freies Europa* (RFE), die *Stimme Amerikas* und *Radio Liberation*. Sie alle waren, sagte man, irgendwie vom Geheimdienst finanziert, alle drei sendeten hinter den Eisernen Vorhang: Nachrichten und Propaganda, vermischt mit Popmusik. Allein in dem riesigen Neubau von RFE am Rande des Englischen Gartens, beim stärksten Mittelwellensender Europas, waren über tausend Menschen aus aller Herren Länder beschäftigt. Die Public Relations über-

Mein erster Presseausweis bei der Abendzeitung, von Mr. Langendorf unterschrieben.

35

nahm Ernest Langendorf, der 1945 als erster US-Soldat das Rathaus besetzt hatte – und meinen ersten Presseausweis unterschrieb.

Dass München somit zum amerikanischen Propagandazentrum im Kalten Krieg wurde, hat natürlich vielen Leuten sehr missfallen, war aber nicht zu ändern. Als junger Reporter hatte ich noch öfter über ärgerliche Ereignisse zu berichten, die durch unsere amerikanischen Freunde verursacht waren. Einmal stürzten zwei Militärflugzeuge über Harlaching ab, im Keller des zerstörten Hauses entdeckte man ein Schwarzhandelslager. Im März 1953 wurden die schnellsten Düsenjäger der USA von Korea nach „Fursty" (Fürstenfeldbruck) verlegt, mit dem Auftrag, russische MIGs beim Überfliegen des Eisernen Vorhangs sofort abzuschießen.

Entspannung wenigstens zwischen Amerikanern und Deutschen brachten dann die Verträge von 1955, womit die Bundesrepublik in die NATO aufgenommen und die Besatzungszeit beendet wurde. Aus den Besatzern wurden jetzt Bundesgenossen. Erst nach der europäischen Wende von November 1989 wurden die verbliebenen Truppenteile der USA zum Großteil abgezogen. Eine Hinterlassenschaft der zehnjährigen Okkupation waren nicht weniger als 180 000 ledige Kinder allein in der amerikanischen Zone, überwiegend in Bayern. Im September 1955 stellte sich in München eine private „Love-Liga" vor, die Pateneltern in den USA für diese Halbwaisen vermitteln wollte. Doch die meisten wollten in ihrem „Mutterland" bleiben.

Kein Ende der Gewalt

Aber auch nach Ende der militärischen Gewalt blieben Gewalttaten aller Art an der Tagesordnung. In den Trümmern Münchens häuften sich die Verbrechen. Laufend meldete der Polizeibericht dreiste Raubüberfälle, Bandendiebstähle, Plünderungen sowie Waffenfunde und Schwarzhandel in größtem Ausmaß. Ganze Villen, ganze Kohlezüge wurden ausgeraubt. Fast täglich war eine Razzia fällig.

Im Juli 1947 wurde ein 18-Jähriger totgeschossen, als die Polizei in der Elisenstraße eine 17-köpfige Räuberbande stellte; dabei fand man umfangreiche Waffen- und Schmucklager sowie den Plan für einen Überfall auf die Reichsbank. Der Boss einer jugendlichen „Pantherbande", die wie eine Firma organisiert war, ließ drei „Verräter" aus eigener Reihe „liquidieren". 51 Gangs-

Bericht des Autors in der Abendzeitung am 3. Dezember 1949

ter operierten als „Edelweißpiraten". In der *Abendzeitung*, bei der ich seit Juni 1948 angestellt war, berichtete ich über eine SS-Organisation, die seit 1945 hohe Nazis, Militärs und Waffentechniker via Vatikan nach Südamerika und Nahost ausgeschleust hatte. (Ein 2019 in Österreich erschienenes Buch behauptet, die Aktion sei organisiert worden vom vatikanischen Bischof Hudal, dessen Buch „Die Grundlagen des Nationalsozialismus" Hitler bei seinem Treffen mit dem Münchner Kardinal Faulhaber 1936 am Obersalzberg als Druckmittel eingesetzt habe).

Manchmal verschwammen die Fronten. Am 10. August 1949 wurden drei Teilnehmer einer Demonstration wütender „israelitischer Mitbürger" (so Polizeipräsident Franz Xaver Pitzer, SPD), die in der als internationaler Schwarzmarkt bekannten Möhlstraße wegen eines antisemitischen Leserbriefs zum Sturm auf die *Süddeutsche Zeitung* aufgebrochen waren, am Friedensengel von deutscher Polizei „in Notwehr" erschossen, verletzt wurden 23 Polizisten. US-Militärpolizei begnügte sich damit, die Straßen mit Panzerfahrzeugen abzuriegeln. Der Stadtrat bedauerte die „Affäre Adolf Bleibtreu".

> ★
> ... Geht doch nach Amerika, aber dort können sie Euch auch nicht gebrauchen, sie haben genug von diesen Blutsaugern. Ich bin beim Ami beschäftigt und da haben verschiedene schon gesagt, daß sie uns alles verzeihen, nur das eine nicht, und das ist: daß wir nicht alle vergast haben, denn jetzt beglücken sie (die Juden) Amerika. ...
> . Sie können sich darauf verlassen, daß ich alles tun werde, um recht viele Amis aufzuklären. Ich versichere Ihnen, daß ich kein Nazi war, aber ich bin ein 100%iger Deutscher. Ich gehöre zu den sogenannten "Stillen im Lande" und die Flüsterpropaganda ist mehr wert, als 100 Zeitungen. ..
> Wir sind ein ganz kleiner Kreis (noch!) und alles geht von Hessen aus. Wir sind auf dem „Laufenden". Selbst in der engsten Umgebung von Dr. Auerbach & Kogon sitzen unsere Freunde.
> Später, bzw. zur gegebenen Zeit, hören Sie wieder etwas mehr von mir. Bitte veröffentlichen Sie diese Zeilen, wenn Sie „Demokrat" sind.
> Adolf Bleibtreu,
> München 22, Palestrinastr. 33.
> ★

Der verhängnisvolle Leserbrief in der SZ

Es war ein böser, manchmal ungleicher Kampf zwischen Ordnungshütern und Ordnungsbrechern. Gemäß Order of Military Government waren die städtischen Polizisten so unmilitärisch wie möglich, also miserabel ausgerüstet; bis 1949 durften sie nur Gummiknüppel und Revolver tragen. Ihr amerikanischer Ober-Aufpasser Lionel S. Partegas „mischte sich in alles ein, diskutierte endlos und schwirrte jeden Tag durch das Haus", wie sich ein späterer Kriminaldirektor erinnern wird. Allein im Jahr 1946 wurden fünf Schupos bei Feuergefechten mit Kriminellen erschossen und elf verletzt. Personal fehlte ohnedies, Im November 1945 amtierten in München laut *Süddeutscher Zeitung* drei Strafrichter, während rund 30000 Anzeigen wegen Diebstahls vorlagen, unter vielen anderm.

Die Kompetenzen waren sehr unklar. Zum Beispiel bei Übergriffen von „Displaced Persons", wie die befreiten Arbeitssklaven der selbst ernannten Herrenmenschen, auch „Fremdarbeiter" genannt, in der neuen Amtssprache hießen. Immer wieder wurden mysteriöse Morde, Überfälle, Entführungen und Giftanschläge auf antikommunistische Ostemigranten verübt, die politisch aktiv waren und vereinzelt sogar „Exilregierungen" gebildet hatten. Das DP-Lager Kaltherberge in Freimann wurde Brennpunkt im Dauerstreit. Im Mai 1949 wollten 200 vertriebene deutsche Siedler ihre beschlagnahmten Häuser stürmen. Die alarmierte Military Police wollte nicht eingreifen und die deutsche Polizei durfte nicht. Erfolglos forderte die CSU im Stadtrat eine „Bürgerwehr zur Verbesserung der Sicherheitsverhältnisse".

Aug um Aug

Die Sicherheit war auch durch Angehörige der Besatzungsmacht gefährdet. In Harlaching und anderen angenehmen Vororten wurden bis Ende 1946 nicht weniger als 1591 Privathäuser kurzerhand für US-Familien beschlagnahmt. Nur wenige der ausquartierten Familien – längst nicht alle waren Nazis – fanden eine Notunterkunft in einer von der Stadt in Obersendling aufgestellten Baracke. Vergeblich bemühten sich Oberbürgermeister Karl Scharnagl (CSU) und Ministerpräsident Wilhelm Hoegner (SPD) um eine Milderung der rigorosen Besitznahme. Ohne Angabe von Gründen wurden deutsche Politiker von den Amis festgenommen, im Juli 1947 sechs Funktionäre der (noch) sehr aktiven KPD. Wenige Tage später jedoch aber durfte ein Walter Ulbricht aus Berlin auf dem Königsplatz sprechen.

Einige US-Soldaten setzten selbst kriminelle Energien frei. In den Wäldern bei Leutstetten, wo Bayerns Kronprinz wohnte, lieferte eine Bande von Wilderen in amerikanischer Uniform mit Texas-Jeep und Scheinwerfern der Landpolizei ein Feuergefecht. Bei Vilshofen verhaftete und folterte ein Angehöriger der Militärpolizei, „Jack the Killer" genannt, mit einem Kumpan fünf angebliche Nationalsozialisten, von denen nur einer überlebte; der US-Ortskommandant bekundete sein Bedauern. In der Münchner „Dixie Bar" stürzten sich 50 Soldaten mit Gläsern und Flaschen auf zwei deutsche Polizisten, die drei randalierende Kameraden festnehmen wollten. In Augsburg wurde der US-Staatsanwalt Karl Mathey als internationaler Waffenschieber entlarvt und gefeuert.

Ein streng geheimer Hauptschauplatz von Gewalt made in USA war Landsberg am Lech. Die Festung, in der einst der Eisner-Mörder Graf Arco und der Putschist Hitler relativ bequem einsaßen, war zum „War Criminal Prison I" umfunktioniert. Am 10. Dezember 1945 fand im Hof die erste Hinrichtung statt. Franz Strasser, 46, Kreisleiter der NSDAP, wurde gehängt, weil er zwei notgelandete amerikanische Bomberpiloten erschossen hatte. Vollstreckt wurde das Urteil von demselben Johann Reichhart, der die Geschwister Scholl und viele andere Opfer der Nazi-Justiz geköpft hatte. Auf Wunsch seiner neuen Auftraggeber bediente sich der professionelle Henker jetzt einer britischen Methode aus dem 18. Jahrhundert, die „humaner" sein sollte. Beim „Long Drop" bestimmten Größe und Gewicht des Delinquenten die Seillänge, damit diesem beim Fall durch die Klappe nicht der Kopf abgerissen, sondern nur das Genick gebrochen wurde.

Drei Tage nach diesem grausigen, nie publik gewordenen Akt von Gewaltjustiz wurden 28 Angeklagte im ersten Prozess gegen die SS-Mörder von Dachau von einem US-Militärgericht zum Tod durch Erhängen verurteilt. Fünf dieser Todeskandidaten, denen Reichhart vor der Vollstreckung eine schwarze Kapuze überstülpte, waren Ärzte, darunter der 70-jährige Malaria-Forscher Professor Claus Schilling; er hatte KZ-Häftlinge durch teuflische Experimente umgebracht. Viel Arbeit wartete dann auf den letzten deutschen „Nachrichter", der monatlich mit 250 Mark aus der Staatskasse entlohnt wurde. Reichhart hatte, wie aus einem neuen Buch hervorgeht, einen Vertrag mit dem bayerischen Justizministerium: Dort amtierte als „Vollstreckungsanwalt" ein Ministerialrat Walter R. – auf dessen Anweisung Reichhart seit 1940 in Stadelheim das Fallbeil bedient und reihenweise getötet hatte.

Insgesamt 268 überführte Kriegsverbrecher – allen Todeskandidaten zog man rote Jacken an – baumelten nun in Landsberg am deutsch-angloamerikanischen Long Drop. Die in Nürnberg abgeurteilten Hauptkriegsverbrecher indes musste Reichhart nicht mehr allein zu Tode bringen. Da assistierte er nur beim Chefhenker der 3. US-Army, John C. Woods. Er selbst wurde schließlich doch noch als Hauptschuldiger zu zehn Jahren Arbeitslager verurteilt, erbärmlich endete er 1967, als letzter Henker im westlichen Deutschland, wo die Todesstrafe mit Verkündung des Grundgesetzes am 23. Mai 1949 abgeschafft wurde. Im östlichen Deutschland dauerte das staatlich angeordnete Köpfen von Menschen noch bis 1981.

Das grosse Wunder

Gutes neues Geld

München hungerte – drei Jahre nach Kriegsende mehr denn je. Noch einmal wurde die Zuteilung der auf 67 verschiedenen Marken ausgewiesenen Lebensmittel gekürzt, auf karge 1275 Kalorien pro Kopf und Tag. Im April 1948 mussten die städtischen Bühnen wegen Hungerausfällen ihr Ensemble nach Hause schicken. Im Mai demonstrierten vor der Feldherrnhalle etwa 10 000 Hausfrauen mit Plakat-Parolen wie „Wir wollen Brot, keine Kalorien", während ebenso viele Arbeiter der Reichsbahn und von Krauss Maffei in einen wilden Streik traten. Der folgende Monat jedoch brachte die Wende. Sie machte dem Nachkriegselend ein Ende und leitete das später so oft glorifizierte „Wirtschaftswunder" ein.

20. Juni 1948, Sommeranfang. Der mit Spannung erwartete „Tag X" war ein verregneter Sonntag. Ein amerikanischer Ausschuss mit zehn deutschen Experten hatte die Währungsreform vorbereitet. Unter strenger Geheimhaltung und Bewachung hatten versiegelte Lastwagen der amerikanischen Armee und Züge über Nacht druckfrische Banknoten und Münzen tonnenweise aus der vorübergehenden Zweizonen-Hauptstadt Frankfurt zu den Umtauschstellen der bayerischen Hauptstadt transportiert. Dort standen die ersten Leute schon seit dem Vorabend an. Bis zum Morgen waren lange Schlangen unter Regenschirmen versammelt.

Vom letzten Freitag vor dem für alle Bürger vorgeschriebenen Geldwechsel meldete die *Abendzeitung* einen großen Andrang in Banken und Sparkassen. Bis zum Geschäftsschluss herrschte geradezu ein unerwartetes Chaos. Im Ungewissen, wie sich der verkündete Geldumtausch im Einzelfall auswirken könnte, hoben viele Münchner ihre Guthaben ab, andere zahlten hohe Beträge ein. Und Spekulanten kauften scheinbar wertbeständiges, weil metallisches Kleingeld zum Kurs 1 : 1000 auf.

Auf Teufelkommraus wollten viele Münchner schnell noch ihr altes Geld vor der Entwertung loswerden. Bei den Friseuren zum Beispiel seien sie angestanden, um ihre Haare „auf Vorrat" schneiden zu lassen, berichtete der

Extraausgabe der Süddeutschen Zeitung vom 26.6.48

Lokalreporter So. Andere unternahmen Dauerfahrten mit der Straßenbahn. Und nicht wenige setzten ihre „letzte müde Reichsmark in alkoholische Getränke um", wusste So. Dieser war kein anderer als der Kriegsheimkehrer Siegfried Sommer, der später als „Blasius der Spaziergänger" noch zahllose lustige und traurige „Verserl" für die *AZ* schreiben wird.

Verunsicherung war mindestens so verbreitet wie Hoffnung – und wie anhaltender Hunger. Die meisten Geschäfte hatten zuletzt sogar Grundnahrungsmittel gehortet. Lebensmittelmarken, auf die es in der 115. Periode unter anderem zwei Eier geben sollte, wurden nur noch zögernd angenommen. Bäcker verkauften ihr Brot nur noch in kleinen Laiben. Am Samstag zogen noch einmal 17 000 Studenten mit Trillerpfeifen und Sprechchören durch die Stadt; sie nannten es Hungermarsch. Amerikanische Militärpolizei, deren Aufgabe der Schutz der ganzen Aktion Währungsreform war, hielten die Demonstranten auf und drängten sie von der Ludwigstraße ab.

Endlich war nun also wieder gutes Geld da: die „Deutsche Mark" Bald kannte man sie nur noch als „DM" oder „D-Mark". Nie zuvor wurden in München derart hohe „Umsätze" gemacht. Nicht weniger als 30 Millionen Mark wurden an jenem Sonntag von rund 5000 städtischen Angestellten und Beamten an rund 750 000 Einwohner bar ausbezahlt. Eingenommen und wenig später eingestampft wurde die zehnfache Menge von wertlos gewordenen Reichsmarkscheinen, während die alten Münzen eingeschmolzen wurden.

Und siehe da: Über Nacht waren die Schaufenster wieder voll von solider Ware. Ein neues Zeitalter der materiellen Werte konnte beginnen, später wird man es „Wirtschaftswunder" nennen. An kultureller Substanz andererseits ging so manches an jenem 20. Juni 1948 vorläufig verloren. Einige Theater und Buchverlage mussten schließen. Für dergleichen hatten nun viele Münchner nicht mehr genug Geld übrig. Und nicht wenige verloren erhebliche Ersparnisse. Denn nur zehn Prozent vom alten Geld wurde in neues umgetauscht. Außerdem durfte jeder Bürger der drei Westzonen von seinem Ersparten vierzig Deutsche Mark in Empfang nehmen – eine Art Begrüßungs- oder Spielgeld.

Ungeschoren davon kamen nur die Leute, die es gar nicht nötig hatten, wegen vier Scheinen im strömenden Regen an den Ausgabestellen zu warten: nämlich die Besitzer von Sachwerten (Ländereien, Immobilien) und von Produktionsmitteln (Fabriken). Dies und die schier abgöttische Verehrung vieler Menschen für die neue, harte Währung hat zum Beispiel den damals 19jährigen Gymnasiasten Dieter Hildebrandt noch viele Jahre später aufgeregt und zur Satire angeregt.

„Kopfgeld" hieß das erste Geld ganz offiziell. Dafür kaufte ich mir, inzwischen bei der *Süddeutschen Zeitung* gelandet, auf der Stelle etwas vermeintlich Wertbeständiges, nämlich eine Lederhose. Das gute Stück aus ungarischem Pferdeleder erbat sich 70 Jahre später das Haus der Bayerischen Geschichte, um es in seinem neuen Museum in Regensburg in der Abteilung Währungsreform auszustellen.

Tatsächlich wirkte das Startgeld wie eine Initialzündung. Die Schornsteine begannen wieder zu rauchen. Endlich konnte man sich wieder feine Kleidung kaufen und den Bauch mit lange vermissten Genüssen füllen, statt mit zugeteilten „Kalorien". Aus „Versorgungsberechtigten" wurden über Nacht „Konsumenten". Keine Biermarken mehr und keine Magermilch. Kein Schwarzmarkt mehr mit Phantasiepreisen und polizeilichen Razzien. „Dass nunmehr unser Wirtschafts- und Arbeitsleben zur Ehrlichkeit zurückfindet", erwartete Bayerns Staatsregierung.

Allerdings kletterten die DM-Preise allzu rasch und meist unbegründet. Zum Beispiel auf dem Viktualienmarkt. Einmal griffen verärgerte Haus-

Die Lederhose vom Kopfgeld der Währungsreform trug ich fast 70 Jahre

frauen die Eier aus den Kisten und warfen sie den flüchtenden Standlfrauen nach. Und die Wirtshäuser blieben noch eine Weile ziemlich leer, denn ganze 32 Pfennig sollte jetzt die Halbe kosten, so viel wollte man denn doch nicht für den „Plempl" ausgeben. Der Milchpreis erhöhte sich auf 24 Pfennige. Und für ein Kilo Rindfleisch wurden auf dem Viktualienmarkt gar 2,22 Deutsche Mark verlangt. Die Schwarzhändler verschwanden. Bald aber wurden rund 20 000 Arbeitslose gemeldet.

Ein neues System hatte begonnen: die „Soziale Marktwirtschaft". Über deren politische und soziale Relevanz wird heute noch – oder wieder – diskutiert.

Der Zustrom beginnt

Die Wirtschaft blühte erst richtig auf, nachdem die Alliierten im April 1954 alle Produktionsverbote für die deutsche Industrie aufgehoben hatten. Allerdings stiegen im gleichen Jahr auch die Lebenshaltungskosten um fast ein Drittel. Um diese Zeit hatte ich als Münchner Korrespondent bereits einen „Bauchladen", wie man in der Branche sagte, aus dem ich schließlich etwa 15 Zeitungen im Bundesgebiet und in Westberlin belieferte. Viel war zu berichten aus der schönen neuen Wirtschaftswunderstadt München.

Überall ging es aufwärts, und das mit ungeheurem Tempo. Im Messegelände auf der Theresienhöhe wurde die Welt des Konsums und des Fortschritts in gewichtigen Ausstellungen demonstriert oder gar vorweggenommen. Themen waren der moderne Verkehr, Handwerk, Baumaschinen, Tiere, Technik.

(Bei den Automobilen und beim Tourismus wurde München allerdings von anderen Städten abgekoppelt). Museen ordneten und vermehrten ihre Bestände. Ausgerechnet den Nachlass des am Rosenmontag 1948 verstorbenen Karl Valentin aber wollte die Stadt nicht haben. Später tat man sich ebenfalls schwer mit einem Platzangebot für die Sammlung von Lothar Günther Buchheim.

Natürlich lockte die Vergnügungshungernden nun auch wieder der Fasching, der von Künstlern beinahe so üppig wie einst gestaltet wurde (siehe eigenes Kapitel), und

Zustrom aus aller Welt schon in den späten 50er-Jahren

das Oktoberfest. Internationale Kongresse riefen die Fachwelt an die Isar. Und es begann ein Zuzug, der bis heute nicht nachgelassen hat. Ströme von Flüchtlingen kamen, lange vor den Aufständen in Budapest und Prag, aus dem kommunistischen Osten. Aber sogar aus Israel wurden Rückwanderer aufgenommen. Wirklich willkommen waren schon damals nicht alle, die da „mühselig und beladen" eintrafen.

Im Januar 1954 schickte ich meinen Zeitungen per Briefpost folgenden zahlengespickten Bericht.

Sterben die Münchner aus?

An Stammtischen erzählt man sich folgenden Witz: Die beiden steinernen Löwen vor der Feldherrnhalle reißen jedes Mal das Maul auf, wenn ein waschechter Münchner vorbeigeht. In den letzten Jahren haben sie sich überhaupt nicht mehr gerührt.

45

Ganz so schlimm ist es nun doch noch nicht. Aber die Statistiker wissen immerhin, dass nur noch 42 Prozent der Bewohner gebürtige Münchner sind. Der brummige Oberbürgermeister Thomas Wimmer (SPD) gehört nicht zu diesen „Waschechten", er stammt aus Erding. Und jeder Fünfte kommt sogar von außerhalb Bayerns.

Genau genommen sah es Ende 1953 so aus: Von den rund 907 000 Einwohnern sind seit Kriegsende 143 000 von jenseits der weiß-blauen Grenzen eingewandert. „In keiner früheren Periode ergoss sich ein so buntes Gemisch aller möglichen Stämme und Völkerschaften über die bayerische Landeshauptstadt wie im letzten Jahrzehnt," hieß es in einer Veröffentlichung des Statistischen Amtes. Dabei machen die Heimatvertriebenen aus den ehemaligen deutschen Ostprovinzen mit rund 30 000 nur einen kleinen Teil aus.

Daneben finden sich 13 640 Flüchtlinge aus der sowjetisch besetzten Zone und nicht weniger als 13 435 Berliner. Von denen erfährt man, dass die „Überfremdung" früher in Berlin ähnlich war, damals stammten die meisten Berliner angeblich aus Schlesien. Bürgerrecht in München haben außerdem 38 500 Ausländer: in der Mehrzahl Österreicher, gefolgt von Polen, Jugoslawen, Russen. Polizeilich gemeldet sind sogar zwei Chinesen und ein Japaner. Nicht überall sind die vielen „Zuagroasten" gern gesehen.

Eine Münchner Zeitschrift brachte einmal die Karikatur eines Mannes mit Gamsbart und Trachtenjacke. Darunter stand: „Na klar ha ick Bayernpartei jewählt." (Heute haben Münchens „Preußen" eine solche Tarnung nicht mehr nötig, sie fallen kaum noch auf). Die Zugereisten haben ihre eigenen Clubs und Vereine gegründet, die Berliner sogar drei. In der Gesellschaft der Freunde Berlins finden sich so prominente Kabarettistinnen wie Trude Hesterberg und Claire Waldoff. In der „Schaubude" bekommt der Urberliner Bum Krüger viel Applaus für seinen wehmütigen Song: „Ick bin en Preuße, mir will keener haben ..."

Weiß-blaues Fähnelein

„Preußen" – oder was man dafür hielt – hatten in jener Zeit in München allerdings wenig zu lachen. Im Gegenteil. Dafür sorgte nicht zuletzt eine politische Bewegung, die unter dem Namen Bayernpartei kraftstrotzend und kompromisslos für die Unabhängigkeit des Freistaats kämpfte, vergleichbar mit der Patriotenpartei zur Bismarck-Zeit. Mit immerhin 13 Mann rückte diese BP bei der Kommunalwahl im Mai 1948 in den Münchner Stadtrat ein. Sie überholte damit die CSU und landete knapp hinter der SPD.

Allerdings rannten die Neuen im Rathaus erst mal gegen die Wand, als sie Nichtbayern aus der Stadtverwaltung entlassen wollten. Der Antrag wurde als nichtig abgelehnt, er hätte eh nur 1,5 Prozent des Beamtenpersonals betroffen. Auch die beantragte Entfernung aller Münchner Bismarck-Denkmäler unterblieb. Fortan kümmerte sich Münchens weiß-blaue Opposition weniger um die Relegation von Preußen und die Restauration des Staates als um die Restaurierung zerschlissener Armeefahnen oder um ein Verbot des noch erlaubten Hundeschlachtens, wozu ich dem BP-Stadtrat Brentano eine Vorlage formulierte. (Der Skandal gelangte schließlich bis in den Bundestag)

Auch mit Ludwig Max Lallinger pflegte ich gute informative Beziehungen. Der Kriminalbeamte hatte am 28. Oktober 1946 die Bayernpartei gegründet. Lallinger, Personenschützer beim SPD-Landesvorsitzenden und Noch-Ministerpräsidenten Wilhelm Hoegner, forderte einen „durchgehenden Föderalismus" innerhalb „vereinigter Staaten Europas". Die neue, von Hoegner entworfene Landesverfassung lehnte die neue Partei ab, weil darin kein Staatspräsident vorgesehen war.

Lederhosen dominierten auf Versammlungen der Bayernpartei

Bericht des Autors am 1.4.2016 im Münchner Merkur

Ein Ruck ging durch Stadt und Land, als die Bayernpartei bei der Bundestagswahl von 1949 mehrere Direktmandate eroberte. Das hatte sie in erster Linie einem wortgewaltigen Mann zu verdanken, der 1948 aus der von ihm mitgegründeten CSU aus- und als Landwirtschaftsminister zurückgetreten war, um für die junge Partei zu kämpfen. Legendär waren die Kundgebungen von Josef Baumgartner im Zirkus Krone. Da stellte der Professor mit der Löwenmähne bündelweise Forderungen wie Eigenstaatlichkeit, ein „Entpreußifizierungsgesetz" zur „Säuberung" des Beamtenapparates von 400 000 Nichtbayern, eine ebensolche Säuberung der Pressespitzen sowie die Auflösung des Landtags. Aufsehen erregte auch der Partei-Vize Dr. Jakob Fischbacher, als er Ehen zwischen Bayern und Preußen als „Bluatsschand" bezeichnete, was nicht nur in „Preußen" als „Blutschande" missverstanden wurde.

Dann aber erfolgte ein Schlag, von dem sich die Bayernpartei nie mehr richtig erholen sollte: die sogenannte Spielbanken-Affäre, bei der es um Bestechung und angeblich von der CSU manipulierte Meineide ging. Sie endete am 8. August 1959 mit einem ebenso vernichtenden wie umstrittenen Urteil: Professor Baumgartner wurde zu zwei Jahren Zuchthaus verurteilt und wegen Fluchtgefahr sogleich in Haft genommen. Ähnlich hart verfuhr die Münchner Strafkammer mit dem Ex-Minister August Geislhöringer (BP), dem ein Casino-Bewerber in einem Obermenziger Wirtshaus ein Sparbuch in die Gesäßtasche gesteckt hatte. Danach war die bayerische Eigenstaatlichkeit respektive Eigenbrötelei nur noch ein folkloristisches oder kabarettistisches Thema.

Millionenstadt jubiliert

Am 15. Dezember 1957, einem Sonntag, wurde München nach Berlin und Hamburg die dritte deutsche Millionenstadt. Dies geschah, als dem Pasinger Kaminkehrer-Paar Brigitte und Hubert Seehaus um 15.45 Uhr – die genaue Bestimmung gelang nur durch einen Trick im Melderegister – ein Sohn geboren wurde. Eigentlich sollte ihr zweiter Bub Helmut heißen, aber noch im Wochenbett setzte die Mutter durch, ihm zur Feier dieses stadthistorischen Tages den Vornamen des Oberbürgermeisters Thomas Wimmer zu geben. Der brummte nur: „So, isser jetzt endli da". Doch dann hielt er das bald so genannte „Millionen-Baby" ungewohnt freudestrahlend in die Kameras.

Am 8. Mai 2014 wurde Münchens anderthalbmillionste Bürgerin geboren. Eine genaue Zuordnung war allerdings nicht möglich. Der Name von Amelia Meyer wurde erst nachträglich aus dem Lostopf gezogen. Und das Bevölkerungswachstum dauert unaufhaltsam an, mit jährlich rund 15 000 bis 30 000 Neubürgern.

Das Millionen-Baby kam 1957 genau zur rechten Zeit, nämlich am Vorabend eines großen Jubiläumsjahres. Es muss im Frühjahr 1158 gewesen sein, dass Heinrich der Löwe aus Braunschweig, der zwei Jahre zuvor mit dem Herzogtum Bayern belehnte Welfenfürst, die Isarbrücke des Freisinger Bischofs beim heutigen Oberföhring zerstörte und wenige Kilometer flussaufwärts bei der Klostersiedlung Munichen eine Zollstätte errichtete. (Auch darüber schwanken die historischen Erkenntnisse). Die Jubiläumsfeiern wurden zu einer glanzvollen Selbstdarstellung des neuen München. Ganzjährig wurden Konzerte, Ausstellungen, Theater, Vorträge und Sport geboten. 70 Künstler gestalteten den nächtlichen, von Kerzen beleuchteten Festzug. In kleinerem Rahmen wird das Stadtgründungsfest seither jedes Jahr im Juni gefeiert.

Das grosse Fressen

Welle folgt auf Welle

Nach der Währungsreform waren die Läden und Tische wieder voll.

Seit den unruhigen Sechzigerjahren schien es, als seien mit dem Wirtschaftswunder alle Dämme menschlichen Verhaltens gebrochen. Eine „Welle" nach der anderen schwappte über die Bürger. Aus „Otto Normalverbraucher" wurde der umworbene Konsument, der die neuen Vorzüge des Kapitalismus, bundesamtlich „sozialen Marktwirtschaft" beschriftet, rasch zu nutzen lernte. München, das in manchen Medien allmählich, auch mal neidvoll, als „heimliche Hauptstadt" Westdeutschlands gehandelt wurde, war ein Trendsetter.

Zuerst also kam die Einrichtungswelle, denn man wollte jetzt „schöner wohnen". Unter diesem Schlagwort veranstaltete die Teppichindustrie in München hochrangige Tagungen. Dann rollte die Motorwelle an, denn eine Vespa, ein Goggomobil oder etwas später einen Käfer wollte und konnte sich der strebsame Stadtbürger leisten. Es folgte die Reisewelle, denn mit den eigenen zwei bis vier Rädern und bald auch mit Hilfe der in München konzentrierten Touristik-Industrie (Touropa u.a.) war die Welt im Westen und Süden der deutschen „Westzone" zu erkunden.

Und schließlich ergoss sich über die Städte eine sogenannte Fresswelle, denn beim Urlaub im Ausland hatte man bislang nur vage bekannte Speisen entdeckt. Später werden auch noch Schönheits-, Gesundheits-, Fitness- und ein paar andere Modewellen das inzwischen saturierte Bürgertum belecken). Der bloße „Kohldampf", wie ihn mal der Kriegsheimkehrer Joachim Fuchsberger beklagte, war ziemlich gestillt, und den Kaffee „musste man längst nicht mehr aus gesammelten Eicheln aufbrühen", wie es die 1931 geborene Schauspielerin und heutige Gesundheitspäpstin Marianne Koch erlebt hat. Jetzt wollte man „besser essen". Die Fresswelle wurde immer raffinierter, auch exotischer. Münchner Feinschmecker-Restaurants griffen nach Michelin-Sternen. Aus Gourmands wurden Gourmets. Die Spezies Vielfraß starb dennoch keineswegs aus.

Genuss und Völlerei

Im Jahr 1973 lief ein italienisch-französischer Film an, dessen Titel Appetit machte, wenngleich seine wüste Handlung eher zum Kotzen war. Er hieß: „Das große Fressen". Im selben nacholympischen Jahr fand auf der Münchner Theresienhöhe, in der alten Messe, eine Art kulinarische Olympiade statt: Die Internationale Gastgewerbefachausstellung. Es ging hier vor allem um die Verpflegung der Zukunft, die immer mehr außerhalb der eigenen vier Wände stattfinden werde. Die rund 200 000 Gaststätten in der Republik verabreichten bereits rund eine Milliarde Mahlzeiten im Jahr.

Bundesernährungsminister Josef Ertl (FDP), ein gut genährter Oberbayer, eröffnete diese IGAFA mit einem Zitat des Philosophen Montesquieu: „Das Essen ist einer der vier Zwecke des Daseins." Mein Kollege Sigi Sommer, alias „Blasius der Spaziergänger", drückte den gleichen Gedanken gern urmünchnerisch verklausuliert aus: „As Essen und as Dringa san die drei schönsten Dinga." Was die übrigen Hauptlebensgenüsse seien, ließen beide Schreiber offen, sie sind unschwer zu erraten.

Ja, das Essen und Trinken waren immer ein nicht unwesentliches, jenseits der Weißwurstgrenze gern goutiertes Thema meiner München-Berichterstattung. Wird unsere kleine Stadt doch von jeher weltweit gerühmt wegen ihrer sogenannten Lebensqualität. Wozu neben der bodenständigen, üppigen bis international verfeinerten Küche zweifellos auch so volkstümliche Erscheinungen gehören wie die Kirta, die Biergartenkultur und insbesondere das Oktoberfest. Hier wurden – und werden wohl weiterhin – fast jedes Jahr neue Rekorde beim Konsum des ortsüblichen Getränks und der essbaren Zutaten verzeichnet. In den sechszehn Tagen (ohne Verlängerung) grassiert auf der Wiesn eine der sieben Todsünden: die Völlerei.

Klänge es nicht allzu ordinär, müsste man das „große Fressen" ergänzen durch „das große Saufen". Denn all die Hendl, Haxen, Würstl, Fischerl, Brezen und Radis sind tatsächlich nur die – wenn auch unverzichtbare – Beikost zum Bier. Und speziell darüber war jedes Jahr wieder ein Artikelchen zu erstellen und im übrigen Bundesgebiet zu verbreiten, nicht zuletzt zur eventuellen Nutzanwendung. Wie zum Beispiel zum Oktoberfest des Jahres 1977 geschehen:

Die Gerüche empfangen den Münchenbesucher schon am Hauptbahnhof. Wenn er eine feine Nase hat, braucht er nur diesem unvergleichlichen Duftgemisch zu folgen, es strömt aus Bierzelten, Grillöfen und Steckerlfischfeuerstellen. Der bald dichter werdende Menschenstrom wird ihn ohnedies mitreißen und irgendwie hinschwemmen zum Bavariaring, dem Halbrund um die Wiese der aus Sachsen stammenden Königin Theresia.

Von den alljährlich fünf Millionen Besuchern der Wiesn dürften vier Millionen von auswärts kommen, schätzt der städtische Fremdenverkehrsdirektor Otto Hiebl. Ihm obliegt seit einigen Jahren die vorher privat organisierte Festveranstaltung. Sie bedeutet für die Stadt, ganz abgesehen vom Werbewert, jeweils einen konkreten Wirtschaftswert für Übernachtungen, Einkäufe und Konsumation in Höhe von rund 800 Millionen Mark.

In den sieben Festhallen der Münchner Großbrauereien – andere werden grundsätzlich nicht zugelassen – schäumt der Bierpreis heuer erstmals über das Vier-Mark-Band und das halbe Hendl, gut gesalzen und somit Durst steigernd, ist kaum noch unter 6,50 DM zu bekommen. Deshalb empfiehlt sich, den Vogel abgebräunt, verzehrfertig und „warm einpackelt" in einer kleinen Wirtschaft am Rand der Großgaudi für etwa 4,50 DM zu kaufen und einfach mitzunehmen. Keine Kellnerin darf sich an diesem altmünchner Brotzeitbrauch stoßen, sie erwartet nur ein kleines Extratrinkgeld.

Von den damaligen Zahlen und Zuständen stimmt heute fast nichts mehr. Übrigens wechselte der erwähnte Touristikchef Hiebl in das weltweite Imperium des „Hendlkönigs" Friedrich Jahn – und scheiterte kläglich.

Die kleinen Tricks

Die alljährliche Vorbesichtigung auf dem startklaren Oktoberfest mit dem jeweiligen „Wiesnreferenten" (die meiste Zeit war es meine frühere Kollegin Gabi Weishäupl) gehörte zu den eher angenehmen Pflichtterminen Münchner Korrespondenten. An zwei kulinarische Kuriosa erinnere ich mich gut. Einmal bekamen wir in einem der noch nicht geöffneten Festzelte einen Braten vorgesetzt, dessen Geschmack sehr ungewohnt war. Zusammen mit meinem Kollegen Heini Kaltenegger von der Deutschen Presseagentur recherchierte ich, dass es sich tatsächlich um Steinbock handelte, frisch aus Polen eingeflogen. Umgehend hängten wir den kleinen Skandal an die Große Glocke. Auf diese Weise konnten wir in letzter Minute verhindern, dass der Festwirt Käfer ein so edles, geschütztes Tier für seine besser verdienenden Gäste auf die Speisenkarte setzte.

Ein andermal wurde die vielköpfige Pressemeute von Richard Süßmeier in gewohnt lustiger Weise begrüßt, verpflegt und unterhalten. Dabei ließ der gewählte Wirtesprecher und ungekrönte „Wirte-Napoleon" vom Schankburschen Biwi den inzwischen legendären Trick vorführen: Wie man ein gebratenes Hendl mit einem Hieb „in drei halbe teilt". Alle waren wir verblüfft, auch wenn es gar nicht so ernst gemeint war (und mit später ruchbar gewordenen Steuertricks nicht vergleichbar).

Das grosse Erschrecken

Nazis sind wieder da

„Wir sind noch einmal davongekommen". So hieß ein Zwei-Personen-Stück des amerikanischen Dramatikers Thornton Wilder, das in den Nachkriegsjahren in München großen Erfolg hatte. Die hierzulande Davongekommenen zogen aus dem Geschehen vor allem eine Lehre (die allerdings schon nach 1918 gegolten und zwanzig Jahre später ihren Wert verloren hatte): Nie wieder Krieg! Eine zweite Losung jener Zeit hieß: Nie wieder Nazis!

Was für eine Illusion! Sie waren noch da, sie kamen wieder öffentlich zum Vorschein, sie maßen sich an, noch einmal in der Politik mitzuspielen, jetzt mehr oder weniger demokratisch verbrämt. Bert Brecht hatte schon recht, als er seinem Stück „Der aufhaltsame Aufstieg des Arturo Ui" den mahnenden Epilog folgen ließ: „Der Schoss ist fruchtbar noch, aus dem das kroch." Schon im August 1949 musste die *Abendzeitung* über reaktivierte Größen des Hitler-Staates berichten.

Was für ein Erschrecken bei den Willigen, den Schülern und Gestaltern einer neuen Demokratie! Und so verbreitete sich eine dritte Maxime, nicht zuletzt für junge Journalisten: Seid wachsam, wehret den Anfängen! In einer Zeitungsserie und in einem Vortrag im EineWeltHaus habe ich im Jahr 2019 über meine frühen Erfahrungen mit dem wieder erwachenden Rechtsextremismus in München berichtet.

So geisterte um 1950 ein Karl Feitenhansl durch die politische Landschaft Bayerns. Als ich erfuhr, dass er an einem Bündnis mit einigen in Norddeutschland operierenden Rechtsparteien arbeitete, trat ich „undercover" seiner „Vaterländischen Union" bei und ließ mich als Delegierter zum Treffen nach Neuwied schicken. Erst beim Schlussmahl teilte ich den schockierten Neo-Nazis mit, dass ich in Wirklichkeit für den *SPIEGEL* arbeite.

Es war im selben Jahr, als München seinen 800. Geburtstag feierte, dass ich über eine sehr unangenehme Entwicklung berichten musste. Im Januar 1958 prügelten sich an der Ludwig-Maximilians-Universität rechte und linke Studentengruppen. Der Anlass: An jener Stelle im Lichthof, wo die

Geschwister Scholl im Februar 1943 ihre Flugblätter „wider die Tyrannei" abgeworfen hatten, war ein in metallenen Lettern gegossener Spruch des römischen Dichters Horaz restauriert worden: „Dulce et decorum est pro Patria mori". Viele Studenten fanden jedoch, es sei keineswegs süß und ehrenvoll, fürs Vaterland zu sterben, jedenfalls müsse das nicht nach einem so katastrophalen Krieg vorbildhaft plakatiert werden. Rektor Wiberg schlug alternativ das Zitat eines unbekannten Autors vor: „Die Toten verpflichten die Lebenden." Damit war wiederum der Allgemeine Studentenausschuss (AStA) nicht einverstanden. Es kam zu Plakaten, einer Unterschriftensammlung und einer Vollversammlung der Uni-Jugend mit einer heftigen Redeschlacht. Die Gegner des Horaz-Zitats wurden von den Korporierten, die etwa ein Viertel der 15 000 Münchner Studenten stellten, immer wieder als „Vaterlandsverräter" niedergeschrien, sie konnten sich aber schließlich durchsetzen.

„Werden braune Hemden wieder salonfähig?" Unter dieser Überschrift veröffentlichte der Bayerische Jugendring im März darauf eine Studie über rechtsradikale Jugendgruppen, deren Aktivität sich merklich verstärkt haben soll. Beobachtet wurden bereits Infiltrationen in demokratische Verbände, die aber zum Teil rückgängig gemacht werden konnten. Der Deutsche Jugendbund Kyffhäuser sammle alle jene Gruppen, die ihre Grundsätze „mehr oder weniger eindeutig aus dem Gedankengut der Hitler-Jugend beziehen".

Die einzelnen Gruppen und Grüppchen tauchten auch in der ehemaligen „Hauptstadt der Bewegung" unter verschiedenen Namen auf: Jungsturm, Jungdeutschlandbund, Jungkameradschaft, Jugendkorps Scharnhorst, Bund deutscher Jungen, Bismarck-Jugend, Marine-Jugend, Wiking-Jugend und so weiter. Mitglieder waren in der Mehrzahl 12- bis 16-jährige Buben und Mädchen. Sie wurden von ihren Eltern, in der Regel ehemalige Nationalsozialisten, zum Beitritt angehalten. Vielfach wurden auch schon wieder Uniformen, meist in Schwarz, und symbolträchtige Abzeichen getragen. Der „Stab" der rechten Bünde bestand meist aus ehemaligen HJ-Führern und anderen Hinterbliebenen der braunen Garden. Einer, der 51-jährige „Reichsjugendführer" von Münchow, wurde schon wegen Unzucht mit Minderjährigen zu viereinhalb Jahren Zuchthaus verurteilt.

Die Betätigung dieser Gruppen reichte – wie in zwei dicken Aktenbänden dokumentiert – vom Absingen nationalistischer Lieder („Und ruft das Vaterland uns wieder …") bis zum „Einsatz an der inneren Front". Beispielsweise berichtete der „Junge Beobachter", der sichtlich dem früheren Zentralorgan der NSDAP angeglichen war, über eine Front-Erfahrung der Scharnhorst-Jugend: „Gleich den älteren Kameraden marschierten sie ruhigen Schrittes in soldatischer Haltung durch die grölende Menge, gebildet von Gewerkschaftlern, Falken und Kommunisten, die die ehrwürdige Feierstunde deutscher Soldaten sprengen wollten." In anderen Blättern, deren Existenz allein schon dafür sprach, dass diese Altnazis und Neofaschisten finanziell gut versorgt waren, war die Rede von „sittlichen Kräften" (siehe Münchow!), vom „Reichsgedanken", „Kampfbereitschaft" und der „Wiedergesundung unserer verirrten Volksseele".

Der Ring demokratischer Jugendorganisationen in München bezeichnete diese Art Nationalismus und Militarismus zwar nur als „grotesk" und maß jenen Grüppchen von Unbelehrbaren und dummen Jungen nicht mehr Bedeutung bei als sie wirklich hatten. Eine gewisse Besorgnis aber äußerte der Bericht doch: „Wenn man nur genau wüsste, wie die Bundesregierung (damals eine Koalition unter Konrad Adenauer aus CDU, CSU, darunter Strauß, und Deutsche Partei) zu den vormilitärische Erziehung treibenden Jugendlichen steht."

Edelweiß und Brillanten

Im Oktober jenes Jahres 1958, ausgerechnet an meinem 30. Geburtstag, musste ich eine weitere Sumpfblüte aus dem „braunen München" präsentieren. Im einem Bierkeller brodelte die Maische einer rechtsextremen, bundesweit operierenden Sammlungsbewegung. Sie war Produkt verschiedener Bünde und firmierte als „Deutsche Reichspartei". 350 alte Ober-Nazis konnte die in Norddeutschland residierende Führung zu einem „Reichsparteitag" nach München trommeln. Und hier gerieten diese Delegierten, obwohl die Zapfhähne beim Hacker vorsorglich zublieben, in einen nationalistischen Rausch. Schwarz-weiß-rote Fahnen, sturmzerfetzte Kampfbanner, dröhnende Märsche, markige Reden – Szenen wie einst gehabt.

Man werde in Zukunft mit dieser Partei rechnen müssen, denn sie verkörpere den organisierten Lebenswillen des deutschen Volkes, verkündete Parteiführer Wilhelm Mainberg, SS-General und stellvertretender Reichsbauernführer a.D.. Immerhin verfügte diese DRP bereits über 18 500

Demonstation gegen wiederkehrenden Faschismus

eingeschriebene Mitglieder, sieben Sitze im Landtag von Niedersachsen, 200 Mandate in Kreistagen und 500 in Gemeinden. Über eine Listenverbindung war sie bis 1953 sogar im Bundestag vertreten.

Um nun den Wahlkampf auch in Bayern zu finanzieren, verkauften die Reichsparteigenossen mit Edelweiß geschmückte Abzeichen sowie Bücher des „Schlachtfliegers" Hans-Ulrich Rudel, der eine Grußbotschaft aus Argentinien sandte. 1953 war der Mann, dem Hitler als höchste Tapferkeitsauszeichnung das Ritterkreuz mit Brillanten verliehen hatte, in Abwesenheit und erfolglos als Spitzenkandidat der DRP aufgetreten.

Rudel diente in Buenos Aires diversen Diktatoren als Waffenhändler. Außerdem betrieb er ein einflussreiches „Kameradenwerk" für die „zwangsdemokratisierte" Heimatfront. Sein Einfluss war groß. Er stand dort drüben nicht allein auf Reichsstatthalterposten. Schon 1949 hatte ich über die Schleusung von Prominenten des Dritten Reiches nach Spanien, Südamerika und Nahost recherchiert. Unterstützt wurde diese „Operation Odessa" von einem ungarischen Bischof im Vatikan. Die Informationen hatte ich von Experten der Auslandsabwehr in der Waffen-SS-Division Brandenburg. Meine

Reportage erschien am 3. Dezember in der *Abendzeitung* unter der rot gedruckten Schlagzeile: „Menschenschmuggel-Zentrale München". Details bestätigte später der *Stern* in Hamburg, wo ich der Geschichte weiter nachging.

In seinem Münchner Parteiprogramm träumte Oberst Rudels letztes Aufgebot von einem „Vierten Reich", das ein „Reichsrat" regieren solle. Die Machtübernahme schien den Kameraden unter drei Umständen machbar: 1. Wirtschaftskrise, 2. Abgang des alt gewordenen Bundeskanzlers Konrad Adenauer, 3. Wiedervereinigung. Vorerst aber, so mäkelten Gemäßigtere, kämen die Ideen der Reichspartei bei der „satten, müden Bürgerlichkeit" wohl nicht an.

Tatsächlich bekamen die verschworenen Senior-Nazis bei den Landtagswahlen in Bayern nur 0,6 Prozent der Stimmen. Ihre Aktivitäten aber dauerten noch eine Weile an. So wurden einige der neu eröffneten Synagogen mit antisemitischen Sprüchen beschmiert und weiterhin Parolen verbreitet zur Wiederherstellung eines völkisch-homogenen Reiches in den „Mindestgrenzen" von 1937, Chefideologe Bernhard von Grünberg, letzter NS-Rektor der Uni Königsberg, hatte schon vor dem Krieg den gesamten Westen der Sowjetunion für das Deutsche Reich eingefordert.

Angesichts ausbleibender Wahlerfolge fusionierte die neue Nazi-Partei 1959 mit den Trümmern von drei anderen Rechtsparteien zur „Nationaldemokratischen Partei Deutschlands". Diese NPD existiert heute noch und konkurriert mit der AfD.

Kalter Krieg ganz heiß

Eine gefährliche Radikalisierung ganz anderer Art erlebte Bayerns Hauptstadt während des Kalten Krieges. „München hat sich zum Weltzentrum der Ostemigration entwickelt," schrieb ich in einem Korrespondentenbericht vom August 1953, dem weitere Polit-Krimis folgten. Sie handelten von Machtspielen, Machtkämpfen und Meuchelmorden, wobei Moskau und allerlei Geheimdienste mitspielten und ein gewisser Bandera eine Schlüsselrolle hatte. Meine Informanten waren Spezialbeamte der Münchner Polizei und eines Ministeriums sowie Journalisten der Exilpresse, vor allem ein trinkfester Ukrainer, der für den US-Propagandasender Radio Liberty und wohl auch direkt für die CIA unterwegs war.

Fast alle Nationalkomitees, Exilregierungen, kulturellen und sozialen Organisationen hatten ihr Hauptquartier in München aufgeschlagen. Allesamt, aber keineswegs unisono erhoben sie nun Anspruch, die Völker hinter dem Eisernen Vorhang in der freien Welt zu repräsentieren. Dabei arbeiteten sie meist selbst nach totalitärem Muster. Sie befehdeten sich buchstäblich bis aufs Messer. („Dolch frisch geschliffen," hieß eine meiner Geschichten im *SPIEGEL*). Sie hatten außer dem verschworenen Antikommunismus weder ein gemeinsames Konzept noch überhaupt den Willen zur Zusammenarbeit. Viele waren Kollaborateure der Nazis, andere Deserteure der Sowjetarmee. Einige, wie die „Eiserne Garde" der Rumänen oder der „Frontkämpferverband" der Ungarn, waren militant faschistisch.

Unter den rund 80 Ost-Vereinigungen, die dem bayerischen Staatssekretariat für das Flüchtlingswesen bekannt waren, gaben damals aber die Ukrainer deutlich den Ton an. Sie beherrschten auch den „Antisowjetischen Block der Nationen" sowie die rechtsextreme „Bandera-Gruppe", wie sie sich selbst nannte. Diese unterschied sich vom Gros der Emigranten, weil sie nicht nur extrem antikommunistisch, sondern auch antirussisch operierte. Ihre Anhänger schreckten vor Mord und Terror nicht zurück. So verübten sie 1951 im Flüchtlingslager Schleißheim einen Anschlag auf den Chef der konkurrierenden „Ukrainischen Freiheitsbewegung", den ehemaligen General Gulay.

Am 15. Oktober 1959 hörten Bewohner eines Hauses in der Kreittmayerstraße 7 in München einen Schrei. Als sie auf die Treppe stürmten, fanden sie den mysteriösen Mann vom dritten Stock, der sich als Schriftsteller Stefan Popel ausgab, mit dem Gesicht zu Boden und offenbar bewusstlos. Äußere Verletzungen sah in der Eile niemand. Der Mann starb beim Transport ins Krankenhaus. Sofort schaltete sich die Mordkommission ein und ließ die Leiche öffnen. Die Obduktion brachte zunächst kein Ergebnis. Der Verfassungsschutz wurde hinzugezogen.

Der Tote, das immerhin konnte bald geklärt werden, hieß in Wirklichkeit Stepan Bandera. Er war einer der bekanntesten und – von manchen – gefürchtetsten Politiker der Ostemigration. Sein „Steckbrief" war romanreif (tatsächlich wurde er 1966 Gegenstand einer ZDF-Doku): 1909 als Sohn eines Priesters in Galizien geboren, stieß Bandera schon 1927 zu einer antisowjetischen Widerstandsgruppe, die sich von einer Terroristengruppe zur militärischen Formation entwickelte. Unter deutscher Besatzung verantwortete Bandera am 6. Juni 1941 in Lemberg ein Massaker, bei dem 7000 Angehörige ethnischer Minderheiten getötet wurden. Außerdem proklamierte er eigenmächtig eine „selbständige Ukraine". Er kam daraufhin ins KZ Sachsenhausen.

Nach dem Krieg baute Stepan in der Sowjetunion und in Polen eine Untergrund-Armee namens UPA auf, als militärischen Arm der „Organisation Ukrainischer Nationalisten" (OUN). Ab 1947 führte er von Bayern aus einen Guerillakrieg, über den nur spärlich Nachrichten an die Außenwelt drangen. Sein Name stand auf der Liste der gesuchten Kriegsverbrecher in der Sowjetunion an erster Stelle. Auslieferungsanträge aus Moskau blieben in Bonn unbeantwortet.

Wie mir Mitarbeiter der Bandera-Zeitung *Der Weg zum Sieg* 1959 verrieten, sollen sowjetische Fallschirmjäger in den Ostkarpaten wochenlang gegen versteckte Einheiten der unter Oberst Kowal operierenden OUN vorgegangen sein. Danach gab es mehrere Prozesse, den letzten in Kiew, wobei 30 von rund 300 angeklagten „Bandera-Banditen" zum Tode verurteilt wurden In der „Organisation der ukrainischen Untergrundkämpfer" in München erklärte man unumwunden, alle diese Widerstandsgruppen zu lenken. Sogar Störaktionen gegen den Ukrainer Chruschtschow in Amerika soll Bandera organisiert haben.

In diesem nicht mehr ganz Kalten Krieg konnte es nicht ausbleiben, dass mehrmals Attentate auf den Führer der neuen OUN-B verübt wurden. Ein Tscheche, der Bandera entführen wollte, wurde 1958 in München verhaftet. Danach war ein Komplott aufgeflogen, in das 40 Personen verwickelt waren. Ungeklärt blieben ein Sprengstoffanschlag auf die Bandera-Zeitung und das Verschwinden des ukrainischen Generals Horbanjuk. Bandera trat in der Öffentlichkeit nie ohne Leibwache auf. Seine Frau und seine drei Kinder lebten in ständiger Angst. Auch an dem verhängnisvollen Donnerstag begleitete ihn die Bodyguard bis zur Haustür, wo er, entgegen seiner Gewohnheit, die Männer wegschickte.

Dass der politische Abenteurer Bandera an jenem 15. Oktober 1959 durch Applikation von Blausäure im Gesicht umgebracht worden war, konnte der Münchner Gerichtsmediziner Wolfgang Spahn relativ schnell klären. Vergiftung war eine damals üblich gewordene Methode der politischen „Liquidierung", als deren Urheber der sowjetische Geheimdienst KGB unter starkem

Verdacht stand. So kam es im Dezember desselben Jahres zu einem Anschlag auf „Radio Free Europe", das am Rande des Englischen Gartens sein Hauptquartier hatte (und 1990 nach Prag umzog): in der Kantine wurde Zyankali in Salzstreuern entdeckt. Kurz zuvor war der Pole Zligniew, Mitarbeiter dieses zweiten und potenteren Münchner Ostsenders „Radio Liberty", an Gift gestorben; der polizeiliche Befund lautete auf Selbstmord.

Als Auftraggeber zum Mord an Bandera mit einer präparierten Pistole bekannte sich 1961 ein Bogdan Staschinski, dem die DDR den „Kampforden Rotes Banner" verliehen hatte; er war kurz vor dem Bau der Mauer nach Westberlin getürmt und dann in den USA untergetaucht, während Moskau im Streit mit der Ukraine die angeblich immer noch aktiven „Bandera-Faschisten" anprangerte.

Die Volksaufklärer

Früh schon hatte die neue Rechte ihre Vorkämpfer, Bannerträger, Mitläufer, Schläger, Ideologen und auch ihre Herolde. Der wichtigste dieser Volksaufklärer operierte von München-Pasing aus: Dr. Gerhard Frey, 1933 in Cham in einer wohlhabenden Familie geboren, Hauptschriftleiter und Alleininhaber der „Deutschen National-Zeitung und Soldaten-Zeitung", die es auf eine Auflage um die 100 000 brachte. Dank eines gesalzenen Preises und der Solidarität so mancher Kameraden warf sie auch im Ausland erhebliche Gewinne ab.

Die Geschichte des ultrarechten Zentralorgans enthüllt, dass da nicht nur ein paar unverbesserliche Querköpfe am Werk waren. Im Internierungslager Garmisch von gefangenen NS- und SS-Männern geboren, erhielt das „antikommunistische Kampforgan" zeitweilig Geld aus den USA und sogar vom Bundespresseamt. Zwar waren diese offiziösen Fäden längst gerissen, zwar hatten Regierungssprecher und Abgeordnete aller Fraktionen oft gegen dieses Pamphlet Stellung genommen. Doch immer wieder fanden die Sirenentöne aus Pasing Widerhall, Zustimmung, ja Bekräftigung auch bei verantwortlichen Politikern.

Zu den Autoren gehörten Publizisten, die schon dem Reichsministerium für Volksaufklärung und Propaganda des Dr. Goebbels zugeliefert hatten. Nachdem 37 Persönlichkeiten – meist Professoren, Theologen und

Eine der Zeitungen des Dr. Frey, die ihn sehr reich machten

Künstler – Schritte gegen den „Missbrauch der Meinungsfreiheit" in dieser Zeitung gefordert hatten, sammelte der fixe Frey Sympathie-Unterschriften von 103 anderen Zeitgenossen. Für die Meinungsfreiheit des rechtsextremen Wochenblatts setzten sich also ein: 28 teils namhafte Rechtsanwälte, mehrere Professoren (darunter Weltraumpionier Oberth), 15 pensionierte Generäle, mehr oder weniger bekannte Künstler sowie ein CSU-Studentenfunktionär.

Als der SPD-Abgeordnete Adolf Arndt warnte, Freys Organ spreche „die Sprache der potenziellen Mörder von morgen", beteuerte der CDU-Bundestagsabgeordnete Jakob Diel in einem Leserbrief an die DNZ seine „Verbundenheit" und „Identifizierung". Auch ein FDP-Landesvorsitzender bekannte sich zur „Moral" der Münchner Nationalisten. Später wurde bekannt, dass auch die CSU-Minister Alfred Seidl (Innen) und Theodor Maunz (Justiz) eng mit Frey verbunden waren.

Juristisch war dem reichen Verleger schwer beizukommen. Der Versuch des Bundesinnenministers Ernst Benda (CDU), ihm Missbrauch der Pressefreiheit anzulasten, scheiterte am Bundesverfassungsgericht. 16 Jahre lang blieben die Hetz- und Hasstiraden ohne rechtliche Folgen. Erst 1967 begann die Staatsanwaltschaft München mit Ermittlungen wegen Verdachts der Völkerhetze. Doch erst eine (verbotene) Abbildung des „Führers" brachte das Fass zum Überlaufen. Offenbar war nun der Staatsschutz sensibel geworden in Bayern.

Von Nürnberg aus spannte spätestens seit 1983 ein weiterer Möchtegern-Führer, der 1937 geborene Grafiker Karl-Heinz Hoffmann, ein gemeingefährliches Spinnennetz. Seine „Wehrsportgruppe" (WSG) wurde Basislager für höchst abenteuerliche Gestalten und Aktionen. So verübte der 19jährige Bundeswehrsoldat Dieter E., einer von etwa 600 Hoffmann-Aktivisten, im Mai 1977 einen Sprengstoffanschlag auf einen amerikanischen Propagandasender in München, bei dem er selbst schwer verletzt wurde. Erst der verfassungstreue Bundesinnenminister Gerhard Baum (FDP) konnte im Sommer 1980 ein Verbot der paramilitärischen Sportfreunde erwirken.

An den Übungen der Hoffmann-Gruppe hatte auch der Tübinger Student Gundolf Köhler teilgenommen – derselbe, der am 28. September 1980 durch einen aus britischen Granatwerfern gefertigten Zeitzünder zwölf Besucher des Oktoberfestes und sich selbst getötet und 211 Menschen teils schwer verletzt hat. Nach wahrscheinlichen Mittätern fahndet die Staatsanwaltschaft erst wieder seit den unermüdlichen Recherchen des Journalisten Ulrich Chaussy und dem danach produzierten Film „Der blinde Fleck".

Die Brutalen

Die rechte Szene konzentrierte und radikalisierte sich in der einstigen „Hauptstadt der Bewegung". Mit konspirativen bis terroristischen Aktionen zogen neue Bewegungen mit der am linken Rand operierenden RAF gleich. Ausländer, Juden und auch Journalisten wurden zu deren Zielscheiben. Eine dieser Organisationen, eine Art Kopie von Hitlers „Sturm-Abteilung SA", agitierte in der einstigen „Hauptstadt der Bewegung". Über sie und ihren Führer berichtete ich anlässlich eines Strafprozesses im Juli 1983:

Beim „Bruder Barnabas", einer Kneipe in der Münchner Au, trafen sich Ende der Siebzigerjahre meist arbeitslose Jugendliche, sie fielen auf durch schwarze Rockerkleidung und rote Abzeichen mit Reichsadler, Wolfsangel und dem Zeichen VSBD. Die Burschen grölten das Horst-Wessel-Lied und provozierten Schlägereien mit Gästen. Manchmal erschienen auswärtige Rattenfänger und redeten viel, etwa über „Deutschlands Recht auf Hitler". Meist aber wurde nur „ganz fürchterlich gesoffen", wie ein Zeuge erzählte. Oder es wurde einfach „irgendwie gelangweilt rumgesessen." Etwas Spannung verschaffte man sich durch Schießübungen auf allerlei Gerümpel. Oder durch

Friedhelm Busse – der Anführer der radikalen Neonazis

das Schmieren von Hakenkreuzen und Hassparolen im ganzen Münchner Osten.

Die Burschen bekannten sich als „Jugendfront" einer von dem Schriftsetzer und Druckereibesitzer Friedhelm Busse im NS-Stil geführten „Volkssozialistischen Bewegung Deutschlands". Dieser Mann hatte es als 15-.Jähriger noch in die Adolf-Hitler-Schule und die Waffen-SS geschafft. Im Mai 1952 wurde er beim Pfingsttreffen einer rechten Jugendorganisation erstmals wegen gefährlicher Körperverletzung verhaftet und 1953 wegen Beihilfe zur Freiheitsberaubung zu sechs Wochen Gefängnis verurteilt. Weil er zusammen mit dem österreichischen „Bumser" Norbert Burger am „Südtiroler Freiheitskampf" teilnahm und Sprengstoff wie auch Schusswaffen in seiner Garage hortete, folgten noch mal drei Monate Gefängnis auf Bewährung.

Zunächst Funktionär der Deutschen Reichspartei, wechselte Busse 1969 in die NPD, die den allzu Radikalen 1971 wieder ausschloss. Nun gründete er selbst eine „Partei der Arbeit" und 1975 eine „Volkssozialistische Bewegung". 1980 siedelte er nach München über, wo er im Juli 1983 zusammen mit vier jüngeren Kameraden ebenfalls vor Gericht landete. Denn am Abend des 20. Oktober 1981 waren in einem französischen Auto, das von Busses Wohnung gekommen war, fünf junge, für einen geplanten Banküberfall bis an die Zähne bewaffnete Männer am Stadtrand Münchens angehalten worden. Dabei explodierte eine Handgranate. Zwei der Gestellten wurden von Kugeln eines polizeilichen Einsatzkommandos durchsiebt.

Als „rechte Baader-Meinhof-Bande" wollte der abermals Angeklagte, bei diesem Vergleich des Staatsanwalts richtig erbost, seine inzwischen verbotene VSBD trotzdem nicht gewertet wissen, auch wenn sich ihm potenzielle Gewaltanwender offenbar geradezu aufgedrängt hatten. Beim Befragen von

Zeugen spielte er den Biedermann, der nur das „fortschrittliche rechte Lager" unter einem Dach sammeln wollte, um eine alternative „demokratische Wahlformation" anzubieten. Immerhin habe er 1956 sogar für die SPD zum Bundestag kandidiert.

Busse rief die Zeugen gewissermaßen zum Rapport. Und der getreue Führer seiner Jugendtruppe konterte den gutmütig scheinenden Vorsitzenden Karl Gietl knallhart mit Gegenfragen. Dialog-Beispiel aus dem bisher größten deutschen Neonazi-Prozess: „Was wollten Sie eigentlich erreichen?" – Zeuge: „Tut das was zur Sache?" – „Wollte man die Umwandlung der Gesellschaft mit radikalen Mitteln?" – Zeuge: „Was verstehen Sie darunter?" Das war und ist in der Tat die Kernfrage – nicht nur in diesem Prozess.

Wegen Hehlerei, Strafvereitelung, Begünstigung von Bankräubern und Verstoßes gegen das Waffen- und Sprengstoffgesetz wurde Friedhelm Busse, der gefährlichste Rechtsextremist Deutschlands, im bis dahin größten Neonaziprozess einer Freiheitsstrafe von drei Jahren und neun Monaten verurteilt. Er habe, so wertete das Bayerische Oberste Landesgericht strafmildernd, „nur aus falsch verstandener Kameradschaft" Kommandomitglieder bei sich wohnen und deren Sprengstoff in seiner Garage lagern lassen.

Kaum war die Bewährungsfrist abgelaufen, übernahm Busse 1988 den Vorsitz der „Freiheitlichen Deutschen Arbeiterpartei". In Nürnberg drohte er noch: „Wehe, es kommt eines Tages anders, dann werden wir genau das durchsetzen, was Adolf Hitler 1933 versäumt hat, wir werden erst mal einen Teil der Bourgeoisie an die Wand stellen." Auch eine weitere Haftstrafe hielt ihn keineswegs ab von weiteren Gründungen von Parteien, Informationsdiensten, einer „Akademie", öffentlichen Hetzreden und rechtsextremistischen Umtrieben.

Der krebskranke Oberneonazi starb in der Nacht zum 23. Juli 2008. Unter den 90 Gästen der Trauerfeier auf dem Friedhof im Passauer Ortsteil Patriching waren zahlreiche Politiker der NPD und anderer rechter Gruppierungen. Einer der Kameraden legte eine Reichskriegsflagge mit Hakenkreuz auf den offenen Sarg, den die Polizei zwecks Sicherung des Beweisstückes noch einmal öffnen musste. Als seinen Nachfolger ernannte Busse noch in der JVA Bernau im Februar 2004 seinen in Ottobrunn wohnhaften Zellengenossen Norman Bordin, der wegen eines brutalen Überfalls auf einen Griechen einundhalb Jahre absitzen musste.

Neue braune Brut

Am Ende des Jahrtausends – hier muss ich über den eigentlichen Zeitrahmen dieses Buches hinausgehen – entwuchsen den Rechtsparteien wilde, sehr undurchsichtige „Kameradschaften". Aus Happenings wurden Terroranschläge. Neu waren auch die Angriffsziele: Obdachlose, Behinderte, Flüchtlinge, Journalisten. Auch Bodin, der von Busse gekürte „Führer des nationalen Widerstands", wurde vor Gericht zitiert. „Die zahlreichen, darunter einschlägigen Vorstrafen weisen den Angeklagten als gewaltbereiten Neonazi aus, dessen rechtsextreme politische Gesinnung nahezu irreversibel verfestigt erscheint." So befand das Landgericht München im Prozess wegen des Überfalls auf einen Griechen, wobei Bodin auch Skinheads eingesetzt hatte. Sogar während des Verfahrens verspottete er Ausländer, in der Haft protzte er mit üblen Parolen.

Ein Jahr nach dem Überfall, im Dezember 2001, gründete der 25-jährige, nach Ottobrunn umgezogene arbeitslose Duisburger, den der Nazi-Führer Friedhelm Busse in der Zelle per Rundschreiben zum nachfolgenden „Führer des nationalen Widerstands" gekürt hatte, die „Kameradschaft Süd". Nicht mehr Parteifunktionäre, sondern Rocker, Hooligans und ähnliche Typen sollten fortan die radikale Szene bestimmen – und so auch einem Parteiverbot entgehen. Das nach wie vor geltende Programm: provozierende Aufmärsche, Demos und Partys, regelmäßig etwa zum Gedenken des Hitler-Stellvertreters Rudolf Hess.

In mehreren Groß- und Kleinstädten organisierte er immer neue Kameradschaften, Kampfbünde, Foren, Info-Stände, Fanclubs, Proteste (etwa gegen den Euro). Ein besonders wichtiges Agitationsfeld ist das digitale Netzwerk. Sogar in die Fußballabteilung des MTS 1860 wollte Bodin eintreten und Fäden knüpfen, was der Verein jedoch verhinderte. Statt dessen trat er im Oktober 2004 in die NPD ein und wurde deren stellvertretender Jugendführer. Auf der Angriffs- und Opferseite erschienen neue Volksgruppen: Obdachlose, Behinderte, Schwule, Andersgläubige und vor allem Flüchtlinge – „asozialer Dreck". Auch die Bundeskanzlerin entgeht ihren Hassgesängen nicht.

Bei einer der von Bodin gewollt schockierenden Inszenierungen wurde die Erkennungsmelodie der NSU-Mörder abgespielt. „Geschmacklos, aber nicht strafbar", urteilte die Richterin und sprach den Angeklagten im

Januar 2013 frei. In diesem Prozess wurden wir Journalisten von Kameraden massiv bedroht. Und weil sie im NSU-Untersuchungsausschuss des Landtags den italienischen Geheimdienst zitiert hat, wonach Bodin und der NSU-Mitangeklagte Ralf Wohlleben mit Skinheads in Südtirol über Angriffe auf Einwanderer gesprochen habe, kündigte Bodins Anwalt eine Klage gegen eine Grünen-Abgeordnete an, sie habe „Persönlichkeitsrechte verletzt".

Von jetzt an ging es Schlag auf Schlag, bei relativ harmlosen Happenings sollte es nicht bleiben.

AZ-Serie des Autors vom September 2018

Am Vormittag des 29. August 2001 schlug der „Nationalsozialistische Untergrund" erstmals in München zu. Uwe Mundlos und Uwe Bönhardt, von einem Mord aus Nürnberg kommend, betraten den Laden von Habil Kilic und streckten den Türken mit zwei Kopfschüssen nieder. Am 6. September 2003 verhaftete die Münchner Polizei den 26jährigen Neonazi Martin Wiese, der schon an den Brandanschlägen in Rostock-Lichtenhagen und an Krawallen gegen die Wehrmachtausstellung im Rathaus beteiligt war, sowie acht weitere Männer. Sie hatten sich Waffen und Sprengstoff beschafft, für die zum 11. November geplante Grundsteinlegung zum neuen jüdischen Gemeindezentrum am Jakobsplatz.

Am 16. Juni 2005 kamen die NSU-Vollstrecker ein zweites Mal nach München, nun mit einem angeliehenen Wohnmobil. Kurz nach halb acht

Uhr feuerte das Mörder-Duo dem griechischen Schlüsselmacher Theodoros Boulgarides in der Trappentreustraße drei Kugeln in den Kopf. Wieder suchten die Ermittler zunächst keineswegs in der längst sehr aktiven rechten Szene. Immerhin waren gegen Ende des 20. Jahrhunderts bereits 76 rechtsextreme Vereinigungen mit 35 950 Mitgliedern in Deutschland amtlich bekannt.

Push für die AfD

Am 22. Juli 2016 stürmte der 18jährige Deutsch-Iraner David Sonboly ins Olympia-Einkaufszentrum, erschoss neun und verletzte fünf weitere Menschen, bevor er sich in einer Nebenstraße selbst tötete. In aufgefundenen Chats hatte der psychisch aufgefallene Amokläufer aus seiner Sympathie für den norwegischen Massenmörder Anders Breivik (69 Todesopfer genau fünf Jahre vorher) und auch für die ganz neuen deutschen Rechtspopulisten kein Hehl gemacht. Auch hatte er Kontakt mit William Atchison, der am 7. Dezember 2017 in New Mexico ein ganz ähnliches Massaker verübte; der 21-Jährige soll einer weltweiten Gruppe Jugendlicher angehört haben. Davids digitales Bekenntnis: „Unsere Gegner sind jetzt Salafisten, Wirtschaftsflüchtlinge, Merkel. Du wirst alles stoppen und die AfD wird durch uns in die Höhe gepuscht."

Wer ist „uns"? Wer hat den mehrmals nach München gereisten NSU-Mördern logistisch geholfen? Was verbirgt sich noch im Dunkel der neuen „sozialen" Medien? Fragen, die nach wie vor offen sind. Die Liste der von Rechtsradikalen verübten Verbrechen und der Hintermänner ist natürlich viel länger als sie in diesem Kapitel rekonstruiert werden konnte. Und der Schoß ist fruchtbar noch …

Der grosse Schwarze

Schatten überm Land

Genau ein halbes Jahrhundert stand Dr. Alois Hundhammer im politischen Leben – „unverrückbar wie ein Leuchtturm", so rühmte ihn einmal die CSU. Mit eiserner Strenge, ohne jegliches Zugeständnis an den „Zeitgeist", kämpfte er für eine christlich geprägte Demokratie, notfalls auch gegen Liberale in der eigenen Partei. Einen „schwarzen Schatten" habe er über das weißblaue Land geworfen, sagten seine zahlreichen Gegner. Der geniale Karikaturist Henry Meyer-Brockmann hat diesen Schattenmann im Simplicissimus ganzseitig porträtiert. Für uns Schreiber war er Exponent einer vergehenden Epoche.

Als 19-Jähriger stand der Alisi, das älteste von 13 Bauernkindern, in den Reihen der Freikorps gegen die Spartakisten. Als jüngstes Mitglied des bayerischen Landtags und Bauernfunktionär erhob er seine Stimme gegen die Braunen, die ihn gleich 1933 ins KZ sperrten. Als Schuhmachermeister und Soldat überstand der studierte Historiker und Volkswirtschaftler die düstere Zeit.

Dann war Hundhammer unter den Gründungsvätern der CSU, deren konservativen Flügel

Eine viel beachtete Hundhammer-Karikatur im Simplicissimus

69

er zunächst als Fraktionsvorsitzender repräsentierte und mit seinem einflussreichen „Petrakreis" abschirmte gegen die von Josef Müller („Ochsensepp") und später von Strauß geführten „Liberalen". 16 Jahre als Kultus- und Landwirtschaftsminister machten den glühende Katholiken zu einer Schlüsselfigur im Nachkriegs-Bayern. Öfter als andere wurde der schwarze Alisi kritisiert, viele kuschten, denn er war mächtig.

Als das Jahr 1968 allgemein eine Zeitwende ankündigte, sammelten sich in Tuntenhausen die kernkatholischen Kader. Hundhammer, Vorsitzender des Katholischen Männervereins und inzwischen stellvertretender Ministerpräsident, rief in dem Dörfchen bei Rosenheim zum Widerstand gegen die „Progressiven", gegen die Anpassung kirchlicher Würdenträger an den Zeitgeist, gegen die Katholische Akademie, die dem „Pornographen und Gotteslästerer" Günter Grass ein Podium biete. Sogar Münchens Reform-Kardinal Döpfner, der Vater des Vatikanischen Konzils, wurde angegriffen – als „Großprotektor der Häretiker" (Abweichler). Ganz fürchterlich fanden die Protektoren der alten Zeit den Aufruf einer katholischen Zeitung: „Meldet Euch zu Wort! Werdet ungemütlich!"

Und es wurde ungemütlich im schönen schwarzen Land – und zugleich heller. Aber ein besonders dunkles Relikt aus der alten Zeit blieb Bayern – und nur Bayern – vorerst erhalten: die körperliche Züchtigung in der Schule. Das noch aus brauner Zeit stammende Recht des Lehrers, renitente Schüler mit dem Rohrstock zu strafen, war zwar im Juni 1946 unter dem SPD-Ministerpräsidenten Wilhelm Hoegner außer Kraft gesetzt, ein Jahr später jedoch von Hundhammer wieder eingeführt worden. Nach dessen Rücktritt nun versuchte die oppositionelle SPD zwar abermals, den Prügel-Paragraphen endlich abzuschaffen. Das aber wollte die CSU nur anstreben. Was erst 1983 dem vergleichsweise liberalen Kultusminister Hans Maier gelang.

Eher komisch als staatstragend klingen heute Erinnerungen an jenes „alte Bayern" nach, das Männer wie Hundhammer maßgebend prägten und das erst von der Seehofer-CSU ausdrücklich verabschiedet wurde. In mehreren Affären soll der Unerbittliche seine Hand im Spiel gehabt haben.

Alois und der Teufel

Die Vorbereitungen, so erinnerte sich später der Komponist Werner Egk, fanden in einer Zeit bitteren Hungers und großer Not statt. Während der letzten Proben streikten in München die Trambahner und im Prinzregententheater die Sänger, die bis zur Erschöpfung ausgepumpt waren. Material und Kostüme waren nur mit großer Mühe zu beschaffen, für das Ballett fehlten sogar die Seidentrikots. Trotzdem erlebte „Abraxas" am 6. Juni 1948 eine Uraufführung voller Glanz und Gloria. Das Publikum raste, 48 Mal musste der Vorhang hochgezogen werden. Es war ein Ereignis, wie es München lange nicht mehr erlebt hatte. Ein Ereignis „für die Bayerische Staatsoper, das deutsche Theater im allgemeinen, für das deutsche Ballett im besonderen", lobte Otto Friedrich Regner in der Süddeutschen Zeitung. Für den Rest der Spielzeit war das Ballett ausverkauft,

In einer der fünf Aufführungen erschien Kultusminister Alois Hundhammer. Der Mann mit dem schwarzen Vollbart und den glühenden Augen hatte seiner Sittenstrenge wegen bereits einen

Alois Hundhammer im Jahre 1958

gewissen Ruf. Er kam erst zum vierten Akt. Den dritten wollte er wohl nicht sehen, weil ihm seine Zuträger nur Schlimmes berichtet hatten. Es waren genau jene von Regner hervorgehobenen „Bilder der Hölle, die mit infernalischer Penetranz und eisigem Grauen den Zuschauer magisch faszinieren". Am 24. Januar 1949 meldeten die Zeitungen, „Abraxas" sei vom Spielplan abgesetzt, die geplanten weiteren Aufführungen im neuen Spielplan waren damit praktisch verboten. Auch das Textbuch durfte nicht mehr verkauft werden."

Der Eingriff des Staates in den Spielplan eines Staatstheaters löste einen Sturm der Entrüstung aus. Künstler, Gewerkschafter, Publizisten sahen darin einen Verstoß gegen Artikel 108 der bayerischen Verfassung, der die Freiheit der Kunst garantiert. Der Hauptbetroffene Werner Egk warf dem Kultusminister vor, er habe „unser Land, dessen Ansehen zu fördern er durch seine Stellung berufen wäre, dem Gelächter der Welt preisgegeben". Egk klagte auf Entschädigung, ließ sich Jahre später aber auf einen Vergleich ein.

Im Landtag griff die FDP den Fall auf. Hundhammer sah sich zu einer Erklärung genötigt: Er lehne es ab, eine „solche Sache" mit einem solchen Geldaufwand aufführen zu lassen. Reine Blasphemie sei die Schwarze Messe auf der Bühne, „das können katholische Männer in der Regierung nicht dulden". Er wolle sein Verbot auch „vor Geschichte und Kultur verantworten". Als der Minister noch aus dem längst verbotenen Textbuch zitierte, notierten die Landtagsstenografen „Pfui"-Rufe bei der CSU und der rechtspopulistischen WAV. Einen späteren Antrag der FDP, das Spielverbot aufzuheben, wollte Hundhammer „nicht billigen". Erst 30 Jahre später, am 19. Juni 1979, durfte „Abraxas" wieder in München gespielt werden.

Schmierer und Ausgschmierte

Ungeheuerliches war geschehen: Zum ersten Mal in der deutschen Geschichte nach 1870 hat ein hochrangiges Gericht einen – wenn auch nicht mehr amtierenden – Staatsminister am 8. August 1959 zu einer Zuchthausstrafe verurteilt und stehenden Fußes verhaften lassen. Dies war das für die junge Demokratie erschütternde Ergebnis eines Prozesses, der die politische Landkarte Bayerns nachhaltig verändert hat: Seither wurde der Freistaat nur noch von – bisher neun – Ministerpräsidenten der CSU regiert. Und deren damals stärkste Konkurrenz, die Bayernpartei, die einmal mit 27 Prozent Wählerstimmen im Landtag saß, schrumpfte zur Splitterpartei und blieb es bis heute.

Vor der 2. Strafkammer des Landgerichts München ging es um Vorfälle, die sich vor und nach der Zulassung von drei – von der Vier-Parteien-Koalition 1955 mit knapper Mehrheit gegen die noch oppositionelle CSU durchgeboxten – Spielcasinos hinter den Kulissen abgespielt hatten. Es ging um Prozente und Scheinverträge und um unzweideutige Versuche einiger Bewerber, über politische Mittelsmänner ins große Geschäft mit der rollenden Kugel einzusteigen.

Vor allem ging es um viel Geld. Doch wie viel ist viel? „Fünfzigtausend Mark sind doch ein ganz normaler Verschleiß," meinte ein Zeuge treuherzig. „Das ganze Theater kostete mich 170 000 Mark," bekannte der in Bad Kissingen zum Zug gekommene Hauptbetreiber Siegfried Simon Gembicki; 15 000 Mark habe er allein für ein „Künstlerfest" ausgegeben, an dem zufällig auch der Kissinger Oberbürgermeister, CSU-Mitgründer und spätere Senatspräsident Hans Weiß teilnahm. Ein nicht betroffener Abgeordneter indes fand bereits im parlamentarischen Untersuchungsausschuss: „Für diese Herren waren das alles wohl nur Trinkgelder."

Die Ansprechpartner dieser Herren saßen vier Wochen lang verbittert auf der Anklagebank: Professor Dr. Joseph Baumgartner, 54, Mitgründer der Bayernpartei (BP), stellvertretender Ministerpräsident bis 1957; Dr. August Geislhöringer, 74, Bankdirektor, BP-Schatzmeister, Innenminister der Koalition von SPD, BP, FDP und Block der Heimatlosen und Entrechteten; Max Klotz, 40, Wetterdiensttechniker, stellvertretender Fraktionsvorsitzender der BP; Franz Michel, 50, ehemaliger Abgeordneter und Schatzmeister der CSU.

Neben den Politikern saß der Kasino-Kandidat Franz Freisehner, 56; der hatte im Januar 1959 durch Selbstanzeige „aus Gewissensnot" gewissermaßen den Stein ins Rollen gebracht. Wie sich der Konkurrenzkampf um bayerische Roulettes abspielte, hatte der Vorsitzende im Untersuchungsausschuss, der SPD-Abgeordnete und spätere Bundesrichter Martin Hirsch schon vor dem Prozess klargemacht: „Wir wissen doch alle, dass im Spielbankgeschäft raue Sitten herrschen und dass man sich hier bisweilen bis aufs Messer bekriegt hat." Die gerichtliche Verhandlung erhellte die Sittengeschichte noch etwas krasser.

Da stellte sich also heraus, dass der „bayerische Löwe" Baumgartner, dem die früheren Parteifreunde von der CSU kaum weniger „zwider" waren als die „Kartoffel-Preußen", öfter in der Villa des gelernten Metzgers Freisehner zu Gast war, wo er gern dessen Kühlschrank und Swimming-Pool nutzte („Gebt's ma a Badhosn, sonst spring i nackert nei"). Dabei hatte er unter Eid behauptet, diesen Mann nur beiläufig gekannt zu haben. Seine Unterschriften auf Quittungen bezeichnete er als Fälschungen.

Dass Freisehner am Ende doch keine Lizenz bekam, begründete dieser als einziger Nichtpolitiker auf der Anklagebank so: „Der Kleine hat mich ang'schmiert." Er meinte den 1,52 Meter großen Geislhöringer. Kleinlaut erzählte der Minister, der bayerisch-preußische Ehen mal als „a Bluatsschand" angeprangert hatte, „jemand" habe ihm auf der Toilette eines feinen Restaurants ein Sparbücherl mit 10 000 Mark „für die Parteikasse" in die Gesäßtasche gesteckt, das er aber empört zurückgegeben habe. Klotz schließlich soll dem Weiß zwei Spielbank-Vorverträge zur Unterschrift vorgelegt und bemerkt haben: „Es fallen 20 000 Mark ab."

Woher genau das viele Geld stammte und ob es tatsächlich der heiß begehrten Konzession diente, das konnte weder im Landtag noch im Landgericht eindeutig geklärt werden. (Ähnliches erlebte die Republik später bei Großspenden für die CDU). Wer wurde wirklich geschmiert? Auch andere Vorgänge, insbesondere die angeblich von CSU-Granden manipulierte „Meineidsfalle", blieben im Dunkel des Dschungels um das staatlich konzessionierte, aber privat betriebene Glücksspiel.

„Die Kleinen müssen ihre Geldgeber geheim halten, weil sie sonst nichts mehr kriegen; die Spender der Großen bekommen das Bundesverdienstkreuz," traute sich der Angeklagte Klotz zu bemerken. Da herrschte ihn der Vorsitzende Paul Wonhas, ein früherer NS-Kriegsrichter, fast im Volksgerichts-Ton an: „Werden Sie nicht ausfällig, verwechseln Sie dieses Forum nicht mit einem anderen."

Die Urteile entsprachen durchaus solcher Härte: Zwei Jahre Zuchthaus für Baumgartner, ein Jahr und drei Monate für Geislhöringer, zwei Jahre und neun Monate für Klotz, zehn Jahre für Michel, ein Jahr und zehn Monate für Freisehner. In allen Fällen lautete der Schuldspruch auf vollendeten Meineid bei diversen Aussagen im Untersuchungsausschuss.

„Ein typischer Schauprozess," rief Michel zornig aus der Anklageloge. „Erschüttert" äußerte sich die Bayernpartei, die dann schnell dahinschwand. „Kein Ruhmesblatt für die bayerische Justiz," urteilte Ministerpräsident Professor Wilhelm Hoegner (SPD), der 1957 von allen Partnern verlassen zurücktrat. Und sogar sein moderater Nachfolger Hanns Seidel (CSU) fand die Urteile „barbarisch". Der Bundesgerichtshof ordnete denn auch neuerliche Verhandlungen an. Die führten bei Geislhöringer zu einer Strafminderung mit Bewährung. Baumgartner indes erlebte keine Revision mehr, weil er am 21. Januar 1964 einem Schlaganfall erlag. Sein Sarg stürzte kopfüber ins Grab – ein Menetekel für seine Anhänger, die ihm zum 40. Todestag in seinem Heimatdorf Sulzemoos ein Denkmal errichteten mit der Inschrift: „Treu zum Land, treu zu Wahrheit und Glauben." Bayerns toter Märchenkönig ließ grüßen.

Landschaftsfresser

Ausgerechnet ein Staatsminister für Landwirtschaft und Forsten machte im Juni 1959 in einer eigens einberufenen Sitzung den irrwitzigen Vorschlag, den Perlacher Forst abzuholzen und zu bebauen. Den Journalisten verschlug es den Atem, und wohl nicht nur uns. Jedoch: die Zeit schien reif zu sein, um nach Wiederaufbau und Wirtschaftswunder neue, große, wunderbare Siedlungsflächen für die neueste, magnetisch anziehende Millionenstadt München zu erschließen. Bayerns oberster Waldpfleger, der auch im Kultusressort umtriebige Dr. Alois Hundhammer, ließ sich denn auch nicht lumpen: „Hunderttausende" könnten dort draußen „untergebracht" werden.

Für die unerschütterliche Staatspartei, die den Erhalt der göttlichen Schöpfung, sprich der Natur, noch lange nicht im Programm hatte, stand gleich mal fest, dass die großen stadtnahen Wälder am schnellsten und billigsten eine derartige Entlastung bringen könnten, gehörten sie doch dem Freistaat. Gleich fand sich auch ein gefälliger Forstprofessor, der diese Erholungsparks, die andere als „grüne Lungen" schätzten, als nutzlose „Holzacker" abqualifizierte.

So geschah es, dass Münchens Wälder reihum zu politischen und privatwirtschaftlichen Spekulationsobjekten degradiert wurden. Im Januar 1954 erkor Ministerpräsident Alfons Goppel den Ebersberger Forst, die größte Mittellage-Waldung Europas, zum Standort eines 1,5 Milliarden teuren Protonenbeschleunigers – der Marsch in den Atomstaat konnte beginnen. Bayern sollte vom Agrarland zum „modernsten Staat Europas" werden, wie dann Goppels Nachfolger Strauß der staunenden Welt verkündete. Inzwischen, im Juli 1966, waren die Ganzgroßplaner des Freistaats dabei, ihre Claims auch im Hofoldinger Forst abzustecken; München brauchte nach mehreren Katastrophen halt dringend einen neuen Großflughafen. Es müssten nur vier Millionen Bäume weg.

Doch die Bäume blieben. Überall gingen Bürgerinitiativen auf die Barrikaden. Ganze Dörfer riefen zum Widerstand. Der erdnahe Freidemokrat Josef Ertl, später Bundeslandwirtschaftsminister, drohte den Landschaftsfressern mit einer zweiten „Sendlinger Bauernschlacht". SPD und Bayernpartei im Landtag schossen eh quer. (Die Grünen befanden sich noch im Embryonalzustand). Auch Münchens Stadträte lehnten die von der CSU dargebotenen Gaben dankend ab. Der junge, durchaus fortschrittliche OB Hans-Jochen Vogel meinte lapidar, die Wälder müssten für die Erholung erhalten bleiben, basta. Man beschloss, Großsiedlungen nur innerhalb des Burgfriedens zu schaffen. Nur ein riesiger Rangierbahnhof, das „Schienenmonster", wurde noch in den Allacher Forst gepflanzt.

Draußen im Land aber forderten Tourismus, Freizeitleben und Konsum – alles en masse – viele weitere Opfer an öffentlichem Grund und Boden. Einflussreiche Familien konnten ihre Latifundien auf Kosten der Allgemeinheit ausdehnen. Im 5000 Quadratkilometer großen Gebiet zwischen Bodensee und Königssee versiegelte ein beispielloser Ferien-, Wochenend- und Zweithäuser-Boom viele Millionen Quadratmeter Gebirgsboden; inzwischen sind die Auswüchse dieser oft beklagten „Häuslpest" einigermaßen eingedämmt, nicht jedoch die hemmungslose Expansion der „Kaufparadiese", Versandzentren, Freizeitparks und dergleichen. Nur einigen teuren Spaßbädern wurde der Hahn zugedreht.

Der Verschleiß wertvoller Landschaftsteile insbesondere im Ballungsraum München, der unter Schlagworten wie „Flächenfraß" oder gar „Ausverkauf Bayerns" oppositionelle Politiker, Wissenschaftler, Naturschützer. Bauern und nicht zuletzt uns Journalisten jahrzehntelang bewegt und oft erregt hat, ist ein politisches Kernthema geblieben. Noch im Sommer 2019 stand es, nun auf Initiative der Grünen, im Landtag zur Diskussion. Weiterhin verschwinden Tag für Tag Flächen in Größe von Fußballfeldern aus der Landschaft.

DER GROSSE VORSITZENDE

Franz-Josef-Land

Beim Durchblättern unzähliger Berichte, die ich in der zweiten Hälfte des 20. Jahrhunderts als Münchner Korrespondent auswärtiger Zeitungen und Mitarbeiter Münchner Medien gesammelt habe, stoße ich immer wieder auf drei Namen: Ludwig II., Vera Brühne und Franz Josef Strauß. Ein Märchenkönig, der allen und sich „ein ewig Rätsel bleiben" wollte, eine Mörderin, über deren Schuld oder Unschuld noch lange nach dem Urteil gerätselt wurde, und ein Machtmensch, über den heute noch gut streiten ist. Diese Drei waren in ihrer Zeit gleichsam Bestseller auf dem Medien-Markt München. Sie waren gefragt bei bundesdeutschen Lesern und Redaktionen.

Mit Strauß musste ich mich am häufigsten befassen. Das war oft nicht leicht. Fast täglich hatte ich ihn zu beschreiben und zu interpretieren. Wie der Märchenkönig so hat auch dieser Münchner Metzgersohn mit seinen Sprüchen und Strategien alle Welt irritiert, hat vor allem den "Preußen", die man nördlich des „Weißwurst-Äquators" verortete, immer wieder Rätsel aufgegeben und bisweilen Schrecken eingejagt. Vielen galten der Politiker Strauß und das Land Bayern als Einheit. Ein Rückblick mit Anekdoten und einigen Unbekannten:

Der Unaufhaltsame

In meinen Aktenbündeln voll vergilbter Manuskripte taucht der Name Franz Josef Strauß erstmals am 22. Januar 1955 auf. Auf einem Parteitag der CSU stand die Neuwahl des Landesvorsitzenden an. Gegen den amtierenden Hanns Seidel trat der unter Konrad Adenauer als Atomminister amtierende Franz Josef Strauß an. Die Mehrheit der 709 Delegierten bevorzugte den ruhig-sachlichen Juristen aus Franken. „Du wirst es schwer haben," rief ihm der unterlegene Strauß nach der Kampfabstimmung fast hämisch zu. Den Freistaat regierte nämlich damals nicht die CSU, sondern eine Koalition von vier anderen Parteien – zwar nicht mehr lange und danach nie wieder.

Kanzler Adenauer führte die Braut Marianne Zwicknagl zur Kirche in Rott, rechts neben ihm der Bräutigam.

Eine der nächsten direkten Begegnungen war weniger politischer als privater Natur. Am 4. Juli 1957 stand ich im festlich geschmückten Rott am Inn gleichsam Spalier bei der Hochzeit von Strauß, inzwischen Bundesverteidigungsminister, mit der Brauerstochter Marianne Zwicknagl. Der Bräutigam war übernächtigt aus dem Allgäu gekommen, wo tags zuvor elf Rekruten seiner Bundeswehr bei einer befohlenen Überschreitung der reißenden Iller ertrunken waren. Der Festlichkeit tat das schreckliche Unglück kaum Abbruch. Neben Bundes- und Landesministern war auch Kanzler Konrad Adenauer gekommen. „Nu is er endlich unter der Haube," soll sich der Alte gefreut haben. Denn in Bonn kursierten immer noch hämische Frauengeschichten über den hohen Geheimnisträger, wovon die aus New York über einen Taschenraub durch schwarze Prostituierte nur eine war. (Näheres unter „Der Spezl").

Dann sahen wir politischen Journalisten den aufstrebenden Politiker, wenngleich er 1961 doch noch den CSU-Vorsitz vom schwerkranken Parteireformator Seidel übernommen hatte, nicht mehr so oft in seiner Geburtsstadt München. Als Verteidigungsminister der Bonner Bundesregierung stellte er sich bei der beginnenden Konfrontation zwischen West und Ost an die vorderste NATO-Front. Er machte Weltpolitik- fern von Bayern. Er war, wie er sich einmal outete, „lieber kalter Krieger als warmer Bruder".

Doch noch in seiner Bonner Amtszeit wurde Strauß mit Affären und Skandalen in Verbindung gebracht, die hier nur in Stichworten erwähnt seien: Schützenpanzer, Starfighter, Fibag, Onkel Aloys. Im Oktober 1962 überstürzten sich die Ereignisse: Der Spiegel enthüllte, dass die von Strauß aufgemöbelte Truppe nur „bedingt abwehrbereit" sei. Eine Feststellung, die der militärisch unerfahrenen Bundeskanzler umgehend als einen „Abgrund von Landesverrat" vorverurteilte. Strauß griff ein, ließ in Spanien einen Redakteur verhaften und verhören, hatte jedoch „mit der Sache nichts zu tun, im wahrsten Sinne des Wortes nichts zu tun". Diese Lüge im Bundestag brachte ihn zu Fall.

Um nach den harten Bonner Rückzugsgefechten seine etwas angeschlagene Vitalität wieder aufzumöbeln, setzte sich der gescheiterte Bundesminister nach Spanien ab. Dort erreichte ihn im März 1963 aus Vilshofen ein Telegramm der Aschermittwoch-Kundgebung: „Beste Erholung und gesunde Rückkehr." Nach gesunder Rückkehr war Strauß erst mal tagelang mit der Verlegung seiner Wohnung beschäftigt, von Bonn am Rhein nach Rott am Inn, wo sein Schwiegervater eine stattliche Brauerei betrieb. Sodann aber, das ließ CSU-Generalsekretär Friedrich Zimmermann mit drohend klingendem Unterton wissen, werde Strauß „mit aller Kraft den Kampf um seine Wiederwahl aufnehmen".

Der unaufhaltsame Aufstieg des Franz Josef Strauß in München konnte beginnen. Ungestüm, wie es seine Art war, drängte der über die Spiegel-Affäre gestürzte Politiker zur Macht im Freistaat Bayern. Zunächst aber nur zur fraglich gewordenen Wiederwahl als CSU-Vorsitzender. Doch beim Comeback stieß er in der eigenen Partei auf breiten Widerstand, der sich zeitweise zur Rebellion auswuchs. Ernsthaft, wenn auch nicht erstmals, drohte der regierenden Partei eine Spaltung.

Schon lange vor der für Juni anberaumten Landesversammlung hatten sich die Fronten eines Machtkampfes formiert, wie ihn die allzeit spannungsgeladene CSU kaum je erlebt hatte. Mit täglich wachsender Ungeduld rüttelte der eine Flügel an den Postamenten der Parteimachthaber, mit umso grimmigerer Entschlossenheit rüstete der andere, größere zum Nibelungenkampf. Den Götz von Berlichingen des rebellierenden Fußvolks spielte ein gewisser Karl Theodor von und zu Guttenberg (dessen Enkel viel später ebenfalls vorübergehend für Unruhe in der CSU sorgen sollte).

Der Machtkämpfer

„Die CSU ist krank am Haupt, aber gesund in den Gliedern" – dieser Wahlspruch des fränkischen Freiherrn von und zu Guttenberg vom Mai 1963 zeigte, dass es nicht mehr allein, aber insbesondere um die Person des gescheiterten, weltanschaulich indifferenten Franz Josef Strauß ging. Die ganze Marschrichtung passte den Rebellen nicht. Jener Guttenberg gehörte einem Münchner Zirkel an, dessen Spiritus rector ein gescheiter Theologe war. Bei regelmäßigen Versammlungen wurden in diesem Kreis sehr eigenwillige, mit CSU-Thesen schwerlich übereinstimmende Vorstellungen von bayerischer und deutscher Politik entwickelt. Sie deckten sich weitgehend mit der Ideenwelt einer anderen Flügeltruppe, dem sogenannten „Petra-Kreis".

Diese Konservativen wiederum scharten sich um Landwirtschaftsminister Alois Hundhammer und den Fraktionsvorsitzenden Ludwig Huber. Sie wollten den christlich-sozialen Grundpfeiler verteidigen, den sie gefährdet sahen. Sie stemmten sich gegen eine Übermacht der „Liberalen", deren Patronage vom verstorbenen Parteigründer Josef Müller („Ochsensepp") auf den fränkischen Finanzminister Ministerpräsidenten Rudolf Eberhard übergegangen war. Noch mehr als um die innerparteiliche Taktik ging es ihnen um die Moral, die sie durch den erneut antretenden Parteiführer Strauß, der sich im Bundestag als „Lügner" bloß gestellt sah, nicht mehr voll gewahrt sahen.

Schützenhilfe bekamen die Konservativen vom Klerus, bis hinauf zum Erzbischöflichen Ordinariat in München. Der Bischof von Bamberg äußerte sich offen gegen den skandalträchtigen Politiker. Mit Eifer verlieh die Katholische Nachrichtenagentur jeder Stimme gegen Strauß sofort Publizität. Der Geistlichkeit konnte es nicht egal sein, las man zwischen den Zeilen, wenn der christliche Anspruch einer Partei zum Deckmantel für allzu profane Ellbogenpolitik würde. Im Spezikreis schimpfte der Angegriffene über die „schwarzen Brüder", während der CSU-Bundestagsabgeordnete Franz Xaver Unertl, Gastwirt und Viehhändler in Vilshofen, die Bistumsblätter lauthals aufforderte, mehr politische Enthaltsamkeit zu üben.

Und es rebellierte obendrein die Jugend. In Bamberg rief die Junge Union zum Sturm, in München rumorte es heftig im Ring Christlich-Demokratischer Studenten. Sie erklärten Strauß als Parteichef für „untragbar" und stellten sich trutzig hinter den getadelten Guttenberg. Sie ließen sich, nach Vorladung durch den Parteimanager Zimmermann, auch nicht auf ein Redeverbot vergattern – wie notgedrungen der allzu freisinnige Freiherr. Auch in der CSU schien eine neue Generation aufzuwachen, nachdem sich in München schon die sozialistischen und die liberalen Hochschulgruppen mit „ihren" Parteien überworfen hatten.

Bald gaben Studenten mit christlich-demokratischer und mit sozialdemokratischer Grundhaltung in München eine gemeinsame Zeitschrift „Politikos" heraus, die in ihrem kompromisslosen Eintreten für die Demokratie von Parteitaktikern jeglicher Couleur leicht als „linksradikal" missverstanden werden konnte. Erste Anzeichen für die Studentenrevolte der späteren 60er-Jahre? Indes warf der CSU-Pressechef Dr. Rankl das Handtuch; er war es leid geworden, der Öffentlichkeit laufend die peinlichsten Partei-Interna schmackhaft zu machen.

Üppig blühte die Spekulation. Während sich der einsame Matador Strauß noch an spanischen Stierkämpfen ergötzte, wurden in München schon seine möglichen Nachfolger als Parteivorsitzender bekannt: Ministerpräsident

Auch auf CDU-Parteitagen trat Strauß als Triumphator auf, rechts neben ihm der spätere Bundeskanzler Kohl.

Alfons Goppel, der verabschiedete Bundespostminister Siegfried Balke oder Bundesschatzminister Ludwig Dollinger. Auf in den Kampf!

Und Strauß siegte doch. Nach und nach sicherten ihm alle Bezirksverbände der CSU ihre Unterstützung zu. Auch der von Oberfranken, nachdem sich deren aufmüpfiger Baron Guttenberg mehr als Außen- denn als Parteipolitiker erwiesen hatte. (Eine Wende, die sich bei seinem Enkel wiederholen sollte). In einem Kuhhandel zwischen den Flügeln war nämlich vereinbart worden, dass der Münchner Staatsanwalt und Fraktionsführer Dr. Ludwig Huber vom konservativen Petra-Kreis, Jahrgang 1928, anstelle des (durch die Spielbankenaffäre belasteten) Franken Weiß zum stellvertretenden Parteivorsitzenden gewählt werden sollte. Für reibungslose Wahlen auf dem Parteitag sorgte, dass erst danach eine Aussprache stattfand.

Der Spezl

Strauß hatte viele Freunde. Er hatte freilich auch falsche Freunde, darunter etliche Parteifreunde (wie zum Beispiel seinen Stellvertreter im Parteivorsitz, Franz Heubl, den er per Dossier verfolgte). Und er hatte beste Freunde. Letztere, gern Spezln genannt, zeichneten sich auch dadurch aus, dass sie großzügige Gastfreundschaft boten. So einer war der „Hendlkönig" Friedrich Jahn. Für ihn als Wirt war sein „bester Freund", wie er nach seiner spektakulären Pleite erzählte, schon deshalb „interessant, weil er gut und viel essen und trinken mochte". Davon abgesehen, waren der Oberösterreicher und der Oberbayer durch zwei legendäre Ereignisse miteinander verbunden.

Am Times Square, im Herzen New Yorks, eröffnete Jahn 1971 die erste von später 863 Brathuhn-Stationen in den USA. Mit dabei war der Bundesverteidigungsminister, der ohnehin öfter mit amerikanischen Rüstungsbetrieben zu tun hatte. Nach der Feier kam man gegen 1 Uhr zurück ins Plaza Hotel. Strauß wollte dann noch spazieren, allein, trotz Warnung. Prompt wurde er im Central Park von zwei farbigen Prostituierten überfallen und ausgeraubt. „Schwarze rauben Schwarzen aus", zitiert Jahn eine Schlagzeile in seinen Erinnerungen „Vom Oberkellner zum Millionär – und zurück".

Fröhliche Geselligkeit pflegte der Gründer des Wienerwald-Imperiums, der nebenbei ein noch lange existierendes Reiseunternehmen und eine Ferienfliegerflotte schuf, auch in seinem Hauptquartier im Münchner Westend.

Unten im Heurigenstüberl waren nicht nur Politiker, sondern oft auch politische Journalisten gern gesehene Gäste, wobei uns immer der Zitherspieler Anton Karas mit seiner Dritter-Mann-Melodie unterhielt. Oben im Schulungsraum traf sich am 24. November 1976 der Landesausschuss der Jungen Union – ohne Öffentlichkeit. Es gab belegte Platten und neuen Wein, den man in Österreich „Sturm" nennt. Die Zeichen standen auf Sturm.

Fünf Tage zuvor hatte die CSU in der Klausur von Wildbad Kreuth der CDU mit dem Ende der Fraktionsgemeinschaft und einer bundesweiten Ausbreitung gedroht. Und zwei Tage zuvor hatte die CDU-Führung unter dem Oppositionsführer Helmut Kohl mit der Drohung eines Landesverbandes in Bayern gekontert. Strauß, der Kanzler werden wollte, geriet in eine Zwickmühle sowie außer sich. In einer dreistündigen Kellerrede machte er seinen potenziellen Rivalen nieder: „Total unfähig. Ihm fehlen die charakterlichen, die geistigen und die politischen Voraussetzungen … Der Helmut Kohl wird nie Kanzler." Auch die übrigen CDU-Größen waren für den CSU-Führer nichts als „politische Pygmäen, Zwerge im Westentaschenformat … Reclam-Ausgaben von Politikern".

Der Flieger Strauß mit dem Münchner Multiunternehmer Josef Schörghuber

Dummerweise hatte ein bis heute unbekannter Teilnehmer die feurigen Worte des Großen Vorsitzenden, die als „Wienerwald-Rede" in die Annalen eingingen, in 45 Minuten Länge mit einem Kassettenrekorder heimlich mitgeschnitten und sowohl dem Spiegel zugespielt, der schon fünf Tage später ausführlich zitierte, als auch dem südbayerischen SPD-Vorstandsmitglied Jürgen Heckel, der alles auf Tonband kopierte und verbreitete. Dessen Anwalt Christian Ude konnte 1982 nicht mehr verhindern, dass Strauß, der zwei Jahre zuvor als Kanzlerkandidat gescheitert war, die letzten fünfhundert dieser Dokumente beschlagnahmen ließ.

Einer der besten Strauß-Freunde war auch der Münchner Kaufmann H.. Dieser diente ehrenhalber als Generalkonsul dem pakistanischen Staatspräsidenten Zia ul Haq, welcher sein Land elf Jahre lang, mehrmals unter Kriegsrecht, als einer der engsten Verbündeten der USA regierte. Sein Mann in München besaß das Althäusl, einen hochherrschaftlichen, sehr einsam gelegenen Hof hoch über Kiefersfelden. Dort trafen sich bisweilen hohe Politiker des Landes Bayern, voran Franz Josef Strauß, der auch mit dem Staats- und Armeechef selbst in Karachi herzlichen Umgang pflegte.

Bei den oberbayerischen Geselligkeiten musste die Polizei den ganzen Berg jeweils hermetisch absperren, was den CSU-Bürgermeister des Grenzortes, der mir die ganze Geschichte anvertraute, noch lange grämte. Blockiert waren dann der Zugang vom ältesten Bergbauerngehöft Bayerns und sogar das Brücklein zur gern bewanderten Schopperalm. Weiträumig war jeglicher Verkehr unterbunden. Einmal rammte einer der hohen Gäste dabei das Auto des Großindustriellen Wilhelm Sachs, der ebenfalls ein Anwesen in dieser Gegend besaß. Auch in der übrigen Zeit des Jahres war das alpine Geheim-Reduit des prominentesten bayerischen Politikers stets von Pakistani und von scharfen Hunden bewacht. Übrigens kamen sowohl der Generalkonsul wie auch sein Präsident bei mysteriösen Flugzeugabstürzen ums Leben.

Der Weltpolitiker

Auch draußen in der weiten Welt hatte der Weltpolitiker Strauß gute Freunde, die er gern besuchte und die ihn gern besuchten. Beispielsweise ermutigte er 1977 den Diktator Pinochet in Chile, er möge doch dafür sorgen, „dass die Freiheit in Ihrem Lande, gleichgültig von woher sie bedroht wird, erhalten bleibt". Nicht weniger als neun Mal reiste er zur Großwildjagd nach Südafrika und empfahl das Apartheid-Regime als „Modell für die ganze Welt". Sein bester exotischer Freund aber war wohl der Präsident von Togo, Etienne Eyadana. Der hatte sich durch Mord an die Macht geputscht. Er beherrschte die einstige deutsche Kolonie ganze 38 Jahre, bis er 2005 im Flugzeug starb.

Einmal war dieser schwarze Spezi sogar zu einem CSU-Parteitag nach München eingeladen. Die Freunde von der schwarzen Partei hatten ihn in einen Trachtenanzug gesteckt, auch der Sepplhut stand ihm gut und das Bier schmeckte – ein komischer Anblick für uns Berichterstatter. Mir fiel dabei eine Begegnung in Togos Hauptstadt Lome ein. Ein Nürnberger Reiseunternehmen hatte 1968 eine Journalisten-Gruppe dorthin gejettet, weil Westafrika für den deutschen Tourismus „erobert" werden sollte. Am Hotelpool kamen wir mit dem Botschafter der Bundesrepublik Deutschland ins Gespräch. Er erzählte von einem Rosenheimer Geschäftsmann, der mit Strauß zusammen den Aufbau einer Fleischwarenfabrik ausgehandelt habe.

Strauß in intimen Gespräch mit einem Funktionär aus der Volksrepublik China

Eine Connection mit langer Vorgeschichte. Josef März und Franz Josef Strauß kannten sich seit 1947, als die beiden CSU-Neulinge den Aufbau einer Jungen Union in Oberbayern vorantrieben. Franz Josef, Sohn eines Münchner Metzgermeisters, war damals, als Jugendvertreter, frisch in den Landesvorstand der CSU berufen worden. Der zehn Jahre jüngere Josef, Sohn eines Rosenheimer Milchhändlers, hatte ins Fleischergeschäft gewechselt. Er wurde stellvertretender Vorsitzender des Wirtschaftsbeirates der Union und zeitweise Schatzmeister sowie einer der größten Lebensmittelproduzenten Bayerns.

Die beiden besten Freunde arbeiteten engstens zusammen. Gemeinsam jagten sie in nahen und fernen Revieren. Gemeinsam erholten sie sich auf dem März-Gut Spöck im Rosenheimer Land von geschäftlichen und politischen Strapazen. Gemeinsam fädelten sie die tollsten Deals ein – mit westafrikanischen und später ostdeutschen Diktaturen. Gemeinsam gründeten sie eine „Bayerisch-Togoische Gesellschaft" und einen Ableger der Hanns-Seidel-Stiftung in Lome. (Gerhard Polt und die Biermösl Blasn spotteten darüber in ihrer herrlichen Satire „Tschurangrati").

In Togo und einigen Nachbarländern betrieb die März-Firma „Marox Afrique" riesige Rinderfarmen, produzierte und exportierte Fleisch, servierte Weißwürste und Leberkäs in landeseigenen Restaurants, baute Reismühlen, Landmaschinen, Schnapsbrennereien, Brauereien. 1993 allerdings wurde dem Eyama-Regime wegen Folterung von Journalisten und politischen Gegnern jede Wirtschaftshilfe entzogen; die Strauß-Nachfolger Theo Waigel und Max Streibl wollten nun mit dem alten Amigo in Afrika auch nichts mehr zu tun haben.

Längst hatte Multi-Unternehmer März einen anderen Geschäftspartner gefunden. Alljährlich kaufte er der DDR etwa 50 000 Mastbullen ab. Für den Grünen Sepp Daxenberger war das zwar der „letzte Sargnagel zahlreicher bayerischer Höfe", politisch aber schien sich das Geschäft auszuzahlen. Durch Vermittlung von März traf am 5. Mai 1983 im kugelsicheren Konferenzraum von Gut Spöck der per Hubschrauber eingeflogene Ministerpräsident Strauß den mit einem BMW der Bayern-Regierung im thüringischen Schleitz abgeholten Stasi-Offizier Alexander Schalck-Golodkowski, dessen Amt „Koko" die Beschaffung von Devisen und Embargo-Waren oblag.

So kam es zum historischen Milliardenkredit für die marode DDR, der diese noch für eine Weile stabilisieren sollte, aber auch Reiseerleicherungen schaffte. Unzufriedene, darunter Strauß-Freund Franz Schönhuber, gründeten deshalb die Konkurrenz-Partei „Republikaner". Und Erich Honecker freute sich, als ihn Geldvermittler Strauß 1987 beim Staatsbesuch in der Münchner Residenz empfing, über den anwesenden, eigentlichen Einfädler März: „Den Herrn kenne ich schon lange."

Die beiden beinahe besten Freunde, denen sich alsbald der an den Tegernsee gezogene Schalck zugesellte, erlebten es nicht mehr, dass die angeblich kommunistische Republik trotz ihrer teuren Hilfe komplett zusammenbrach. Beide Männer starben im Jahr 1988, Josef März im April, Franz Josef Strauß ein halbes Jahr später.

Der Aufrüster

Der unheimliche Aufstieg Münchens zum weltweiten Rüstungsexporteur hat Tradition. Alles begann in der Nazizeit. Nachdem das Ruhrgebiet als „Waffenschmiede des Reiches" von den alliierten Bombern nach und nach außer Gefecht gesetzt war, wurde der Nordrand Münchens mit seinen Fabriken zum neuen militärisch-industriellen Komplex ausgebaut. Weit über 11 000 der in München eingesetzten 17 000 Zwangsarbeiter schufteten in den Maschinen-, Motoren- und Panzerfabriken zwischen Milbertshofen und Allach für die angeschlagene deutsche Kriegsmaschine. Ab 1944 wurden Oberschüler des Jahrgangs 1928 an die dortigen Fliegerabwehrkanonen abkommandiert. Einer dieser „Flakhelfer" hieß Joseph Ratzinger – der spätere Papst Benedikt. Ich selbst entkam diesem Einsatz, weil ich derweil auf einem Segelschulschiff gedrillt wurde.

Zehn Jahre später erhob sich das militärisch-industrielle Monster wie Phönix aus der Asche, der Kalte Krieg machte es möglich, vielleicht dringlich. Einer jener Germans, die an die neue Front eilen, hieß Franz Josef Strauß. Er war ehrgeizig und durchsetzungskräftig. Der Washingtoner Militärhistoriker Marc Milosch bezeichnete in einer Studie seine Art von Wehrpolitik als „obsessiv". Ausgemustert war jedenfalls sein Wort von 1945: „Wer noch einmal ein Gewehr ergreift, dem soll die Hand abfallen."

Der bayerische Machtmensch verstand es, rund um seiner Mutterstadt abermals Rüstungsindustrie zu konzentrieren. Seit 1955 – im Mai war die Adenauer-Republik der NATO beigetreten – war Strauß erster Atomminister, danach Verteidigungsminister von 1956 bis 1962. Unerschöpflich war schon in jenen Jahren die Kapitalhilfe aus den Bundesministerien für Verteidigung und für Forschung. Damit konnten teils gigantische, manchmal schier utopische Projekte zur modernen Kriegführung entwickelt und getestet werden, die meisten unter strenger Geheimhaltung.

Im Herbst 1957 waren bereits 887 Militärflugzeuge bei der deutschen Industrie geordert, davon 465 bei Dornier in München. Auch Messerschmitt und Heinkel, die schon Hermann Görings Luftwaffe gut bedient hatten und jetzt einen „Entwicklungsring Süd" bildeten, bekamen neue Großaufträge. Der Luftwaffenstützpunkt bei Neubiberg wurde dermaßen ausgebaut, dass Transportmaschinen und Düsenjäger dröhnend starten und landen können. Beschwerden der Bevölkerung fanden kein Gehör.

Unterdessen entstand im Wald von Ottobrunn, einen Steinwurf von Neubiberg entfernt, auf ehemaligem Militärgelände eine geheimnisvolle Denkfabrik um den genialen Ingenieur Ludwig Bölkow. Messerschmitts ehemaliger Chefkonstrukteur bekannte sich zwar gern als Pazifist, scheut aber mitnichten innovative, lukrative Bonner Aufträge zur Entwicklung neuartiger Waffensysteme, flexibler Panzerfahrzeuge, senkrecht startender Flugkörper und Höhenraketen. Beim ersten Pressetermin im Juni 1961 wurde uns eine „Wunderwaffe" vorgeführt. Die ferngelenkte Panzerabwehrrakete mit hoher Durchschlagskraft war so leicht und handlich, dass sie wie einst die unselige „Panzerfaust" von einem einzelnen Krieger manövriert werden könnte.

Im Juli 1963 – Strauß war inzwischen über die Spiegel-Affäre gestürzt und waltete nun in Bayern mit strenger Hand – blähte sich das Militärmonster im Raum München dermaßen auf, dass Oberbürgermeister Hans-Jochen Vogel der Bundesregierung klagte: „Die Landeshauptstadt ist von einem Ring von Militärflughäfen umgeben, die gemeinsam mit dem Flughafen Riem die Stadt fast völlig mit Ein- und Ausflugschneisen umschließen." Die Stadt werde auf die Dauer „ersticken".

Am 8. Oktober desselben Jahres hob auf dem Flugplatz Manching der erste Senkrechtstarter der Welt mit Überschallgeschwindigkeit ab. Er sollte einmal den amerikanischen Starfighter ersetzen. Entwicklung und Erprobung kosten zwei Millionen Mark. Doch abgesehen davon, dass dieser Unheilsvogel namens Starfighter seinen glühenden Fan Strauß in die politische

Dieser von Strauß geförderte Überschalljäger ging nie in Serie, der Prototyp steht heute im Deutschen Museum.

Bredouille brachte, durfte er noch jahrelang bayerische Urlaubsgebiete allein durch seinen Schall terrorisieren und Dorfkirchen ruinieren. Und über hundert deutsche Piloten kamen durch Absturz ums Leben.

Unbekümmert um die Finanzierung kamen kriegsgestimmte Konstrukteure immer wieder auf fantastische Ideen. So entwickelten sie einen Senkrechtkurzstarter namens „Rotor Jet" sowie gemeinsam mit Amerikanern 1967 einen „Ultrafighter" USV; dieser Typ sei auch für den nicht konventionellen Krieg geeignet, versicherte uns der 39jährige Betriebsleiter. Der Atomkrieg grüßte. Schwerpunkt der Studien und Entwicklungen blieb Ottobrunn, wo allerdings auch an weniger kriegerischen Projekten, natürlich auf Staatskosten, gebastelt und wo laufend fusioniert wurde. Keines dieser Kampfflugzeuge, auch keine andere jener Wunderwaffen, wurde je verwirklicht; einige Überbleibsel der bundesdeutschen Militärfliegerei sind heute im Deutschen Museum zu bewundern.

Mit der Zeit schritt die „Militarisierung" im südlichen Bayern derart voran, dass gefragte Ländereien der betroffenen Bevölkerung immer wieder gegen Okkupations- und Expansionsgelüste des Bundesverteidigungsministeriums verteidigt werden mussten. So kam es im Januar 1963 zum „Krautbauernkrieg" von Ismaning, weil Grundstücke „für Verteidigungszwecke in Anspruch genommen werden sollen"; die Bauern reagierten prompt; sie rangierten Ackerfahrzeuge als Barrikaden auf ein Gelände, das als 40 Hektar großer Schießplatz ausersehen war. Alsbald ging das Militär zum Angriff auf die Auwälder über, was noch den Naturschutz in Stellung brachte. Es erzielte nur Teilerfolge. Ähnlichen Ärger gab es in Oberschleißheim, wo ganze Staffeln lärmender NATO-Hubschrauber permanent über kurfürstliche Schlösser kreisten und vielen den Schlaf raubten.

Wirkliche Gefahr drohte dem militärisch-industriellen Bollwerk in Bayerns Süden aber nicht durch besorgte Bauern und Bürger, sondern durch Terroristen der zweiten Generation. Deren erster Anschlag erfolgte am 1. Februar 1985 in München. Das Opfer war Ernst Zimmermann, Chef der Motoren- und Turbinen-Union (MTU) in Allach. Dort wurden zu dieser Zeit zehn verschiedene Strahltriebwerke gefertigt, hauptsächlich für das Kampfflugzeug Tornado („das größte technologische Projekt seit Christi Geburt"). Auch in der Allacher „Lokomotivenfabrik" Krauss-Maffei entfielen von 2,1 Milliarden Mark Umsatz in 1984 gut zwei Drittel auf Waffenprodukte; vier Millionen kostete allein der wüstenfähige Leopard-Panzer.

Bald nach dem Mord an Zimmermann (es folgte die Ermordung des Siemens-Managers Kurt Beckurts in München) konnte die Landtags-SPD erkunden, dass im Raum München weit über hundert Firmen und Zweigbetriebe an der Produktion und dem Verkauf von Wehrtechnik beteiligt waren. Die Oppositionspartei wollte zudem erfahren haben, dass Politik und Wirtschaft einen auf Rüstungsproduktion konzentrierten Regionalverbund mit über 50 000 Beschäftigten planten.

Doch dann kam – zunächst jedenfalls – alles anders. Das technische Fiasko um einige der neuen Wunderwaffen, der Aufstieg einer grünen, technik-kritischen Bürgerbewegung und vor allem das im Mai 1989 jäh verkündete Ende der WAA in Wackersdorf (siehe eigenes Kapitel) signalisierten insgesamt, dass der Hochrüstung zum Krieg – oder zu dessen Verhinderung – gewisse Grenzen gesetzt waren. Und dann endete auch noch der Kalte Krieg. 1990/1991 erlebte der Industriestandort Südbayern eine große militärpolitische Wende.

Fortan wurde – was den Verlust zahlreicher Arbeitsplätze zur Folge hatte – in den Rüstungsbetrieben gesund geschrumpft, zurück gefahren, auf Weiterbau oder Neubau (etwa des „Jägers 90") verzichtet, von militärischen auf zivile Konstrukte umgestellt, insbesondere auf Verkehrsfliegerei, Raketen- und Raumfahrttechnik. Daher will Ministerpräsident Markus Söder den Mischkomplex Ottobrunn, an dem der Freistaat beteiligt ist, zum Entwicklungszentrum „Bavaria One" ausbauen. Jedoch in vielen Betrieben, vorzugsweise rund um Bayerns Metropole, entstehen auch weiterhin, wie der zuständige Bundesverband erklärt, „wichtige wehrtechnische Produkte".

Der Atompolitiker

Franz Josef Strauß hatte ein Steckenpferd, das sehr explosiv war. Im Oktober 1955 von Konrad Adenauer zum ersten Bundesminister für Atomfragen ernannt, erteilte er alsbald einen heiklen Auftrag, der nicht nur das oberfränkische Städtchen Weißenstadt beunruhigte. Tief hinein ins Fichtelgebirge sollte ein Stollen getrieben werden. Genau dort mussten einst französische Kriegsgefangene nach Uranerz graben – für Hitlers „Wunderwaffe", die Atombombe.

Ab 1956 waren hier abermals 4000 Meter in den Berg getrieben worden. (Ähnliches geschah östlich des nahen Eisernen Vorhangs, im Erzgebirge der DDR und der CSSR). Zu strengster Verschwiegenheit verpflichtet, schürften Arbeiter des Montan-Magnaten Friedrich Flick mit Geigerzählern und empfindlicheren Scintilometern damals Rohstoff für die von Staat und Wissenschaft geplanten Atomöfen. „Bei Nacht und Nebel", so Stefan Schürmann vom Landratsamt Wunsiedel, wurde das Material gefördert und weggeschafft, wenn auch nur in winzigen Mengen.

Die Ausbeute lohnte den Aufwand nicht. Für Strauß jedoch war die geheime Exploration im Fichtelgebirge der Einstieg in eine neue Technologie, die das westliche Deutschland – möglichst unabhängig vom Ausland – zu einem wichtigen Standort für die Kernenergie und Bayern dereinst zum „modernsten Staat Europas" machen sollte.

Es war dann allerdings ein vorübergehend in Bayern regierender Sozialdemokrat, Professor Wilhelm Hoegner, der am 9. September 1957 die ersten Kisten mit 35 Uran-Elementen für den ersten deutschen Forschungsreaktor

Demonstration am Bauzaun zur geplanten WAA – im Hintergrund die ersten Rohbauten, März 1989 – Von Kasa Fue

öffnen ließ, in Ermangelung eines Schraubenziehers mit einem Taschenmesser. Er hob die Stäbe empor und triumphierte: „Es lebe die Radioaktivität!" Dann gab's ein „Atom-Mahl". Das – im Oktober 1947 hochgefahrene und im Juli 2000 stillgelegte – „Atomei" von Garching hatte man nun doch in Amerika kaufen müssen, den dafür benötigten Brennstoff auch.

Zwanzig Jahre später erst sah Strauß, der nunmehr im ehemaligen Agrarland Bayern regierte, eine neue Super-Chance, um atompolitisch aufzutrumpfen. In der Oberpfalz ging die Braunkohlezeit zu Ende. Eine Alternative war dringend gefragt, Angst wurde laut. „Es gibt keinerlei Pläne und Überlegungen, in der Oberpfalz eine atomare Anlage zu errichten," antwortete der Ministerpräsident, als ihn der Schwandorfer SPD-Landrat Karl Schuierer 1979 im Regensburger Kolpinghaus auf entsprechende Gerüchte ansprach. „Das war die erste Lüge," sagte mir Schuierer, als er mir für mein Buch „Babylon in Bayern" die Vorgeschichte und mehr erzählte.

Es handelte sich um das Projekt WAA: die bei Wackersdorf aus dem Wald gestampfte Wiederaufarbeitungsanlage für abgebrannte Brennstäbe. So eine sei, sagte Strauß, nicht gefährlicher als eine „Fahrradspeichenfabrik". Die ersten Demonstranten verspottete er als „a paar G'spinnerte". Als der Widerstand gegen die Rodung und die folgenden Bauarbeiten eskalierte, ließ er ganze Polizeiregimenter ausrücken und erstmals „Wirkwurfkörper" sowie Reizgas gegen die „Chaoten" einsetzen. Ostern und Pfingsten 1986 kam es zu regelrechten Schlachten, auch zu politischen Gefechten und sogar zu diplomatischen Verwicklungen mit Österreich. Es gab Tote, Verletzte, viele Festnahmen.

Am 30. September erlebte ich, wie Strauß in einem popfarbigen Hubschrauber ins voll besetzte, hell bestrahlte, massiv gesicherte Stadion des FC Schwandorf einschwebt. Nur wenige Worte fand der Wahlkämpfer für die „Spaltungsenergie", die ja eines Tages durch die Fusionsenergie abgelöst werde. Dazu habe er als Atomminister mit der Gründung des Max-Planck-Instituts für Plasmaphysik den Startschuss gegeben. Auf die Sorgen und Ängste der Bevölkerung ging er mit keinem Wort ein, er stellte nur fest: „Tschernobyl liegt nicht in der Oberpfalz, sondern in der Ukraine." Die aus dem Hintergrund johlenden „apokalyptische(n) Idioten" sollten doch einfach „mal rübergehen".

Genau acht Monate später, am 30. Mai 1987, stellte die von Großkonzernen getragene Deutsche Gesellschaft für Wiederaufbereitung von Kernbrennstoffen die Arbeiten im Taxöldener Forst ein, nachdem sie 2,6 Milliarden Mark investiert hatte. Für die deutsche Stromwirtschaft, hieß es knapp, sei die WAA technisch überholt. Still nahm Strauß Abschied von seinem Prestige-Projekt

Der Jugendfreund

Strauß setzte dem Bild, das er sich von einem Teil der Jugend machte, ein ganz anderes entgegen: das der intakten Familie, seiner Familie. „Bei uns herrschen Offenheit und Liberalität." Franz Josef Strauß sprach als Familienvater. Mit seinen drei Kindern sei er doch jung geblieben, antwortete der Fünfundsechzigjährige im März 1981 einem Interviewer. Wie aber war zu erklären, dass Maximilian Josef, Franz Georg und Tochter Monika, alle schon volljährig, von Gleichaltrigen so oft gefragt wurden, ob sie denn mit ihrem Vater überhaupt diskutieren könnten?

Tatsächlich hatte dieser Mann, der seit Pfingsten 1957 eine gutbürgerliche Familie und seit 1961 eine ebenso wohlgeordnete Partei führte, als Landesvater zur Jugend ein eher stiefväterliches Verhältnis, das an Spannung zunahm und bisweilen schon Feindseligkeiten zeitigte. Junge Demonstranten in Bamberg verglich er einmal mit Tieren. Bei seinen in Reden, Leitartikeln und per Kabinetts-Order verkündeten Grundvorstellungen von Recht und Ordnung, die zuallererst in der Erziehung durchzusetzen seien, konnte die Konfrontation mit großen Teilen der Jugend nicht ausbleiben.

Justiz-Kampagnen gegen jugendliche Demonstranten – in Nürnberg kam es einmal zu schlimmen Auswüchsen – erschienen vielen Kommentatoren als Ausfluss dieses Staatsprinzips von Law and Order, vom „härteren Durchgreifen". Und sie war nur die Spitze eines Eisbergs. Die Disziplinierung und Reglementierung unbotmäßiger Jungbürger vollzog sich in aller rechtsstaatlichen Form, nämlich auf dem Verordnungsweg. So ließ ein Ministerialentwurf zur Novellierung des Gesetzes über das Erziehungs- und Unterrichtswesen kaum erkennen, dass die von Strauß im Familienkreis geübte „Offenheit und Liberalität" oberste Leitideen der staatlich verordneten Pädagogik sein sollten.

Die Regensburger Gymnasiastin Christine Schanderl, die wegen eines „Stoppt-Strauß-Wapperls" von ihrer Schule verwiesen wurde, klagte gegen die Bestimmung, wonach Schüler entlassen werden können, wenn sie innerhalb des Schulbereiches eine „politische Werbung durch Wort, Schrift, Bild und Emblem" entfalten. Der Bayerische Verfassungsgerichtshof gab der 19-Jährigen im Wesentlichen Recht und forderte den Landtag auf, ein Gesetz zu erlassen, in dem das Verhältnis zwischen Schule und Politik geklärt werden sollte.

Eine augenfällige, manchmal artikulierte Angst vor dem Rechts-Staat steigerte sich in der Jugend durch einen Bericht des Datenschutzbeauftragten, wonach „eine große Zahl" von Bayerns Gymnasien allerlei Intimdaten über Schüler und Eltern bis hin zur Komplikation bei der Geburt gesammelt und in den allen Lehrern zugänglichen Schülerakten verzeichnet hätten. „Wir haben den Dialog mit der Jugend nie aufgegeben," versicherte Strauß. Auf dem Parteitag im Juli wurde die „Jugendfrage" gerade mal in einem Ausschuss „mit eingebunden", mehr Diskussion ließ Strauß nicht zu.

„Seit unser Präsident Waibel vor zweieinhalb Jahren Herrn Strauß zum Amtsantritt gratuliert hat, bemühen wir uns immer wieder, bisher vergeblich, um ein Gespräch mit ihm," sagte mir Jürgen Gross vom Bayerischen Jugendring. Das Verhältnis zum Landesvater bezeichnete der Sprecher von 1,9 Millionen organisierten Jugendlichen als bloßes „Unverhältnis". Er fand es „erschreckend", wie Landesvorstandsmitglieder bei Staatsbehörden um ein paar tausend Mark betteln müssten, um zum Beispiel ein Projekt mit jugendlichen Ausländern durchziehen zu können.

Der Barockfürst

An jenem 6. September 1915 gingen über Bayerns Hauptstadt schwere Gewitter nieder und die *Münchner Neuesten Nachrichten* kommentierten „Russlands verzweifelte Lage". Gastgeber Strauß freute sich sichtlich, als er diese Begleitumstände seines Geburtstages aus der alten Zeitung erfuhr, die ihm der Vorsitzende unseres Münchner Presseclubs, Georg Wulfius, überreichte. Die Begegnung mit sonst wenig geschätzten Vertretern der „veröffentlichten Meinung" war der Auftakt einer wochenlangen Serie von Feiern und Empfängen, die den 60. Geburtstag des Vorsitzenden der Christlich-Sozialen Union im Jahr 1975 umrahmten.

„Starke Kampftruppen" konnte Werner Dollinger, Wirtschaftssprecher der Partei, zur Gratulations-Cour melden. Darunter waren die Herren von Bayern, von Bismarck, von Siemens, von Brauchitsch, von Kuenheim, Flick, Schleyer, Rodenstock und so weiter. Fast jeder der Großadmirale der Wirtschaft – einige werden später untergehen – brachte ein eingewickeltes Geschenk mit. Der Vielzweckunternehmer Josef Schörghuber beispielsweise ein Farbfoto, das den gefeierten Freund braun gebrannt am Hafen von Piräus zeigte. Dessen Danksagung hörten die Bosse gewiss gern: „Wir müssen einsehen, dass wir die Grenzen des Sozialstaates erreicht haben." Von der Schwesterpartei forderte der Jubilar indes eine Abkehr vom Utopismus und von der sozialliberalen Bundesregierung einen umfassenden Offenbarungseid mit Einsicht in die Fehler.

Einen Reigen geradezu byzantinischer Huldigungen sowie einen Parteitag und eine weitere China-Reise vor sich, entfuhr dem Großen Vorsitzenden – die Anspielung auf den roten Kaiser Mao hörte er nicht ungern – der Stoßseufzer, er hätte ja auch in die Berge fahren und erst nach geraumer Zeit wiederkommen können. Doch er schickte sich halt in das „inevitable Fatum" und gab seinen prominenten Gästen einen Wahlspruch mit: „Dankbar rückwärts, mutig vorwärts, gläubig aufwärts."

Aufwärts war er kurz vorher schon geschwebt, per Hubschrauber auf eine Alm, zu Bier, Brezen und Blasmusi. Grad zünftig war's dort droben, während Bayerns Sozis in einem frisch betonierten Bierkeller ihren nüchternen Parteitag mit Tellerfleisch beendeten und Vize Peter Glotz fast neidisch von den „Allüren eines Barockfürsten" sprach.

Das nächste Jubeljahr, 1985, sah Strauß auf dem Höhepunkt seiner Karriere. Wie schön, dass sich der Geburtstagsreigen mit anderen Jubiläen verflechten ließ: Im selben Jahr wurden das Oktoberfest 175, der noch regierende Alfons Goppel achtzig und – Tusch – die seit 1961 von Strauß straff geführte CSU vierzig Jahre alt. „Ein untrennbares Begriffspaar", so rühmte Wilfried Scharnagl, der Eckermann des Polit-Genies, die einzigartige Symbiose zwischen Kopf und Körper seiner Partei.

„Programme, Parteitage, der Politapparat sind längst genau auf ihn zugeschnitten. Antipoden oder gar Opponenten hat er weniger denn je. Die engsten Vertrauten sind ohnehin seine Geschöpfe," so kommentierte auch ich in meiner damaligen Reportage. Und: In langfristigen Spekulationen tauche schon das Wort „Strauß-Dynastie" auf. Beide Söhne und die inzwischen verheiratete Tochter waren bereits in partei- und staatspolitische Aufgaben eingebunden. Franz Georg Strauß hatte 1985 im Alter von 24 Jahren ein erstes „weiß-blaues Fernsehprogramm" gestartet und Monika Hohlmeier war von 1998 bis 2004 sogar bayerische Kultusministerin, der ältere Max arbeitete als Anwalt.

Noch einmal, am 75. Geburtstag im Jahr 1990, versammelten sich an mehreren Plätzen Münchens dreihundert Musiker und zweihundert Gebirgsschützen zum Gedenken an den zwei Jahre zuvor verstorbenen Landesvater. Orffs „O Fortuna" erklang, von drei Türmen und Hochhäusern schmetterten Fanfaren. Dann ergriffen der CSU-Bezirksvorsitzende Peter Gauweiler und Ministerpräsident Max Streibl das Wort zum Gedenken dessen, der sie einst zu seinen Lieblingsjüngern erkoren hatte.

Verglichen mit früher, war dies eine bescheidene Veranstaltung. Könnte es daran liegen – die Frage ließ ich in diesem dritten Geburtstagsbericht offen –, dass der irgendwie monarchistisch gefärbte Freistaat, nachdem er so lange eine Sonderrolle gespielt hatte, im wiedervereinigten Deutschland nur noch eines von 16 Bundesländern sein wird? Landesvater Streibl indes eiferte dem

Bei der Starkbierprobe 1983 ließ sich Strauß sichtlich gern zum Bayernkönig krönen. Rechts sein Doppelgänger, der Schauspieler Walter Fitz

verstorbenen Vorgänger bei dieser Jubiläumsfeier noch einmal herzhaft nach: Bayern werde doch wieder ins Zentrum rücken – als „Herzland Europas".

Der Medien-Mensch

Für uns Journalisten war dieser Politiker, den wir oft begleiteten und befragten, in der Regel weniger zugänglich. Obwohl er sehr gern und sehr oft im Mittelpunkt medialer Aufmerksam stand, war für Strauß das, was ein Großteil der Presse und des (nichtbayerischen) Rundfunks publizierten, keineswegs die öffentliche Meinung, sondern nur – wie er oft abwertend bemerkte – „veröffentlichte Meinung" – miserabel meist, verfälschend oft, weit unter seinem Niveau (wie es ein amerikanischer Präsident später fast wortgleich wiederholen sollte).

Als ihm ein junger Reporter einmal eine unliebsame Frage stellte, wurde er von Franz Josef Strauß angeblafft: „Haben Sie überhaupt Abitur?" Der

Umgang des großen Parteivorsitzenden, mehrfachen Bundesministers und ungekrönten Bayernkönigs mit Medienvertretern, die er nicht kannte oder nicht mochte, oder die ihm „dumm" kamen, war von anderer Art als der seines zeitweiligen Chefs Konrad Adenauer. Der hatte unbequeme Fragesteller schon mal mit einem fröhlichen Kompliment abblitzen lassen: „Wat ham'se nich für ne schöne Krawatte." Strauß konterte eher grob und direkt, gern auch indirekt.

Strauß und die Medien – ein Thema, das auch jenseits von Anekdoten einen dicken Band füllen könnte. Ein Kapitel könnte etwa die erbitterte Spiegel-Fechterei behandeln. Ein anderes seine stets ambivalenten Beziehungen mit den öffentlich-rechtlichen Rundfunkanstalten, insbesondere der in Bayern. Ein drittes Kapitel vielleicht die weltpolitische Bedeutung, die er seinem eigenen Hausorgan, dem Bayernkurier, zu verschaffen versuchte. Die flapsige Art, sich unbedeutende Reporter vom Hals zu halten, wäre da nur eine Arabeske. Viel interessanter wären wohl die Kontakte dieses mächtigen Politikers mit mehr oder weniger Mächtigen der „veröffentlichten Meinung".

Ein Blick in den Familien-Nachlass, den mir Monika Hohlmeier anlässlich des 100. Geburtstags ihres Vaters freundlicherweise gewährte, enthüllt so manches Geheimnis. Da erstaunt zunächst die Fülle von Ratschlägen, Forderungen, Informationen, Einflussversuchen, persönlichen Bitten, die Strauß von Journalisten und anderen Medienmachern, darunter einige Ex-Nazis, brieflich und wohl unverlangt zugegangen sind. Viele Schreiber gaben sich als Parteifreunde zu erkennen, einige als Duzfreunde.

Chefredakteure und andere namhafte Publizisten, die das Weltgeschehen mindestens so gut zu durchschauen glaubten wie Profi-Politiker, gaben dem Partei- und Staatsführer ungefragt zur Kenntnis, wie er taktieren sollte, vorzugsweise wie er seine Partei noch straffer aufbauen oder zügeln könnte, wie er der größeren Schwester CDU endlich Paroli bieten müsste. Mehrmals wurde ihm, einmal von einem angeblichen Kohl-Vertrauten, die Herausgabe einer anderen süddeutschen Zeitung nahegelegt. Antworten lagen den in der CSU-Zentrale abgehefteten Zuschriften nicht bei.

Auch Großverleger pflegten vertrauten Umgang mit dem Machthaber. Kein Geringerer als Franz Burda fragte ihn am 15. September 1965 freundlich, ob er sich an einer Umfrage „Haben Sie Angst vor der 13?" beteiligen möchte, zwanzig Zeilen würden genügen, ein Bild „mit Publicity-Wirkung" habe man

Auch mit Sigi Sommer, dem Blasius der Abendzeitung, pflegte Strauß gern einen Ratsch.

im Archiv. Im Sommer 1980 sagte Strauß seinem „alten Weggefährten" – so der ehemalige CSU-Sprecher Godel Rosenberg, der die Anekdote jetzt zum besten gab – wiederum ein Interview zu. Der Senator entsandte seinen Sohn Hubert, der die Worte des Vorsitzenden aber dermaßen wiedergab, dass dieser erzürnt in Offenburg anrief. Binnen einer halben Stunde waren die Druckmaschinen gestoppt, was den Verlag um mindestens 100 000 Mark schädigte.

Peter Boenisch, von 1961 bis 1979 Chefredakteur von Bild, beschwerte sich über seinen Verleger Axel Springer, der sich damals der sozial-liberalen Regierung in Bonn anzunähern begann: Der kümmere sich zu wenig um sein Blatt und halte sich zu oft in Florida auf. „Wenn er so weitermacht, wird er viel, was er aufgebaut hat, selbst zerstören," klagte Boehnisch seinem Duzfreund. „Wir sind ein schlafender Riese, zu viel Einfluss ohne Verantwortung." Springer müsste endlich auch in Süddeutschland so auftreten, wie von einem Großverlag zu erwarten sei.

Soweit der Nachlass. Mit der Anwanzerei von eher peripheren Typen ist das Thema Strauß und die Medien längst nicht erschöpft. Da fehlen noch konkrete Hinweise einerseits auf die teils massiven, teils subtilen Eingriffe in die unabhängige Presse – und andererseits auf das Beziehungsgeflecht, das sich zwischen CSU-Führung und führenden Medienleuten – vertrauensvoll und Einfluss stiftend – entwickelt hatte. Dies alles geschah freilich nicht auf dem nachzuverfolgenden Briefweg.

Zu erwähnen wären etliche Chefredakteure des *Münchner Merkur*, den Strauß zeitweise als sein Hausorgan betrachtet und auch genutzt hat. Paul Pucher sagte ihm zuletzt allerdings wegen allzu direkter Vorgaben die Gefolgschaft auf. Oder der tz-Chefredakteur Franz Schönhuber, Gründer des parteihörigen „Franz-Clubs", der zuletzt allerdings nach ganz rechts ausscherte. Oder die Leute von der Quick mit dem Geheimdienst-Zulieferer Nayhauss voran. Nicht zuletzt einige Intendanten, Hauptabteilungs-, Unterabteilungs- und Hinterabteilungsleiter von BR und ZDF …

Seine Pressekonferenzen, seine Reisen und seine manchmal etwas rüpelhaften Auftritte (etwa nach Wahlabenden) forderten die Berichterstatter heraus. Besonders nervten mich die gigantischen Parteitage der CSU mit stundenlangen, detailversessenen Reden des Großen Vorsitzenden. Deshalb habe ich später – auch mal unter Vorwänden – bei meinen Redaktionen versucht, solche Strauß-Spektakel mehr und mehr zu meiden. Sie bedrückten mich, sie langweilten mich (verglichen etwa mit den stets spannenden Parteitagen der bayerischen SPD und besonders ihres Münchner Ablegers). Solche Zurückhaltung war nicht unbedingt im Sinne meiner Brötchengeber in den nord- und westdeutschen und schwäbischen Schreibstuben.

Die konnten ja gar nicht genug kriegen von Strauß. Wenn ich sie – mindestens einmal jährlich – besuchte, dann wurde ich ausgefragt nach „Background", musste aus „Intim-Kenntnis" ad hoc die Lage der CSU analysieren, bekam immer wieder neue, manchmal absonderliche Aufträge. Ganz wild, je weiter weg umso wilder, wurden die politischen Redakteure zum Beispiel nach jenem Donnerstag im September 1974, als im Wildbad Kreuth beinahe die Trennung der beiden Unionsparteien verkündet wurde.

Selbst bei Beachtung der gebotenen Objektivität war es für den Reporter manchmal schwer, über solche Veranstaltungen einen schlichten Bericht und keine Satire zu schreiben. Strauß und seine Kamarilla boten einfach zu viel Stoff zum Erregen und zum Anstoß nehmen. Nur mühsam konnte ich in auswärtigen Redaktionskonferenzen meine eher nüchterne Meinung über

Strauß und seine Partei vermitteln. Dies gelang eigentlich erst Anfang der 90er Jahre, nach der Wende, als bis hinauf nach Berlin und Bremen die Erkenntnis reifte, dass die CSU eine Partei wie jede andere ist oder künftig sein wird.

Mit Recht und eigener Erfahrung hat der SZ-Kollege Herbert Riehl-Heyse 1979 in seinem immer noch aufschlussreichen Buch über "die Partei, die das schöne Bayern erfunden hat" einleitend hingewiesen auf die "merkwürdigen Emotionen, die schon das Wort CSU, der Name Strauß im Norden unserer Republik auszulösen pflegen, wobei eine geradezu vorsätzliche Begeisterung rationalen Erwägungen ebenso wenig standhält wie eine manchmal schon recht komische Dämonisierung".

Große Teile der Medien waren für Strauß keine Partner, sondern potenzielle politische Gegner. Der Norddeutsche Rundfunk, der Westdeutsche Rundfunk, zeitweise auch die kleineren Sender in Berlin und Bremen – sie waren nichts Besseres als „Rotfunk" oder, analog zu einer DDR-Sendung,

Strauß bei der Lektüre der Abendzeitung, die nicht gerade sein Leib- und Magenblatt war.

der „rote Kanal". Und im Verbund damit die „Kampfpresse", „der Kampagnen-Journalismus", die „Hamburger Mafia" – so nahm man von der Münchner Lazarettstraße aus insbesondere den *Spiegel*, den *Stern* und zeitweise auch *Die Zeit* ins Visier.

Einen permanenten Anti-CSU-Kurs glaubten Strauß und seine Hardliner auch bei der *Münchner Abendzeitung* erkennen zu können. Mit Telex, Brief oder Telefonat wurden der Chefredakteur oder andere Mitarbeiter oder gleich die Verlegerin direkt bombardiert. Ein früherer AZ-Redakteur hat einen dicken Ordner voller Schreiben dieser Art gesammelt, aus denen er gern mal in der Journalistenschule vorlas. Einmal hat ihn Strauß sogar am Wochenende zu Hause angerufen und beschimpft. „Nach einer halben Stunde waren wir beinahe beste Freunde und haben uns zum Bier verabredet," erinnert sich der alte AZ-Kollege. Stets hatte der Parteiführer Zuckerbrot und Peitsche zur Hand. Auch über meine Berichte beschwerte er sich mindestens einmal höchst persönlich, wenn auch erfolglos – beim Chefredakteur der *Saarbrücker Zeitung*, von welcher er offenbar Loyalität erwartete, weil sie der CDU nahestand.

Natürlich landeten nicht alle diese Proteste und Gegendarstellungen im Papierkorb. Manche enthielten juristische Drohungen. Und manche waren mehr als berechtigt. Tatsächlich schossen ja viele Kommentatoren weit über das Ziel hinaus. Oder sie schossen in ihrem Eifer glatt daneben. Sie wollten einen Mann treffen, den sie für gefährlich hielten, und sie trafen dabei mitten ins bayerische Herz. Kaum verwunderlich also, dass der Hauptbetroffene, wenn er sich arg verletzt fühlte, sich heftig zur Wehr setzte und linke Literaten, seine schärfsten Widersacher, einmal als „Ratten und Schmeißfliegen" beschimpfte.

In manchen Medienbeiträgen zum „Phänomen Strauß" mischten sich Tatsachen und Meinungen, Spekulation und Satire bis zur Unkenntlichkeit. Vor allem mit der Satire hatten die hohen Politiker, die zuhause so viel umjubelt wurden, lange Zeit ihre Probleme. Satire durfte eben noch lange nicht „alles" – wenn sie überhaupt als solche erkannt wurde. Ein Beispiel:

Auch in diesem Jahr werde die Staatsregierung auf die Entwicklung der Medienlandschaft ein besonderes Augenmerk legen, verkündete Ministerpräsident Strauß am 20. Januar 1982 im Antiquarium der Residenz vor 700 aus ganz Bayern geladenen Journalisten, Verlegern und hohen Repräsentanten der Politik. Ihnen allen entging an jenem Abend, wie umgekehrt ein Medium, das Fernsehen, sein besonderes Augenmerk auf höchste Vertreter des Freistaats legte. Anderntags freilich konnten die Betroffenen per Video-Aufzeichnung nachschauen, was die Spötter Dieter Hildebrandt und Gerhard Polt über den Sender Freies Berlin bayerischen Ministern nachgesagt hatten: Sie würden als Mitglieder des Aufsichtsrates des heiß umstrittenen Rhein-Main-Donau-Kanals mit unerlaubten Mitteln um dessen teure Vollendung kämpfen und dafür „Diätenschecks" nehmen.

Nach anfänglichem Zögern („die paar hundert Mark Diäten sind wirklich nicht der Rede wert") verlangte Dienstherr Strauß vom ARD-Vorsitzenden Reinhold Vöth, der natürlich ein Parteifreund war, eine umgehende „Richtigstellung". Auch wollte die CSU diesen „Scheibenwischer" wieder mal vor den (bayerischen) Rundfunkrat bringen, nachdem sie dort zuletzt gegen den ebenso satirischen Achternbusch-Film „Servus Bayern" erfolgreich interveniert hatte.

Abermals drohte Strauß auch mit einem Alleingang bei der Nutzung neuer Medien, insbesondere beim Kabelfernsehen, in welchem er und mehr noch sein Medienexperte Edmund Stoiber gleichsam ein Pendant zum unbequemen Fernsehen sahen und somit große Hoffnungen setzten. 35 Millionen Mark wollte man dafür schon mal als Startkapital bereitstellen. Dass FJS sogar noch post mortem die Hauptfigur satirischer Sendereihen in einem „geläuterten" Bayerischen Fernsehen werden würde, persifliert durch den Karikaturisten Dieter Hanitzsch und den Kabarettisten Helmut Schleich, bleibt als Pointe anzumerken.

Der Amigo

Längst als Thronfolger des bayerischen Sonnenkönigs auserkoren war der sonnige Streibl Max aus Oberammergau. Am 19. Oktober 1988 wurde der ehemalige Umwelt- und Finanzminister zum Nachfolger des bei einem Jagdausflug verstorbenen Ministerpräsidenten Strauß gewählt. Sein Regierungsstil war vergleichsweise sanft, aber gleichfalls barock und gelegentlich forsch. So erklärte er am 6. Juli 1992 den ins Hofbräuhaus geladenen Journalisten aus aller Welt grinsend, es sei halt „bayerische Art, etwas härter hinzulangen". Die verstaatlichte Polizei hatte bei der Eröffnung des Weltwirtschaftsgipfel

Nachfolger Max Streibl stürzte in der Amigo-Affäre

etwa 500 Demonstranten in einen „Kessel" gepfercht und dort mit dem Gummiknüppel bearbeitet.

Sehr viel freundlicher verkehrte der Max mit einem Schulfreund, dem Mindelheimer Flugzeugbauer Burghart Grob. 1983, 1985 und 1987 hatte sich der damalige Finanzminister und stellvertretende Ministerpräsident zu drei Reisen einladen lassen. Zweimal ging es mit Familienanhang zur Hazienda des Allgäuer Industriellen nach Brasilien, wobei alle Flüge und der Aufenthalt frei waren. Ein drittes Mal durfte Streibl auf Kosten des Amigos nach Kenia fliegen.

Bald wurde auch bekannt, dass der von Streibl geführte CSU-Kreisverband Oberbayern eine Spende von gut 100 000 Mark von Grob bekommen hat. Und dass der Mindelheimer bei der Bonner Staatsanwaltschaft schon einmal im Verdacht von Schmiergeldzahlungen stand, nachdem er vom Verteidigungsministerium – trotz Bedenken von Militärs – den Zuschlag für das drei Milliarden Mark teure Aufklärungsflugzeug „Lapsas" erhalten hatte.

Die Opposition vermutete einen Zusammenhang zwischen den „Amigo-Reisen" und der für 1984 geplanten Neuordnung des „militärisch-industriellen Komplexes" im Freistaat. Grob wollte damals 24,5 Prozent der Anteile der von Flick zum Verkauf angebotenen „Panzerschmiede" Krauss-Maffei und sogar den Aufsichtsratssitz übernehmen. Und Bayerns Finanzminister hatte bei der Besetzung von Aufsichtsgremien in der Rüstungsindustrie durchaus ein Wort zu sagen. Der Mittelständler bekam denn auch ein staatliches Darlehen über die Bank für Aufbaufinanzierung, deren Aufsichtsratsvorsitzender Streibl hieß.

Im Gegensatz zu seinem baden-württembergischen Kollegen Lothar Späth, der auf ähnliche Vorwürfe recht schnell durch Rücktritt reagiert hatte, konnte sich der „Sunny Boy" der CSU trotzdem noch lange in der Gunst seiner Partei sonnen. Immerhin fühlte er sich weiterhin so stark, dass er die Delegierten eines Parteitags mit einem fröhlichen „Saludos Amigos!" begrüßte, was freilich nicht alle lustig fanden.

Schon gar nicht die SPD. „Treten Sie auf eigene Kosten Reisen an, wohin Sie wollen, aber treten Sie zurück, solange Sie noch selbst darüber befinden können," dieser Aufforderung des Fraktionsvorsitzenden Albert Schmidt am 28. Januar 1993 wollte Streibl jedoch nicht nachkommen. Nichts sei dran an den Vorwürfen. Warum hätte er denn die Einladungen eines Freundes, der immerhin 1600 Arbeitsplätze gesichert habe, ausschlagen sollen, wo doch auch der frühere Bundeskanzler Helmut Schmidt sich von einem Hamburger Unternehmer zu Segeltörns habe einladen lassen? So der Gerügte. Er sei nicht bestechlich.

Als Umfragen zur Herbstwahl ein Abrutschen der CSU auf unter 40 Prozent anzeigten, die Affäre nicht aus den Schlagzeilen kam und obendrein ein Untersuchungsausschuss drohte, geriet der Oberammergauer, der sich im Neubau der Staatskanzlei einen Herrgottswinkel hatte einrichteten lassen, in eine ausweglose Lage. Am 27. Mai erklärte Max Streibl seinen längst erwarteten Rücktritt mit den Worten: „Diesen Schritt tue ich nicht, weil ich dem Freistaat Bayern in irgendeiner Weise geschadet hätte."

Einen Tag später wählte der Landtag den Innenminister Edmund Stoiber zum Nachfolger. Dieser war clever genug gewesen, sich beizeiten aus der Amigo-Affäre zu ziehen. Am 13. Februar beichtete Stoiber, dass er 1987/88 als Chef der Staatskanzlei nicht nur vier halbdienstliche Flüge mit den Jets des halbstaatlichen Konzerns MBB unternommen hatte, sondern auch einen ganz privaten Urlaubsflug. Das „Kraftwerk Strauß" (Aufsichtsratsvorsitzender des Luft-, Raumfahrt- und Rüstungskonzerns) habe ihn auch in den Ferien partout um sich haben wollen, wenn möglich samt Familie. Stoiber mit Blick auf Kritiker in seiner Partei: „Man zeige mir einen, der keine Fehler gemacht hat."

Der grosse Protest

Halbstarker Bürgerschreck

Mitten in der Ära des Wirtschaftswunders wurden sie zum gesellschaftlichen Problem – und am Ende noch ein Filmthema: die sogenannten Halbstarken. In Münchner Vorstädten und in öffentlichen Parks rotteten sich damals Schüler und Lehrlinge zusammen. Sie betranken sich, balgten sich, pöbelten Erwachsene an und versuchten bei Gelegenheit, ihr Mütchen an Polizisten zu kühlen. Allmählich artete die noch ungeformte Rebellion dermaßen aus, dass sie die Gerichte beschäftigte. Von 1954 bis 1958 stieg die Jugendkriminalität in München um nicht weniger als 81 Prozent.

Der Autor als Stenz

Scheinbar grundlos passierte das alles. Eine Protesthaltung war noch nicht zu erkennen. Die Verantwortlichen waren denn auch ratlos, ihre Erklärungen unzureichend. So verwies man auf die vielen Kriegswaisen und auf die sogenannten „Schlüsselkinder", die fast ganztätig unbetreut waren. Im Jahr 1957 hatten 30 Prozent aller Münchner Volksschüler berufstätige Mütter.

Richtig losgegangen war es in der Au, deren „Stenze" schon Thema auf alten Volkssängerbühnen waren; während des Krieges hatte dort eine „Ankerblase" sogar die Gestapo herausgefordert (an deren Treiben und plötzliches Verschwinden kann ich mich, da ich selbst in der Au aufgewachsen bin, durchaus noch erinnern). Vor allem machte sich auf der Auer Dult nach dem Krieg eine „Totenkopfblase" unangenehm bemerkbar. Als diese zum Bürgerschreck wurde und sich weitere

Jugendbanden bildeten, lud das von der Stadt geförderte Jungbürgerforum die „Halbstarken" und ihre Anführer – Mädchen waren zunächst noch kaum beteiligt – zu einem denkwürdigen Gespräch ins Hofbräuhaus. Ein Probelauf für die bei späteren Revolten durchaus erfolgreiche „Münchner Linie".

Der SPD-Landtagsabgeordnete und spätere Regensburger Oberbürgermeister Rudolf Schlichtinger, eine Bärengestalt, wollte erst einmal die Lage klären: „Das Wort Halbstarke ist zu einem Kollektivbegriff geworden, der für Boogie-Woogie-Tänzer ebenso angewandt wird wie für richtige Rowdies, für Mädchen in Schlauchhosen wie für einzelne Kleinkriminelle." Die Frage laute nun nicht: Wie hoch sollen die Strafen sein, sondern: Wie kann die Gesellschaft die Jugend davor bewahren, überhaupt kriminell zu werden?

Eine Mitschuld an der Jugendgefährdung gab Staatsanwalt Edmund Speidel, der in München die „Zentralstelle zur Bekämpfung unzüchtiger Schriften und Abbildungen" leitete, den sogenannten „Schundheftln", die für 40 Pfennig über Tod und Liebe fabulierten. Ein besonders erfolgreicher Verleger war ein alter Nazi, der ehemalige Gaupropagandaleiter von Danzig. Folgen: Ein 15-jähriger Münchner Kochlehrling las den „Lyncher" und erhängte nach dem Vorbild des Titelhelden einen Fünfjährigen am Fensterkreuz. Ein Vierzehnjähriger versuchte, sich selbst aufzuhängen und in letzter Sekunde den Strick abzuschneiden, wie er es gelesen hatte.

Durch Gespräche mit Jugendlichen und der Polizei erfuhr Rektor Kurt Seelmann, der Leiter des Stadtjugendamtes, dass es Anfang 1957 in München 30 bis 40 „Blasen" mit bis zu fast hundert Mitgliedern gab, lauter wilde Organisationen von Schülern und Lehrlingen. Seelmann sah Anzeichen, dass sich immer mehr junge Menschen, auch aus höheren Gesellschaftsschichten, solchen Jugendbanden zuwenden. Zunehmend bemerkte er auch bei Mädchen ein wachsendes Interesse.

Im November 1957 wurde gemeldet, dass 18 409 Volksschüler mittags nicht von ihrer – meist berufstätigen Mutter daheim erwartet werden, jeder Dritte also galt als „Schlüsselkind". (Kitas waren noch längst nicht in Sicht). Während sich der bayerische Landtag unter Anhörung von Psychologen mit dem Halbstarken-Problem auseinandersetzte, rollten vor dem Jugendschöffengericht des Landgerichts München zwei Prozesse ab, die noch einmal die schon abflauende „Halbstarken-Welle" in ihrem ganzen Ausmaß ins öffentliche Bewusstsein spülten:

Im August 1955 hatten etwa 200 Jugendliche auf der Auer Dult der Polizei eine regelrechte Straßenschlacht geliefert. Elf von ihnen, 15 bis 21 Jahre alt, standen nun vor dem Richter. Wie Musterknaben, mit schicken Anzügen und frisch geschnittenem Haar. Sie seien nur aus Neugier vor dem Auto-Scooter stehen geblieben. Die von Zeugen gehörten Parolen „Heut schmeißen wir die Buden um" und „Haut die Blauen z'amm" seien von anderen ausgegeben worden, und von den Steinwürfen wussten sie auch nichts mehr. So kamen sie mit Jugendarrest davon. „Bildet euch nur nichts ein," wurden sie von der Amtsgerichtsrätin entlassen. „Ihr seid keine Halbstarken, sondern höchstens Zehntelstarke."

Fall Nr. 2 brachte fünf Angehörige der „Spitzblase" auf die Anklagebank. Sie hatten mit zehn Gleichaltrigen auf einer Isarinsel ein Ehepaar überfallen und niedergeschlagen. Anlass: Einer hatte den Mann mit unbeleuchtetem Fahrrad angefahren und war von diesem geohrfeigt worden. „Was ich nun erlebte, war mir nicht mal bei den wochenlangen Verhören in russischer Kriegsgefangenschaft passiert," sagte der Zeuge, der wochenlang im Krankenhaus lag. „Dich machen wir kalt … ich bring dich um." Fußtritte in Gesicht und Unterleib, die Rowdies waren außer Rand und Band. Auch die Frau bekam Prügel. Auf dem Terminkalender standen noch die „Innung", die „Neuen Eulen" und die „Schwarze Hand".

Nachdem sich der Landtag des Problems angenommen hatte, beschloss die Staatsregierung nicht weniger als drei „Jugendnotprogramme", mit denen der Bundesjugendplan flankiert werden sollte. Die Stadt München wurde ebenfalls aktiv. Eine Jugendschutzwoche sollte aufklären und zugleich vorbeugen. In Kiosken konnten Jugendliche ihre Schundheftln gegen gute Hefte umtauschen. Jugendamtdirektor Seelmann präsentierte ein Programm für „Blasen". Dazu gehörten ein fast kostenloser Rock & Roll-Ball, Heime der Offenen Tür auch in Wohnungen und Kellern, „Versammlungsplätze" auf Sportplätzen und in Parks, eine Mopedrennbahn auf einer Schuttkippe; Jugendliche sollten jeweils mithelfen.

Sobald sich, nach Seelmanns Vorstellung, „der indifferente Kollektivgeist in verschiedenen Richtungen aufgegliedert" und immer mehr von den Jugendlichen in Hobbys, in eine sinnvolle Freizeitbeschäftigung und ein spezielles Interesse entwickelt sein wird, sollte das Programm in seine dritte Phase eintreten. Dazu gehörten gemeinsame Ausflüge, Führungen in Museen und

Wettbewerbe mit der organisierten Jugend. Auch wollte das Jugendamt ein eigenes Pressebüro aufmachen, das gute Nachrichten über junge Leute an die Tageszeitungen geben sollte.

Nicht alles wurde verwirklicht, doch Kurt Seelmann hat sich um die Jugendkultur in München hoch verdient gemacht. Bei den nächsten Jugendkrawallen, im Juli 1962 bei den „Schwabinger Krawallen", geriet er versehentlich unter die Gummiknüppel der noch städtischen, noch blau uniformierten und noch nicht liberalisierten Polizei.

1962: Schwabinger Krawalle

Der Sommer kam mit drückender Hitze; sie lag noch bei Dämmerung und Dunkelheit über der Stadt, die sich kurz zuvor offiziell den Werbekosenamen „Weltstadt mit Herz" zugelegt hatte. Schwabing, das Amüsierviertel, war mit Menschen gefüllt in jener Nacht zum 21. Juni 1962. Auf dem kleinen Platz, der nach dem rebellischen Dichter Frank Wedekind benannt ist, spielten fünf Gitarristen; junge Leute standen herum und freuten sich. Aber einer der Anwohner rief bei der Polizei an und beschwerte sich über Ruhestörung. Die Funkstreife fuhr vor.

Drei Musikanten wurden in den Wagen gezerrt, unter dem Gejohle der Menge und unter Einsatz von Gummiknüppeln. „Die Menschen konnten es einfach nicht einsehen, warum wir jetzt weg müssen," erinnert sich Wolfram Kunkel, einer der drei festgenommenen Musikanten, in einem aktuellen Interview mit dem „Gaudiblatt", einer Münchner Gratiszeitung. Umstehende schaukelten das Polizeifahrzeug ein bisschen und versuchten, die Türen aufzumachen. „Die Bullen haben natürlich Schiss gekriegt und Verstärkung gerufen. Irgendwer hat dann die Funkantenne abgebrochen."

So begannen, buchstäblich aus heiterem Himmel, die sogenannten „Schwabinger Krawalle": der erste große Jugendprotest in der Bundesrepublik Deutschland mit tiefgreifenden sozialen Folgen. Ganz so heiter war der weißblaue Himmel aber bereits nicht mehr. Schon Anfang Juni 1962 war es bei einem Jazzkonzert in der Uni zu Rempeleien mit der Polizei gekommen, weil die Musiker im Freien weiterspielen wollten.

Dies war nur ein Vorspiel der wilden Schwabinger Nächte, die wieder nur das Präludium für die große Protestbewegung der späten 1960er-Jahre waren. Die Ereignisse von Sommerbeginn liefen ab wie eine unkontrollierte Kettenreaktion. Am Tag nach den Geschehen am Wedekindbrunnen – das fromme München erlebte Fronleichnam, Zeitungen erschienen nicht – verbreiteten sich Gerüchte über den Vorfall, zunächst nur in der Umgebung.

Nun wollten es die Schwabinger den „Bullen" aber doch mal zeigen. Bald tanzten und sangen einige hundert junge, aber auch nicht mehr ganz so junge Leute auf dem breiten „Boulevard Leopold" zum Open-Air-Konzert von Gitarrenspielern. Wieder beschwerte sich ein braver Bürger über den Lärm. Nun waren es schon zwei Funkstreifen, die zum Tatort eilten, an einem Fahrzeug wurden die Reifen durchstochen. Großalarm. Jetzt heulten Sirenen, jetzt blitzten Blaulichter.

Weitere Polizeiwagen brausten durch Schwabing, das Überfallkommando schwärmte aus, Zeiserlwagen wurden bereitgestellt, Knüppel geschwungen, Gläser und Flaschen geworfen (wenn auch noch keine Molotow-Cocktails wie sechs Jahre später). Rufe wie „Gestapo" und „Polizeistaat" verunsicherten manche Ordnungswächter. Der Verkehr wurde völlig lahmgelegt.

Es brach Panik aus, verursacht durch die polizeiliche Taktik. Krawall-Kumpel Kunkel erinnert sich: „Dann kamen Reiterstaffeln, die sind sogar ins Café Schwabinger Nest reingeritten. Die Leute sind in Kneipen geflüchtet, aber die Bullen sind auch da reingekommen und haben jedem, der hinten rauskam, eins mit dem Knüppel übergezogen. Jeder Polizist hat mal zugehauen, wirklich jeder."

So ging es weiter, fünf heiße Nächte lang. Die Einsätze der damals noch kommunalen Polizei, die Empörung und der Widerstand einer von weither zusammenlaufenden Menge – alles eskalierte. Da flogen nun auch Pflastersteine und Stinkbomben. Wahllos wurde auf völlig Unbeteiligte eingeprügelt, beispielsweise auf den Direktor des Stadtjugendamtes. Bis zu 30 Polizeiwagen waren gleichzeitig im Einsatz. Die genaue Zahl der Verletzten auf beiden Seiten und der vorläufigen Festnahmen wurde offiziell nie bekannt.

Berittene Beamte benutzten die Leopoldstraße wie Cowboys eine Prärie voller Rinderherden. Die Volksseele kochte. Die Obrigkeit sah sich in die Enge gedrängt und bloßgestellt durch die in der ganzen Republik kolportierten „Polizeispiele". Am Sonntag rief Oberbürgermeister Hans-Jochen Vogel, erst 36 Jahre alt und seit zwei Jahren im Amt, eine Krisensitzung kommunaler Gremien ein, die das bisherige Vorgehen der Polizei billigten und einem

Die Ordnungsmacht hoch zu Roß, und Bürger mucken auf: Die Schwabinger Krawalle von 1962.

Heute vor genau 25 Jahren:

Die fünf heißen Nächte in Schwabing

Fünf Gitarren brachten einst das Obrigkeitsdenken zum Einsturz

Aufruf an alle Bürger zustimmten, sich von den Unruhestiftern zu distanzieren. Doch die Stürme verebbten erst am übernächsten Abend, als der große Regen kam.

Dann kam die große Abrechnung. Monatelang glich das Münchner Amtsgericht einem Revolutionstribunal. Strafverfahren liefen gegen 239 Zivilpersonen und gegen 131 Polizeibeamte, von denen aber die meisten eingestellt wurden. Ebenso wie die Ermittlungsverfahren gegen Oberbürgermeister Vogel und die polizeilichen Einsatzleiter wegen Beleidigung und Begünstigung im Amt.

Bis zu vier Anklagen wegen Auflaufs und Aufruhrs, Landfriedensbruchs, Körperverletzung und Widerstands gegen die Staatsgewalt waren täglich zu verhandeln. Die Prozessserie, genannt „Schwabinger Spätlese", endete nach einem Jahr mit insgesamt 2918 Tagen Haft für Bürger ohne und 372 Tagen für Bürger in Uniform. Ein Verfahren über die Rechtmäßigkeit der Polizeieinsätze ging gar erst im Juni 1971 zu Ende; das Bundesverwaltungsgericht in Berlin gab der Stadt Recht.

Bis in den Herbst hinein hagelte es Kritik und Vorwürfe gegen Stadtverwaltung und Polizei. Die Gummiknüppel hatten offenbar mehr unbeteiligte Passanten getroffen als wirkliche Randalierer. Einige der Getroffenen, darunter der Stadtjugendamt-Direktor Seelmann, lagen wochenlang krank zu Bett. Ein Kunststudent, dessen Kniescheibe zertrümmert wurde, musste mit lebenslanger Invalidität rechnen.

„Leute, die abhauen, schlägt man nicht mit Knüppeln," entrüstete sich sogar der Präsident der Bayerischen Bereitschaftspolizei, Josef Remold, der aus der Weimarer Zeit einige Erfahrungen im Niederschlagen von Unruhen hatte. Jeder Polizeischüler lerne doch, dass der Einsatz von Schlaginstrumenten erst an sechster Stelle rangiere. Und auch dann dürfe nie auf den Kopf geschlagen werden. Auch Alexander Meyer, im Innenministerium für die Öffentliche Sicherheit zuständig, kritisierte, die Münchner Stadtpolizei habe „nicht den psychologischen Ton gefunden". Schwer schien das Verhältnis zwischen Bürgerschaft und Polizei zerrüttet. Mühsam wurde es von Grund her neu aufgebaut.

Schon im März 1963 begann die noch städtische Polizei, unter dem Eindruck der außer Kontrolle geratenen Krawalle nicht nur psychologisch aufzurüsten. Die Strategen der öffentlichen Sicherheit, die Erfahrungsberichte aus aller Welt einholten, schafften auch einen zweiten Wasserwerfer an, der nicht mehr, wie in Schwabing, wegen der Straßenbahnoberleitung und fehlender Hydranten außer Gefecht zu setzen war. Sie überlegten schon, ob man daraus auch Tränengas schießen könnte. Und sie ließen automatische Kameras und Tonbandgeräte auf die Polizeiwagen montieren, um „Störer" besser in den Griff zu bekommen.

„Schwabing war die Geburtsstunde der sogenannten Münchner Linie," schrieb der damals viel gescholtene Vogel, seine Fehler eingestehend, zehn Jahre später in seinem Buch „Die Amtskette". Der forsche Polizeipräsident Anton Heigl wurde durch den auch erst 37 Jahre alten Kripochef Manfred Schreiber ersetzt. Schreiber, damals noch SPD-Mitglied, leitete eine durchgreifende Reform ein, baute den ersten polizeipsychologischen Dienst in Deutschland auf, schickte alle seine Beamten regelmäßig zu Fortbildungslehrgängen, schrieb selbst einen „Knigge" zum Umgang mit den Bürgern und predigte „menschlichen Kontakt, weniger Perfektion und etwas mehr Herz". Alle müssten jetzt umdenken, um die Reste des Obrigkeitsstaates zu überwinden. Eine „Interessengemeinschaft zur Wahrung der Bürgerrechte" half nach Kräften kritisch mit. Die „Münchner Linie" wurde ein Vorbild für die ganze Bundesrepublik.

Gleichzeitig begann mit den „Schwabinger Krawallen" eine tiefgreifende Veränderung des gesellschaftlichen Bewusstseins und der politischen Strukturen. „Wahrscheinlich war es – wenn man von den reinen Rowdies absieht – zumindest bei den Jüngeren doch schon ein unartikulierter Protest gegen die Wohlstandsgesellschaft und das Wirtschaftswunder, das Bedürfnis, gegen irgend etwas, das allzu glatt und problemlos zu laufen schien, Widerstand zu leisten." So empfand es der sensible Vogel, den die Ereignisse von damals für über drei Monate aufs Krankenlager geworfen hatten. Vielleicht werde man später einmal sagen, in Schwabing habe zum ersten Mal die humane Stadt gegen die ökonomische Stadt rebelliert.

1965: Klar zur Wende

Während einer Gedenkfeier für die „Weiße Rose" in der Münchner Universität flatterten plötzlich hunderte von Flugblättern, die gegen sieben namhafte Münchner Professoren protestieren, vom zweiten Stock des Lichthofs auf die Versammlung. Es geschah von derselben Stelle aus, wo Hans und Sophie Scholl am 18. Februar 1943 ihre als „Manifeste" betitelten Flugblätter abgeworfen hatten. Damals riefen einige Studenten und ihr Professor Kurt Huber, anonym natürlich, zum Widerstand gegen Hitler und zur Beendigung des Krieges auf. 22 Jahre später war auf den gleichfalls hektographierten Blättern – mit Berufung auf den Frankfurter Professor Theodor Adorno – zu lesen: „Musikalisch verbrämte Feiern und schöne Reden können darüber nicht hinwegtäuschen, dass der Faschismus nachlebt."

Die Aktion vom 19. Februar 1965 könnte rückblickend gesehen werden als Münchner Auftakt zu einer von Studenten forcierten Bewegung, die ihren Höhepunkt 1968 erlebte und – nicht ganz korrekt – immer nur mit diesem einen Jahr verbunden wird. (Münchens Ex-OB Vogel bewertet, wie auch der eine oder andere Historiker, schon die „Schwabinger Krawalle" von 1962 als ersten „unartikulierten Protest gegen die Wohlstandsgesellschaft und das Wirtschaftswunder"). Jedenfalls war Mitte der 60er-Jahre eine neue Generation, die der Kriegs- und Nachkriegskinder, zur Verantwortung – und in eine Welt voller Fragen und neuer Zeichen hinein gewachsen. Und für uns Münchner Journalisten folgten arbeitsreiche, dramatische Jahre.

Der politische Hintergrund war von vornherein gut erkenntlich. In Bonn hatte Bundeskanzler Ludwig Erhard 1965 zusehends an Autorität verloren; sogar sein Vorgänger Konrad Adenauer ließ den Vater des in Konsumrausch ausgelaufenen Wirtschaftswunders war, als politisch unfähig dastehen. In der Bundeshauptstadt auch verkündete Bundestagspräsident Eugen Gerstenmaier, dem die Atombewaffnung der BRD wichtiger war als die „Ausweitung des Wohlfahrtsstaates": die Zeit sei reif, dass sich die Deutschen „wieder ihrer Nation bewusst werden".

In Frankfurt hingegen enthüllte der seit Monaten laufende Auschwitz-Prozess eine verbrecherische, allzu lange verdrängte Vergangenheit. In Vietnam führten die Amerikaner indes ihren schmutzigen Krieg durch verheerende Napalm-Bomben in eine heiße Phase. Doch in Kalifornien probten sogenannte Hippies eine friedlich-alternative Lebenswelt, während die Beatles und die Rolling Stones die Jugend weltweit in eine nicht nur musikalisch neue Grundstimmung versetzten.

Und München? Während die ersten langhaarigen Schwabinger „Gammler" das Bürgertum verschreckten und eine „Aktion Saubere Leinwand" im Kino für Ordnung sorgen wollte, sammelte sich in der einstigen „Hauptstadt der Bewegung" deutschnationales Strandgut. Franz Josef Strauss, noch Bundesfinanzminister, übernahm Trommler der heimatlosen Rechten in seine CSU; beim Schwabinger Fischessen verkündete er das Ende des Kommunismus, während er vor Gericht gegen Rudolf Augstein focht, der ihm Korruption angekreidet hatte. Und in der FDP musste die eisern liberale Lady Hildegard Hamm-Brücher gegen „braunen Spuk" fechten.

Die Zeit schien reif zu sein für eine größere Veränderung, wie auch immer diese aussehen würde. Vor allem an der Ludwig-Maximilians-Universität, die jetzt mit 22 500 Studenten aus allen Hörsälen platzte, hatte sich ein Umbruch mit noch unabsehbaren Folgen angebahnt. Eine von Studentengruppen erarbeitete Dokumentation „Braune Universität" spürte der nationalsozialistischen Vergangenheit einiger Professoren nach, die nicht nur längst wieder zu Amt, sondern teilweise auch zu hohen Staats- oder Parteiwürden gelangt waren. Beispielsweise Bolko von Richthofen, der für die SS das „germanische Ahnenerbe" im Osten erforscht und ein von Antisemitismen strotzendes Werk über „bolschewistische Wissenschaft" veröffentlicht hatte; jetzt war er Referent für Außenpolitik der CSU und wegen seiner „gesamtdeutschen" Aktivitäten mit dem Bundesverdienstkreuz 1. Klasse ausgezeichnet.

Zu den „braunen Professoren" zählte nicht zuletzt der Staatsrechtler Theodor Maunz. Dessen frühere, den Führerkult verherrlichende Schriften hatte die Abgeordnete Hamm-Brücher aufgespürt, worauf der CSU-Politiker im Juli 1964 seinen Rücktritt als bayerischer Kultusminister erklärte. Nachträglich wurde bekannt, dass Maunz die „Deutsche National-Zeitung" juristisch beraten und sogar anonyme Beiträge verfasst hatte (siehe Kapitel „Die Volksaufklärer". In diesem Blatt betrieb der millionenschwere Münchner Verleger Gerhard Frey unverhüllt antisemitische Hetze, auf die Frontseite stellte er ein Hitler-Bild.

Auch die anonymen Flugblätter vom 19. Februar – symbolisch bei der Gedenkfeier für den Studentenwiderstand abgeworfen – nannten Namen: unter anderen den Mediziner Max Mikorey („Theoretiker einer Nazi-Psychiatrie"), den Völkerrechtler Friedrich Berber („Freund und Berater des NS-Außenministers Ribbentrop"), den Theologen Michael Schmaus („rechtfertigte den Nazi-Terror katholisch-theologisch") und den Staatsrechtler Reinhard Maurach („Rechtsexperte bei der Unterjochung der Ostvölker").

Da die Universität keine Anzeige erstattete, konnte der Störfall von der Polizei nicht verfolgt werden. Eine ungenehmigte Flugblatt-Aktion der Deutsch-Israelischen Studiengruppe an der LMU, die im Kontext mit der Nahost-Krise den Rücktritt von Bundeskanzler Erhard und die diplomatische Anerkennung Israels forderte, war wenige Stunden vor der Geschwister-Scholl-Feier von Polizisten in Zivil unterbunden worden.

Die zur Rebellion drängende Unruhe der Studenten wurde freilich nicht nur durch derlei Reflexionen zur jüngsten Geschichte geschürt, sondern mehr noch durch eine Zeiterscheinung, die als „Bildungsnotstand" bekannt wurde. Vor allem durch Schriften des Pädagogen und Religionsphilosophen Georg Picht und des Soziologen Ralf Dahrendorf, in München u. a. auch durch die Uni-Assistenten Peter Glotz und Wolfgang R. Langenbucher, die politisch wie literarisch gegen reaktionäre Tendenzen im Unterrichtswesen angingen. Im Juli 1965 strömten Studierende und Schüler, etwa gleichzeitig in Frankfurt und München, zu Massendemonstrationen auf die Straße. Sie protestierten gegen überfüllte Hörsäle und schlecht ausgestattete Hochschulen, sie forderten deren Anpassung an das moderne Wirtschafts- und Arbeitsleben. Der lange Marsch sollte ins Jahr 1968 führen.

Der Ruf einer neuen Zeit blieb auch in anderen Münchner Institutionen nicht ungehört. Plötzlich war alles Politik, Zeitgeschichte. Im März 1965 rief der atheistische Philosoph Jean Amery, der im Widerstand gegen die Nazis entsetzliche Folterungen erleiden musste, ausgerechnet in der Katholischen Akademie in Bayern, die deren Gründungsdirektor Karl Forster als „Laboratorium der Kirche" verstand, die Intellektuellen auch in der Demokratie zum Widerstand auf, denn es realisiere sich der Mensch, „sobald er auf das Mögliche zuschreitet". (1978 wählte der aus Wien stammende Jean Amery in Salzburg den Freitod, „ein Privileg des Humanen").

In den Kammerspielen unter dem neuen Intendanten August Everding wurde ein Stück des Dramaturgen Heinar Kipphardt, in dem Adolf Eichmann eine Rolle spielte, uraufgeführt. Peter Weiß thematisierte den Auschwitz-Prozess als szenisches Oratorium. Und seit Anfang 1965 versuchte ein neues Kabarett, das „Münchner Rationaltheater", nicht mehr nur politische Zeitungsschlagzeilen zu interpretieren und zu glossieren, sondern – wie sich der Gründer Reiner Uthoff erinnert – Fakten mühsam selbst zu recherchieren und per Multimedia zu dokumentieren. Das geschah etwa dadurch, dass man einige vom amtierenden Bundespräsidenten Lübke unterzeichnete KZ-Baupläne ins Schaufenster hängte. Hier jedenfalls fand die Polizei allen Anlass, handfest einzuschreiten.

1967: Das Vorspiel

1967: Laufend ist nun Brisantes aus dem gesellschaftlichen Sudkessel Münchens zu melden.

Am 1. Februar 1967 erlebt Bayerns Metropole eine große Demonstration gegen die vom ehemaligen NSDAP-Mitglied Kurt Georg Kiesinger geführte Große Koalition, denn diese will die seit langem diskutierten Notstandsgesetze für Krisensituationen mit neuer Zweidrittelmehrheit durchboxen.

Am 22. Februar kommt es zu einem von der Gewerkschafts-Jugend und TH-Studenten organisierten Protestzug gegen die vom Stadtrat beschlossenen Preiserhöhungen bei der Straßenbahn (der U-Bahn-Bau hat 111 Millionen Mark Mehrkosten verschlungen).

Am 8. Mai marschieren über tausend überwiegend jüngere Menschen nach einer Kundgebung der „Demokratischen Aktion" mit blutroten Plakaten zum Generalkonsulat der USA an der Königinstraße. Fortan geht es nicht mehr ums „Trambahn-Zehnerl" – sondern um Weltpolitik.

Der „schmutzige Krieg" der Amerikaner in Vietnam und die „antidemokratischen" Vorhaben in Bonn haben breite Volksmassen mobilisiert und eine „Außerparlamentarische Opposition" (APO) entstehen lassen. Ein in Berlin uraufgeführtes und bald auch in München gespieltes Stück von Günter Grass, der inzwischen in Wahlkämpfen für die „Espede" kämpft, liefert ein oft zitiertes Stichwort: „Die Plebejer proben den Aufstand".

Droht hierzulande tatsächlich ein Aufstand? Sind Stimmung oder Situation in der jungen Republik wirklich „prä-revolutionär"? Dieses Wort wählt jedenfalls Münchens liberaler Polizeipräsident Manfred Schreiber in einem Gespräch mit dem Reporter, als der für ein Buch recherchiert.

Noch ist kein wirklicher Aufstand in Sicht. Noch bleibt es bei gewaltfreien Aufmärschen, die sich zu einem „Langen Marsch" formieren, wie ihn der von der ultralinken deutschen Vorhut verehrte Mao Tse Tung in „Rot-China" so erfolgreich vorexerziert hat. Noch verzichtet die Münchner Polizei – infolge der „Schwabinger Krawalle" taktisch belehrt und psychologisch gedrillt – auf den Einsatz von Gummiknüppeln, von Wasserwerfern oder Pferden. Doch die Protest-Kundgebungen und -Märsche wiederholen sich rasch. Sie entwickeln neue, kalifornischen Happenings nachgemachte Strategien, finden neue Fronten und Angriffsziele. Sie eskalieren.

Ausgerechnet während eines Festakts zur Woche der deutsch-amerikanischen Freundschafts am 10. Mai, im Beisein von Ministerpräsident Alfons Goppel und Oberbürgermeister Hans-Jochen Vogel wird abermals das US-Konsulat belagert. Das bereits festungsartig umgürtete Gebäude wird regelrecht bombardiert – mit Mehltüten, Feuerwerkskörpern, Eiern, Steinen. Eine Strohpuppe, die den Präsidenten Johnson darstellt, wird unter „Mörder"-Rufen verbrannt. Ein Sitzstreik blockiert am Altstadtring den Verkehr. Dieses Mal werden zwölf Jugendliche vorläufig festgenommen. Am 12. Mai

Das Vorspiel der 68er-Revolte

Der lange Marsch der rebellischen Jugend beginnt vor 50 Jahren in Schwabing. 1967 geht es zunächst nur um ein Trambahn-Zehnerl

Von Karl Stankiewitz

Die als „Studentenrevolte" bekannte oder berüchtigte soziale Bewegung von 1968 hatte ein Vorspiel. München war eine Hauptbühne. Die dramatischen Szenen, die das spätere Geschehen verständlicher machen, liegen nunmehr ein halbes Jahrhundert zurück. Hier ein Kalendarium...

5. Mai 1967: Münchner Studenten demonstrieren gegen die „Yankees" und das „Morden in Vietnam".

9. Mai 1967: Bei einer Anti-Vietnam-Demo werden Teilnehmer eines Sitzstreiks von Polizisten von der Straße getragen. Fotos: imago

Am 1. Februar 1967 erlebt Bayerns Metropole eine große Demonstration gegen die vom ehemaligen NSDAP-Mitglied Kurt Georg Kiesinger geführte Große Koalition, welche die seit langem diskutierten Notstandsgesetze für Krisensituationen mit neuer Zweidrittelmehrheit durchboxen will. Am 22. Februar kommt es zu einem von der Gewerkschafts-Jugend und Studenten der Technischen Hochschule (heute TU) organisierten Protestzug gegen die vom Stadtrat beschlossenen Preiserhöhungen bei der Straßenbahn (der U-Bahn-Bau hat 111 Millionen Mark Mehrkosten verschlungen). Am 8. Mai marschieren über 1000 überwiegend jüngere Menschen nach einer Kundgebung der „Demokratischen Aktion" mit blutroten Plakaten zum Generalkonsulat der USA an der Königinstraße. Fortan geht es nicht mehr ums „Trambahn-Zehnerl", sondern um Weltpolitik.

Der „schmutzige Krieg" der Amerikaner in Vietnam und die „antidemokratischen" Vorhaben in Bonn haben breite Volksmassen mobilisiert und eine „Außerparlamentarische Opposition" (APO) entstehen lassen. Ein in Berlin uraufgeführtes und bald auch in München gespieltes Stück von Günter Grass, der inzwischen in Wahlkämpfen für die „Espede" kämpft, liefert ein oft zitiertes Stichwort: „Die Plebejer proben den Aufstand". Droht hierzulande tatsächlich ein Aufstand? Sind Situationen oder Situation in der jungen Republik wirklich „prä-revolutionär"? Dieses Wort wählt jedenfalls Münchens liberaler Polizeipräsident Manfred Schreiber in einem Gespräch mit dem Reporter, der nun diesen Rückblick verfasst.

Noch ist kein wirklicher Aufstand in Sicht. Noch bleibt es bei gewaltfreien Aufmärschen, bei denen zu einem „Langen Marsch" formieren, wie die hier von der ultralinken deutschen Vorhut verehrte Mao Tse Tung in „Rot-China" so erfolgreich vorexerziert hat. Noch verzichtet die Münchner Polizei, infolge der „Schwabinger Krawalle" von 1962 taktisch belehrt und psychologisch gedrillt, auf den Einsatz von Gummiknüppeln, Wasserwerfern oder Pferden. Doch die Protest-Kundgebungen und -Märsche wiederholen sich rasch. Sie entwickeln neue, kalifornische Happenings nachgemachte Strategien, finden neue Fronten und Angriffsziele. Sie eskalieren.

Ausgerechnet während der deutsch-amerikanischen Freundschaftswoche am 10. und 11. Mai wird – im Beisein von Ministerpräsident Alfons Goppel und Oberbürgermeister Hans-Jochen Vogel (SPD) – abermals das US-Konsulat belagert. Das festungsartig umgürtete Gebäude wird regelrecht bombardiert – mit Mehltüten, Feuerwerkskörpern, Eiern und Steinen. Eine Strohpuppe, die den Präsidenten Johnson darstellt, wird unter „Mörder"-Rufen verbrannt. Ein Sitzstreik blockiert am Altstadtring den Verkehr. Dieses Mal werden zwölf Jugendliche vorläufig festgenommen. Am 12. Mai kommen die inzwischen gut organisierten Demonstranten wieder, diesmal protestieren sie obendrein gegen den geplanten Bau eines neuen Münchner Großflughafens im Hofoldinger Forst.

Am 30. Mai sind es schon 1500 junge Leute, die den Schah von Persien vor dem Nationaltheater auspfeifen. Der in Frack gekleidete Polizeichef Schreiber nimmt im Zuschauer, den er für kreist einen Rädelsführer hält, in den Schwitzkasten und übergibt ihn dem Einsatzkommando, später entschuldigt er sich. Am 1. Juni rufen Demonstranten vor der Alten Pinakothek den Tross aus Teheran zu: „Lasst die Gefangenen frei!"

Am 5. Juni zieht ein Schweigemarsch mit über 7000 Menschen zum Platz der Opfer des Nationalsozialismus, dort wird ein Kranz für die in Berlin einem Polizisten (und Stasi-Spitzel, wie sich später herausstellt) bei der Schah-Demo totgeschossenen Studenten Benno Ohnesorg niedergelegt. Revolutionäre Töne werden laut.

8. August 1967: Aneinandergekettete Studenten demonstrieren gegen den Schah von Persien auf der Leopoldstraße – im Hintergrund das Hertie-Hochhaus. Foto: imago

Abkühlung tut not in diesen heißen Sommertagen. Am 13. Juli sitzen sich sieben westdeutsche Polizeipräsidenten und 20 Studentenvertreter im Polizeipräsidium gegenüber.

Mit diesem „Teach-in" will die Gewerkschaft ÖTV – so moderiert deren Vorsitzender Heinz Kluncker – dazu beitragen, „dass die Gegensätze nicht weiter verschärft, sondern vielleicht sogar abgebaut werden".

„Wir stehen nur an der Front"

Man liest sich die Leviten. Die mächtige ÖTV möchte Schutzpatron einer herausgeforderten Schutzmacht sein. Der studentische Vorwurf: Die Polizei Westdeutschlands und Westberlins diene nicht mehr der Demokratie, sondern nur dem Establishment. Polizeipräsident Schreiber, noch SPD, gibt den Schwarzen Peter weiter: „Wir stehen nur an der Front, ausgesetzt, das politische Feld dahinter müsste in die Manöverkritik einbezogen werden." Vorerst will Münchens Ordnungsmacht bei der sanften „Münchner Linie" bleiben und nicht der harten Konfrontation wie etwa in Berlin folgen.

Doch an der politischen Front ist kein Waffenstillstand in Sicht. Vielmehr vertiefen die Schah-Krawalle die Kluft zwischen der bayerischen SPD und ihrer akademischen Nachwuchsorganisation. Mitte Juli trennt sich der Sozialdemokratische Hochschulbund von der Mutterpartei. In ihr habe sich „der Geist kleinbürgerlichen Ordnungsdenkens und autoritärer Intoleranz" verbreitet, klagt der SHB beim Landesvorsitzenden Volkmar Gabert per Presseerklärung.

Die Verbände an den Hochschulen in München und Erlangen verbünden sich mit dem noch linkeren Sozialistischen Deutschen Studentenbund (SDS), dem (eher sozialdemokratischen) Liberalen Studentenbund sowie „Unabhängigen" zu einer „Münchner Wahlgemeinschaft". Diese sowie der (vom späteren Terroristen Rolf Pohle geführte) „Allgemeine Studentenausschuss" (AStA) und eine Gruppe „unabhängiger und sozialistischer Schüler", die gleich mal den Kultusminister verklagen wollen, werden für den bevorstehenden Kampf. Eine parteipolitische Oppositions- und Kaderrolle übernimmt indes einer der mitgliederstärksten und einflussreichsten Ortsverbände der SPD: der traditionell linke Unterbezirk München unter neuer Führung.

„Bonn muss sich auf Störfeuer aus Bayern gefasst machen"

Auch an der Kulturfront probt man den Aufstand. In einem schäbigen Hinterhaus der Müllerstraße 2 macht der 27-jährige Rainer Werner Fassbinder ein „Action Theater" auf, eine blutjunge Schauspielerin wird auf der Bühne von einem Kollegen aus der Gammlerszene allzu realistisch niedergestochen.

Im Werkraumtheater spielt der 22-jährige Martin Sperr einen

Wissenschaftler warnen: Ebenfalls im Juli 1967 untersucht eine Studie des Deutschen Jugendinstituts mit Sitz in München die Ursachen der Massenaufläufe. Einsamkeit und Eigenbrötelei ziehen sich bei Teenagern und Twens nicht mehr, sagt der Soziologe Gerhard Wurzbacher.

Sie wollen sich viel mehr als früher „gesellen", solidarisieren. „Wenn jugendliche Selbstbestimmung, Spontaneität und Mitverantwortlichkeit nicht gewährleistet sind, kommt es leicht zum Ausbruch des jugendlichen Eifers"... Notfalls ziehen die Burschen und Mädchen dann auf die Straße, als Zeichen des Interesses. Oder sie kapseln sich ab und gammeln herum, als Zeichen der Interesselosigkeit."

So scheint der Jugend eine neue Rolle in der Gesellschaft zuzuwachsen. Die Welt der Erwachsenen und der Politik aber weiß noch nicht recht, wie diese neuartige Emanzipation zu bewerten und wie ihr zu begegnen ist.

Bevor das Wendejahr 1967 endet, hat der Schreiber dieser Zeilen in außerbayerischen Zeitungen die Lage so kommentiert: „Die Große Koalition und das sozialdemokratische Parteipräsidium werden sich im neuen Jahr auf heftiges Störfeuer aus Bayern gefasst machen müssen."

Karl Stankiewitz, Jahrgang 1928 und Journalist seit 1947, ist Autor des Buches „München 68. Traumstadt in Bewegung" (Volk Verlag). Der vorliegende Bericht basiert auf einem neuen Projekt mit dem Arbeitstitel „Pimpfe Punker Popper. Geschichten vom Jugendleben in München".

Strichjungen, nachdem in den letzten 15 Monaten in München fünf Homosexuelle vermutlich von Jugendlichen ermordet wurden. Auf einer Lesebühne wird das erste Vietnam-Musical aufgeführt. Eine Wanderbühne nennt sich „Rote Grütze". Mit roter Tinte stürmen junge „Provos" in den Kunstszene gegen Autoritäten. In der Katholischen Akademie fordern Professoren „Mut und Wagnis zu Neuem".

kommen die inzwischen gut organisierten Demonstranten wieder, diesmal protestieren sie obendrein gegen den geplanten Bau eines Großflughafens im Hofoldinger Forst.

Am 30. Mai 1967 sind es schon 1500 junge Leute, die den Schah von Persien vor dem Nationaltheater auspfeifen. Der in Frack gekleidete Polizeichef Schreiber nimmt einen Zuschauer, den er für einen Rädelsführer hält, in den Schwitzkasten und übergibt ihn dem Einsatzkommando, später entschuldigt er sich. Am 1. Juni rufen Demonstranten vor der Alten Pinakothek dem Tross aus Teheran zu: „Lasst die Gefangenen frei!" Am 5. Juni zieht ein Schweigemarsch mit über 7000 Menschen (!) zum Platz der Opfer des Faschismus, dort wird ein Kranz für den in Berlin von einem Polizisten (und Stasi-Spitzel, wie sich später herausstellt) für den bei einer Schah-Demo totgeschossenen Studenten Benno Ohnesorg niedergelegt. Revolutionäre Töne werden laut.

Abkühlung tut Not in diesen heißen Sommertagen. Am 13. Juli sitzen sich sieben westdeutsche Polizeipräsidenten und 20 Studentenvertreter im Polizeipräsidium gegenüber. Mit diesem sogenannten „Teach-in" will die Gewerkschaft ÖTV – so moderiert deren Vorsitzender Heinz Kluncker – dazu beitragen, „dass die Gegensätze nicht weiter verschärft, sondern vielleicht sogar abgebaut werden". Man liest sich die Leviten. Die mächtige ÖTV möchte Schutzpatronin einer herausgeforderten Schutzmacht sein. Der studentische Vorwurf: die Polizei Westdeutschlands und Westberlins diene nicht mehr der Demokratie, sondern nur dem Establishment. Polizeipräsident Schreiber, noch SPD-Mitglied, gibt den Schwarzen Peter weiter: „Wir stehen nur an der Front, auch das politische Feld dahinter müsste in die Manöverkritik einbezogen werden." Vorerst will die Ordnungsmacht bei der sanften „Münchner Linie" bleiben und nicht der harten Konfrontation wie etwa in Berlin folgen.

Doch an der politischen Front ist kein Waffenstillstand in Sicht. Vielmehr vertiefen die Schah-Krawalle die Kluft zwischen der bayerischen SPD und ihrer akademischen Nachwuchsorganisation. Mitte Juli trennt sich der Sozialdemokratische Hochschulbund von der Mutterpartei. In ihr habe sich „der Geist kleinbürgerlichen Ordnungsdenkens und autoritärer Intoleranz" verbreitet, klagt der SHB dem Landesvorsitzenden Volkmar Gabert per Presseerklärung.

Die Verbände an den Hochschulen in München und Erlangen verbünden sich mit dem noch linkeren Sozialistischen Deutschen Studentenbund (SDS) sowie dem (eher sozialdemokratischen) Liberalen Studentenbund und „Unabhängigen" zu einer „Münchner Wahlgemeinschaft". Diese wie auch der (noch vom späteren Terroristen Rolf Pohle geführte) Allgemeine Studentenausschuss" (AStA) und eine Gruppe „unabhängiger und sozialistischer Schüler", die gleich mal den Kultusminister verklagen wollen, rüsten sich für den bevorstehenden Kampf. Eine parteipolitische Oppositions- und Kaderrolle übernimmt indes einer der mitgliederstärksten und einflussreichsten Ortsverbände der SPD: der traditionell linke Unterbezirk München mit neuer Führung.

Auch an der Kulturfront probt man den Aufstand. In einem schäbigen Hinterhaus der Müllerstraße 2 macht sich der 27-jährige Rainer Werner Fassbinder daran, das herkömmliche Theater zu „zertrümmern". Im Werkraumtheater spielt der 22-jährige Martin Sperr einen Strichjungen, nachdem in den letzten 15 Monaten in München fünf Homosexuelle vermutlich von asozialen Jugendlichen ermordet wurden. Auf einer Lesebühne wird das erste Vietnam-Musical aufgeführt. Eine Wanderbühne nennt sich „Rote Grütze". Mit roter Tinte stürmen junge „Provos" in der Kunstszene gegen Autoritäten. In der Katholischen Akademie fordern Professoren „Mut und Wagnis zu Neuem".

So scheint der Jugend eine neue Rolle in der Gesellschaft zuzuwachsen. Die Welt der Erwachsenen und der Politik aber weiß noch nicht recht, wie diese neuartige Emanzipation zu bewerten und wie ihr zu begegnen ist. Am Ende des Wendejahres 1967 kommentiert der Autor dieses Buches für außerbayerische Zeitungen: „Die Große Koalition und das sozialdemokratische Parteipräsidium werden sich im neuen Jahr auf heftiges Störfeuer aus Bayern gefasst machen müssen."

1968 – die Revolte

Es kommt nicht aus heiterem Himmel wie der Schwabinger Krawall im Juli 1962; es wurde regelrecht inszeniert: jenes Drama in Fortsetzungen, das als „Studenten-Revolte" in die Annalen eingegangen ist. Sind doch Ausgang und Höhepunkte an den großen Hochschulen der als restaurativ empfundenen

Bundesrepublik zu orten. Mit im Fokus steht München mit seiner überquellenden Universität (sie ist mit 22 000 Studierenden im Sommersemester 1968 die weitaus größte in Deutschland), seiner ebenso vollen Technischen Hochschule und seiner „schwabylonisch" lockeren Akademie der Bildenden Künste. (Nur aus der Musikhochschule hört man noch keine Missklänge).

Doch die Unruhe hat, über die Großstädte hinaus, auch weite Kreise der Schülerschaft erfasst. Und nicht zuletzt Teile der Arbeiterjugend. Praktisch überall, wo Jugend verwaltet wird oder sich selbst verwaltet, lodern plötzlich die Flammen des Aufstands gegen ein veraltetes, verkrustetes, bröckelndes Machtgefüge. Hier ein „Spielplan" der oft tragikomischen Stücke mit jungen Darstellern:

Am 10. Januar 1968 marschieren sechs Angehörige des Sozialistischen Deutschen Studentenbundes (SDS) in ausgeliehenen Polizeiuniformen in die Universität und postieren sich vor einem Professor mitten in der Vorlesung. Sie wollen damit demonstrieren, „wohin es kommt, wenn es sich die Hochschule gefallen lässt, dass Polizeibeamte bei ihr einbrechen", sagt mir später der inzwischen verstorbene Anführer Heinz Koderer. Hintergrund der Aktion: Politische Polizei hatte „Teach-ins" bespitzelt.

Am 31. Januar beklagt die junge Möchtegern-Revolution ihren erstens Toten: Bei Tumulten, die NPD-Anhänger im Deutschen Museum anzetteln, erleidet ein Rentner einen Herzschlag. Diese Großkundgebung will den Staub aufwirbeln, der sich im Gefolge der Großen Koalition unter einem Kanzler, der Mitglied der Nazipartei war, in deutschen Landen abgelagert hat. Aufgerufen dazu

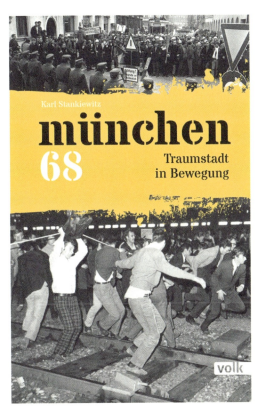

Eines der beiden Bücher des Autors über das Hauptjahr der „Studentenrevolte"

haben Politiker von SPD und FDP der Vorsitzende der bayerischen Gewerkschaftsjugend, Xaver Senft, und zahlreiche Prominente

Am 7. Februar wird der 25jährige Arbeiter Sigi Graue nach einer Protestaktion gegen den Vietnamkrieg im Amerikahaus per Schnellverfahren zu sechs Wochen Gefängnis ohne Bewährung verdonnert. Erf ist der einzige Verurteilte und der einzige Nichtstudent in der Münchner „Spaß-Guerilla", die durch politische Happenings für tägliche Polizeieinsätze und Medienecho sorgt. Die Genossen protestieren vor dem Gefängnis und taufen die Stadelheimer Straße um in „Sigi-Graue-Straße".

Am 9. Februar beschuldigt der CSU-Vorsitzende und Bundesfinanzminister Franz Josef Strauß: „linksradikale studentische Minderheiten", sie würden „Störkrawalle inszenieren", und fordert Ministerpräsident Alfons Goppel auf, mit allen Mitteln dagegen einzuschreiten. Goppel verbittet sich vier Tage später diese „im Telegrammstil" abgefasste Intervention. Andere CSU-Funktionäre dringen indes auf schärfste Verfolgung der „extremistischen Umtriebe".

Ein allzu massives Vorgehen gegen die überwiegend jugendlichen Aktivisten will Polizeipräsident Manfred Schreiber verhindern. Der kann sich dabei auf Rat und Unterstützung durch Oberbürgermeister Vogel und leitende Zeitungsleute stützen. Dem Autor dieses Buches sagt Schreiber später: „Es war eine echte präevolutionäre Phase. Die große Öffnung, woran diese Studenten dachten, haben sie dann auch tatsächlich verwirklicht, sind aber mit ihrem Anspruch und ihrem Verhalten weit über ihr eigenes Ziel hinausgegangen."

Am 14. Februar dringen Mitglieder des SDS, des inzwischen nach links außen gedrifteten Hochschulablegers des SPD, in den Plenarsaal des Maximilianeums ein, wo der Landtag gerade den Etat verabschieden will. Sie fordern in Sprechchören die Freilassung eines Gesinnungsgenossen. Zur Räumung kommt es nur deshalb nicht, weil der SDS-Vorstand die Parole ausgegeben hat, Konflikte mit der Polizei möglichst zu vermeiden.

Ab 18. Februar diskutieren Lehrer in der Katholischen Akademie in Bayern drei Tage lang eine offene Geschlechtserziehung nach dem Motto „Erst das Wissen, dann die Moral". An der Forderung eines Aktionszentrums Unabhängiger und Sozialistischer Schüler nach Sexualunterricht in allen Details und mit allen gesellschaftlichen Bezügen dürfe man nicht etwa den Einbruch der Pornografie in die Schule sehen, mahnte eine Schulleiterin.

Am 31. März diskutieren die Abgesandten von 900000 organisierten Jugendlichen in Bayern auf ihrer Jahrestagung trotz Warnung von Kultusminister Ludwig Huber konkrete Programme gegen den Vietnamkrieg. Als Referent fordert Franz Rieger, der Direktor der Münchner Volkshochschule, auf der Jahrestagung die Jugendlichen auf, Kriegsvorbereitungen notfalls durch aktive Sabotage und Gehorsamsverweigerung zu stören.

Am 6. April beginnt in der Mensa der Münchner TH der 20. Kongress des Verbandes Deutscher Studentenschaften. Drei Tage und halbe Nächte lang diskutieren die gewählten Vertreter von 300000 westlich-deutschen Studenten, manche mit Schiebermützen und Bärten im Stil ihres Idols Fritz Teufel, heiße Fragen der Zeit, bis hin zur Wiedervereinigung Deutschlands. Ziemlich alle Tabus werden gebrochen. Von der West-Berliner Delegation werden die Regierungen der USA und der „von ihr abhängigen Länder" schlicht und pauschal als „Verbrecher" angeprangert. Andere rufen zur Desertation oder zur Sabotage in Betrieben auf. Der Münchner AStA droht darauf mit einer Spaltung des Verbandes Deutscher Studentenschaften. Schließlich einigt sich

Bericht des Autors in der Süddeutschen Zeitung

das turbulente VDS-Parlament auf eine Reihe von Forderungen, die auf die Abschaffung des „Establishments" und eine „permanente Revolution" hinauslaufen.

Am 7. April gibt die Stadt München einen ungewöhnlichen Empfang, bei dem sich die eingeladenen AStA-Vertreter zuerst wie bei einem „Sit-in" auf den Boden setzen. Dann kommt es zu einem „Teach-in" mit heftigem Schlagaustausch und gegenseitiger Belehrung. Der 42-jährige OB Vogel und sein Polizeipräsident Schreiber, der selbst nach dem Krieg mal AStA-Vorsitzender war, parieren auch die heftigsten Angriffe tolerant, verständnisvoll und mit Bravour, sie anerkennen manche Kritik. Der Studentensprecher Klaus Huber resümiert: „Wir haben bewiesen, dass es möglich ist, mit der Studentenschaft gute Gespräche zu führen."

Am 11. April, frühmorgens um 0.25 Uhr, ziehen etwa 250 junge Leute vor das Buchgewerbehaus, wo das Massenblatt *„Bild"* gedruckt wird, skandieren Sprechchöre und schreiben mit grüner Farbe an die Wand: „Springer Mörder". Wenige Stunden zuvor war in Berlin der Studentenführer Rudi Dutschke angeschossen worden. Einige dringen in die Redaktionsräume vor und verwüsten sie. Eine Hundertschaft der Polizei räumt die Schellingstraße.

Am 12. April, einem Karfreitag, werden Lastwagen voll druckfrischer Bild-Zeitungen von einer auf tausend Personen angewachsenen Menge johlend aufgehalten. Ein Wasserwerfer wirft einen studentischen Stoßtrupp samt roter Fahne zu Boden. Wieder wird zügig geräumt.

Am 15. April, Ostermontag sammeln sich nach dem Ostermarsch etwa 2000 Demonstranten, Vor dem inzwischen gut gesicherten Zeitungshaus werden Sitzstreiks organisiert. Weil sie den Verkehr behindern, provozieren sie die jungen, meist von auswärts kommenden Bereitschaftspolizisten. Faustschläge, Magenstöße, einige Frauen werden an Haaren durch die Sperrketten geschleppt.

Um 22.11 Uhr wird der 32jährige Fotoreporter Klaus-Jürgen Frings durch einen nicht mehr identifizierbaren Gegenstand am Kopf getroffen, er stirbt zwei Tage später im Krankenhaus. Der 27jährige Student Rüdiger Schreck wird durch einen Wurf oder Schlag unbekannter Herkunft verletzt, auch er stirbt im Krankenhaus. Auf einer Pressekonferenz erhebt der „Rechtshelfer" und frühere AStA-Vorsitzende (und spätere Terrorist) Rolf Pohle schwere Vorwürfe gegen die „tendenziellen Ermittlungsverfahren".

Am 13. Juni beginnt eine Kommission der Münchner Studentenvertretung, über eine grundsätzliche „Umstrukturierung" zu diskutieren. Die bisherige Zwangsmitgliedschaft solle aufgelöst und ersetzt werden: entweder durch eine Studentengewerkschaft mit freiwilliger und persönlicher Mitgliedschaft oder durch einen Fachschaftenrat nach dem Vorbild des Rätesystems. So hofft man, den verloren gegangenen Kontakt zur Masse der Studierenden wieder herstellen zu können.

Am 9. Juli verlangt der 39-jährige Kultusminister und frühere Staatsanwalt Ludwig Huber auf dem CSU-Parteitag Disziplinarverfahren gegen protestie-

Bericht des Autors auf Seite 1 der Westdeutschen Allgemeinen

rende Studenten, Direktionsstrafen gegen streikende Schüler und Meldung darüber, „welche Hochschullehrer und sonstigen Kräfte … ihren Lehrverpflichtungen nicht nachgekommen sind". Gegen solche Scharfmacherei opponieren junge Abgeordnete, zu denen sich auch Münchner Stadträte und Geistliche gesellen.

Am 24. Juli üben einzelne Studentensprecher in der Evangelischen Akademie Tutzung Selbstkritik an bisherigen „revolutionären Aktivitäten" und räumen die Erfolglosigkeit studentischer Proteste ein. Man könne zum Beispiel nicht Arbeiter zum Widerstand aufrufen, ohne diesen Widerstand für die Studentenschaft selbst wirksam zu organisieren. Die studentische Linke müsste erst ihren anarchistischen Flügel stutzen, bevor sie glaubhaft und wirksam vor der Öffentlichkeit erneut in Aktion treten könne.

Anfang September erzwingen 40 Demonstranten in einem Münchner Lichtspielhaus die Absetzung des amerikanischen Films „Die grünen Teufel", eine Heroisierung des Vietnamkriegs mit John Wayne. „Diesen Nichtstuern muss endlich die Stirn geboten werden," meint der Kinobesitzer und ruft die Polizei. Die nimmt aber nur einige Jugendliche gegen enttäusche Besucher in Schutz.

Anfang Oktober schweben in Zusammenhang mit Demonstrationen und Übergriffen allein in München etwa 400 Ermittlungsverfahren (in Berlin sind es 200). Damit sei erwiesen, argwöhnt Pohle, „dass man versucht, mit politisch motivierten Maßnahmen der Justiz die APO und die Hochschulaktivitäten der Studenten zu kriminalisieren". Einige der Kinder der Revolution wollen dagegen eine neue Strategie erarbeiten. Zu dem Zweck holt man wieder mal Fritz Teufel nach München, der bisher Gefängnisstrafen zwischen fünf Wochen und acht Monaten sowie zahllose Ordnungsstrafen kassiert hat.

Am 12. Oktober gründen 30 Mitglieder des SDS und andere junge Widerständler auf der Terrasse des Fernsehturms ein „Komitee zur Verhinderung der Olympischen Spiele in München". Amtmann Ernst Floth vom Polizeipräsidium stöhnt: „Diese Leute werden uns wohl die nächsten vier Jahre beschäftigen." Befürchtet wird sogar die Sprengung des Olympiaturms.

Ende Oktober häufen sich die Zahlen der Wehrdienstverweigerer und der Versuche, den Kasernen zu entfliehen. München nimmt dabei einen Spitzenplatz ein. Deshalb hat Kardinal Döpfner im Auftrag der Deutschen Bischofskonferenz einen Beratungsdienst für Kriegsdienstverweigerer aus Gewissensgründen eingerichtet. „Es vergeht kaum ein Tag, an dem nicht ein junger Mann zu uns kommt," sagt der zuständige Jesuitenpater dem Autor dieses Buches.

Am 8. November dringen jugendliche Kommunarden im Revolutionskostüm während eines Juristenballs ins Foyer eines Münchner Nobelhotels ein. Das „Go-in" soll Auftakt einer neuen Aktionswelle sein, wie kurz zuvor bei einem „Teach-in" in der TH auf Anregung des (später rechtsradikalen) APO-Anwalts Dr. Horst Mahler beschlossen wurde. Über die jüngsten „Terrorurteile" wollen die Hotelbesetzer mit den Juristen diskutieren, aber

Kölner Stadt-Anzeiger — Nr. 264

BLICK IN DIE ZEIT

In der Bundesrepublik schweben noch rund zweitausend Verfahren gegen aufsässige Studenten und andere Demonstranten der Außerparlamentarischen Opposition. Trotzdem — oder deswegen — hat die APO ein neues Ziel ins genommen: die deutsche Justiz. In München began neue Kampagne mit einem Sturm auf den Ball der Juri

Die APO will der Justiz an den Kragen

In München neue Aktionen geplant

Von unserem Korrespondenten Karl Stankiewitz

München — Ein bärtiger Zwerg, neuestes Revolutionsmaskottchen in München, feixte die feinen Damen durch die Glasscheibe an, hockte sich dann aufs Dach eines weißen Straßenkreuzers und krächzte: „Ich bin der Größte". Nach diesem Vorspiel im Stil des absurden Theaters versuchte der radikale Kader der Münchner Studentenschaft, verstärkt durch Genossen aus Berlin, die Türen des Münchner Nobelhotels einzurennen.

Andere leisteten Schützenhilfe, indem sie die elegante Fassade mit Eiern, Plastikbällen und Farbbeuteln bombardierten. Ein größerer Chor im Hintergrund drehte indessen die Ho-Ho-Ho-Gebetsmühle und brach in die neuartige Forderung aus: „Wir wollen tanzen!" Denn drinnen war Juristenball.

In zwei Marschsäulen waren die Revolutionsdarsteller von der Universität und der Technischen Hochschule her angerückt. Unterwegs hatten sie noch ein bißchen die Fenster des Amtsgerichts zertrümmert und eine Revolutionsfeier der SPD gestört. Doch nur wenigen, unter ihnen Fritz Teufel und seinen Kommunarden, gelang der Durchbruch durch die Ketten der Kellner und Polizisten bis ins Hotelinterieur. Sie wollten mit den tanzenden Juristen über die

er mit einer kunterbunten internationalen Society, die teilweise im Smoking und Abendkleid steckte. Aus dem Ballsaal erklang Walzermusik, draußen lärmten Genossen und Polizeilautsprecher.

Das Go-in im „Bayerischen Hof" war der Auftakt für eine neue Welle studentischer Aktivität in Deutschland. Wenige Stunden zuvor hatten die Rebellen — nach Wochen der Verwirrung, der Besinnung und der Selbstkritik — wieder Schritt zu fassen versucht. Bei einem Teach-in in der Münchner Universität legten sie die neue Marschrichtung fest.

Eine der drei tragenden Säulen des Staates, die Rechtsprechung, soll nunmehr angegriffen und nach Möglichkeit ins Wanken gebracht werden. Die theoretischen Waffen verteilte APO-Anwalt Horst Mahler in München: „In zunehmendem Maße wird die Universitäts-

ZU NEUEN TATEN schritt Fritz Teufel (links), als in München die gerichteten Studenten zu Aktionen gegen die Justiz aufriefen. Auch Rechtsanwalt Mahler (rechts) erteilte Ratschläge.

volte mit Mitteln der staatlichen Justiz diszipliniert. Wir müssen uns überlegen, mit welchen Mitteln wir dieses Konzept durchkreuzen können."

Mahler hat in Berlin, zuletzt wieder beim Schnellgerichtsverfahren gegen die handgreifliche Beate Klarsfeld, bittere Erfahrungen sammeln können: Tatbestände des Haus- und Landfriedensbruchs würden „exzessiv" ausgelegt. Manche Gerichte urteilten in Studentenprozessen nicht mehr nach dem Wortlaut des Gesetzes, sondern nach der überholten Rechtsprechung der Kaiserzeit.

„Ganz von vorn beginnen"

Damit werde die Rechtsordnung zur „domestizierten Gewalt", dozierte der Rechtsanwalt der Linken. Die Richter würden zu blinden Funktionsträgern des Systems. Die Lösung der sozialen und politischen Konflikte werde mehr und mehr der Justiz überantwortet.

Macht", der Justiz. Die Welle von Ermittlungsverfahren und Urteilen, von denen einige vom Gericht ungeniert als „abschreckend" bezeichnet wurden, hat die Rebellen fürs erste verschreckt. „Betroffen sind ja nicht nur die, gegen die ermittelt wird", räsonierte Referendar

Maßnahmen der Justi Außerparlamentarische C tion und damit auch die schulaktivitäten der Stu zu kriminalisieren", argv Rechtshelfer Pohle, der 150 Verfahren in Zusa hang mit den Osterun übernommen hat.

Einige der gebrannten der Revolution entwi nun unter dem Beifall vo tausend Kommilitonen neuen Schlachtplan, der dings stark defensive trägt. „Wir müssen wied vorn beginnen, um eine volle Studentenbewegu werden", meinte ein S namens Studinski. „Wir chen jetzt eine ausgea Strategie, an der es uns l Notstandsbewegung hatte."

Als Oberstratege wa Teufel (bis jetzt Gefäng fen zwischen fünf Woch acht Monaten, dazu un Ordnungsstrafen) nach M eingeflogen.

Bericht des Autors im Kölner Stadtanzeiger

die tanzen lieber. Hausherr Falk Volkhardt bietet dem Anführer Fritz Teufel einen Whisky an, aber der fordert: „Whisky für alle." Polizisten, erstmals mit Gesichtsschutz, müssen räumen.

Am 30. November hält der Kriminologe Dr. Dr. Armand Mergen in der neu gegründeten Bayerischen Akademie für Arbeitsmedizin, einen Vortrag über Subkulturen. Solche hätten sich immer dort entwickelt, wo Minderheiten des Volkes durch ihre Herkunft, Verhaltensweisen oder Anschauungen von der Norm der Volksmajorität abwichen. Als Beispiele nennt Mergen die Juden, die Freimaurer, die Homosexuellen – und neuerdings „weite Kreise der Jugend". Trotz der allgemeinen Tendenz, diese neue Subkultur zu diskriminieren („Schaut euch diese Typen an") könnte sie allmählich normbildend für die Gesamtgesellschaft werden.

Am 5. Dezember marschieren 4000 Ingenieur-Studenten vor der großen Messehalle auf, um beim CSU-Parteitag gegen den Kultusminister und stellvertretendem Parteivorsitzenden Ludwig Huber zu protestieren. Aber der steht zur selben Zeit am Rednerpult, um gegen die Kulturpolitik der CDU zu polemisieren. So lassen sich die Studenten, denen es nicht um die Revolution, sondern nur um die Reform des Ingenieurgesetzes geht, vom Landesvater Goppel mit freundlichen Worten abspeisen. Ihre Transparente („Keine Exkremente") können sie einrollen. Im Entwurf eines neuen Grundsatzprogramms, der dem Parteitag vorliegt, ist die Veränderbarkeit von Mensch und Umwelt festgeschrieben – offenbar nicht unbeeinflusst durch den Jugendprotest des ablaufenden Jahres.

In der bürgerlichen Gesellschaft erblüht gleichzeitig eine weniger militante, durchaus sympathische Jugendbewegung.

Die Blumenkinder

Beifallstornados durchrasen den riesigen Theatersaal im Haus des Sports an der Briennerстраße. Der Parkettboden dröhnt unter dem Trampeln der tausend Zuschauer. Am Schluss stürmen Begeisterte die mit Blumen und Konfetti übersäte Bühne, um sich in einem orgiastischen Beat zu vereinen mit den jugendlichen Darstellern aus aller Welt. „Die fröhliche Revolution unter die Leute bringen," hat eines der Blumenmädchen eben noch verkündet. Bis in die Nacht hinein tanzen Publikum und Ensemble gemeinsam zu den Klängen des Songs: „Let the sunshine in".

Mit der Deutschland-Premiere des amerikanischen Musicals „Hair" am 24. Oktober 1968 hat eine neue Jugendkultur mit Glanz und Gloria ihren Münchner Höhepunkt erreicht. Ihre Anhänger, die sich „Hippies" nennen und ihren Ursprung in San Franciscos „Flower Power" haben, tummeln sich schon eine Weile in der Stadt, wo sie allenfalls belächelt werden. Man hält sie

Heimkehr der Blumenkinder

Im Literaturhaus erinnert Stefan Moses an die Münchner Hippies – die Ende der 60er Jahre ihre Zelte in München aufschlugen

Von Karl Stankiewitz

Sie fläzen zu dritt in einem Sessel, sie bilden einen Kreis am Boden und meditieren, sie knutschen und sie küssen sich, wobei es aufs Geschlecht nicht ankommt. Der eine oder die andere dreht sich einen Joint. Sie plakatieren „Viva la Revolucion". Die Frauen tragen fußlange Oma-Kleider und darüber bunte Halsketten, die Männer hohe Stiefel und hohe schwarze Hüte à la Django. Die Haare sind überlang oder gekräuselt. Manchmal sind die Brüste frei – oder man/frau stellt sich der Kamera gleich ganz nackig. Die meisten dieser jungen Leutchen schauen unendlich traurig drein, andere lachen fröhlich.

Bilder aus einer anderen Welt, aus einer anderen Generation, aus einer anderen Zeit – aus der Zeit der Hippies. Stefan Moses, der Münchner Meisterfotograf, hat sie in den späten 60er Jahren in seiner Heimatstadt aufgenommen und fast zuhause verwahrt. Erst jetzt, zum Auftakt des 50. Jubiläums des „68er-Revolte", in dem Moses 90 Jahre alt wird, stellt das Literaturhaus die wiederentdeckten „Blumenkinder" in großen Formaten zur Schau (AZ berichtete).

Mit den „Gammlern" kam die Bewegung nach München

München war – nach San Francisco und zeitgleich mit Amsterdam, Kabul, Kathmandu und Poona – eine der Drehscheiben der weltweiten Hippie-Bewegung. Angefangen hatte sie mit den „Gammlern", die es ab Herbst 1966 in die „Weltstadt mit Herz" lockte. Deren Residenz war der Monopteros, ihre Bühne die gleißende Leopoldstraße. Hier wie dort erschreckten, amüsierten, provozierten sie die braven Bürger – allein schon durch ihr betont schmuddeliges Aussehen und den Müßiggang.

Sie spielten Fangermandl mit der Polizei. Die versuchte zunächst nur, den unliebsamen und meist minderjährigen Zugvögeln „durch ständige Kontrol-

Flower-Power: Hippie-Fest in Kay Wörschings (Mitte) erstem Lokal „Drop in" in der Geyerstraße im Jahre 1968.   Foto: Heinz Gehbardt

len den Aufenthalt zu verleiden", wie Polizeirat Bleihofer es damals ausdrückte.

Mehr schien nicht geboten. Einer der Kontrollierten durfte sogar sein Umhängeschild behalten mit der Verkündigung „Jesus war der erste Gammler". Bis zum Ende des Jahres wurden aber doch 735 Unangepasste, darunter 135 weibliche, polizeilich bearbeitet: aufgegriffen, verwarnt, vorläufig festgenommen, dem Schnellrichter zugeführt, heimgeschickt in ihre bundesdeutsche Provinz, als illegale Einwanderer abgeschoben. Als sich der Herbst der Gammler dem Ende zuneigte, verkündete die Abendzeitung am 6. November 1966: „Der Winter jagt ihnen Angst ein" – den Bettlern und Streunern ohne Dach und Geld riet die AZ, nun „nach Kreta und Ibiza" auszuwandern.

Die heimische Straßen-Szene indes wurde bald neu belebt. Aus grauer Städte Mauern, wie zu Zeiten des „Wandervogels", von weither oft, wanderten sonderbare junge Leute nach

Das Münchner Hippie-Zentrum: die „Insel" in der Herzogstraße, Ecke Siegfriedstraße.   Foto: Heinz Gehbardt

München. Anders als die artverwandten Kellerkinder, die Gammler, sammelten sich diese „Blumenkinder" nicht in düsteren Kneipen, sondern scharten sich, tänzelnd und singend, auf Liegewiesen oder freien Plätzen, am liebsten auf der „Schwabinger Insel", Ecke Herzog-/Siegfriedstraße.

Sie trugen wallende Gewänder in allen Farben des Regenbogens, gern auch Fellwestchen, Samt und Fransen, lange, aber gepflegte Haare oder einen Wuschelkopf im Afro-Look sowie eine stets freundliche Miene. Ihre lockeren Sprüche waren oft angeregt durch einen Joint oder irgendeinen „psychedelischen" Stoff. Kenner kultivierten berauschende Hanfpflanzen im Blumentopf auf dem Balkon.

Im Gegensatz zu den nachfolgenden „68ern" predigten sie keine Veränderung der Gesellschaft, sondern die Befreiung jedes Einzelnen von den Zwängen der Gesellschaft. Sie waren zwar – besonders wegen des Vietnam-Kriegs – politisch angehaucht, aber frei von Ideologien.

Stattdessen waren sie voller Utopien, die sie in fröhlichen Liedern verkündeten oder in schönen Slogans wie „Make Love not War". Das praktizierten Münchens Hippies bei „Love-ins" oder in Kommunen, von denen die mit Rainer Langhans und Uschi Obermaier einige Berühmtheit erlangte und noch lange währte.

Mehr Frauen als Männer suchten die „Erleuchtung" auf dem Hippie-Trail nach Indien, Afghanistan und Nepal. Nach dem Tod ihres Propheten, des Harvard-Professors Timothy Leary, holten sie dessen Asche nach München. Hier residierte zeitweise auch der indische Bhagwan, den sie als Guru verehrten, bis er wegen Steuerflucht Reißaus nahm. Temur Samy, Bruder des tödlich abgestürzten Schwabing-Kings Anusch Samy, scheiterte mit seinem Versuch, die Blumenkinder in eine neue Bewegung einzubinden, in der die Farbe Weiß als Zeichen des Friedens dominieren sollte.

Das Musical „Hair" wurde zum kulturellen Highlight

Die Premiere des amerikanischen Musicals „Hair" am 24. Oktober 1968 im Theater an der Brienner Straße war ein absolutes Highlight der deutschen Hippie-Bewegung. Jetzt war sie als neue Jugendkultur mit Glanz und Gloria in der Münchner Gesellschaft angekommen. Nicht nur wegen der Szene mit 30 Freikörpern, die von der Behörde offiziell geduldet wurde.

Aus der damaligen Kritik des Autors: „Beifallstornados durchrasen den riesigen Theatersaal im Haus des Sports in der Brienner Straße. Der Parkettboden dröhnt unter dem Trampeln der tausend Zuschauer. Am Schluss stürmen die Begeisterten die mit Blumen und Konfetti übersäte Bühne, um sich in einem orgiastischen Beat zu vereinen mit den jugendlichen Darstellern aus aller Welt. „Die fröhliche Revolution unter der Leute bringen" hat eines der Blumenmädchen verkündet. Bis in die Nacht hinein tanzen Publikum und Ensemble gemeinsam zu den Klängen des Songs: ‚Let the sunshine in'."

Das Stadtmuseum veranstaltete dann noch eine Ausstellung namens „Beispiele", die nach den Worten des Präsidenten der Kunstakademie, Paolo Nestler, den Einfluss der Hippies auf die Massenkultur verdeutlichen sollte. Die Farbe Orange, hieß es da, steigere die Lust. Der Einfluss auch auf die Kleidermode dauert bis heute an.

Und ein paar Revival-Meetings hat es in München und Umgebung auch noch gegeben, wobei die vertrauten Melodien erklangen: aus „Hair", von den Beatles, den Stones, von Bob Dylan und Jimi Hendrix. Auch in der Musik hat die Hippie-Kultur die Zeiten überdauert.

Das Literaturhaus München schenkt Hippies von damals, die sich in der noch bis 25. Februar 2018 dauernden Ausstellung „Blumenkinder" wiedererkennen, das Originalfoto von Stefan Moses.

Drei Bilder aus der Ausstellung: Die freie Liebe war ein großes Thema der Hippies.

Ganz schön lockig: Der Afro-Look war bei den Blumenkindern beliebt.

Ob sich dieses Paar wohl noch erkennt, wenn es das Bild im Literaturhaus betrachtet? Fotos (3): Stefan Moses

für Tagträumer und nennt sie „Blumenkinder" – wegen ihrer Aufmachung: wallende Gewänder in allen Farben des Regenbogens, Fellwestchen, Samt und Fransen, lange, aber gepflegte Haare oder Wuschelköpfe, stets freundliche Miene und lockere Sprüche, oft angeregt durch einen Joint oder irgendeinen „psychedelischen" Stoff.

Anders als die artverwandten Kellerkinder, die Gammler, sammeln sich Münchens Blumenkinder nicht in düsteren Kneipen, sondern scharen sich, tänzelnd und singend, auf Liegewiesen oder freien Plätzen der Stadt,, am liebsten auf der „Schwabinger Insel", Ecke Herzog-Siegfriedstraße. Und im Gegensatz zu den „68-ern" predigen sie keine Veränderung der Gesellschaft, sondern die Befreiung jedes Einzelnen von den Zwängen der Gesellschaft. Sie sind zwar – besonders wegen Vietnam – politisch angehaucht, aber frei von Ideologien. Statt dessen voller Utopien, die sie in fröhlichen Liedern verkünden oder in schönen Slogans wie „Make Love not War".

Münchens Hippies veranstalten „Love-ins" und gründen Kommunen, wovon die mit Rainer Langhans und Uschi Obermaier einige Berühmtheit bekommt und lange währt. Sie praktizieren den Partnertausch ebenso wie den totalen Pazifismus. Wer es sich leisten kann – die meisten entstammen der Mittelklasse – sucht die „Erleuchtung" auf dem Hippie-Trail nach Poona, Kabul oder Kathmandu. Nach dem Tod ihres verstorbenen Propheten, des Harvard-Professors Timothy Leary, holen sie dessen Asche nach München. Hier residiert zeitweise auch der tonangebende Bhagwan, den sie als Guru verehren, bis er wegen Steuerflucht reißaus nimmt. Temur Samy, Bruder des tödlich abgestürzten Schwabing-Kings Anusch Samy, scheitert mit seinem Versuch, die Blumenkinder in eine neue Bewegung einzubinden, in der die Farbe Weiß als Zeichen des Friedens dominiert.

Schnell und ganz zwanglos gelingt es den Hippies, in grauer Städte Mauern eine bunte Gegenkultur zu verbreiten. Als immer mehr Münchner den Wehrdienst verweigern und das Amt für Öffentliche Ordnung die Nacktszene im Musical „Hair" offiziell duldet, veranstaltet das Stadtmuseum eine Ausstellung „Beispiele", die nach den Worten des Präsidenten der Kunstakademie, Paolo Nestler, den Einfluss der Hippies auf die Massenkultur verdeutlicht. Die Farbe Orange, heißt es, steigere die Lust. Der Einfluss auf die Kleidermode dauert bis heute an. Und ein paar Revival-Meetings hat es in München auch noch gegeben, wobei die vertrauten Melodien aus „Hair", von den Beatles, den Stones, von Bob Dylan und von Jimi Hendrix erklangen.

1969 – das Nachspiel

Die Unruhen aber dauern noch das ganze Jahr 1969 in München an, manchmal eskalieren sie. Noch geschieht das aber im Rahmen einer demokratisch begründbaren Emanzipationsbewegung der nachgewachsenen Generation. Nur kleine Teile radikalisieren sich, daraus wird in den nächsten Jahren der Terrorismus hervorgehen. Die Aktivisten übernehmen eine von der lateinamerikanischen Guerilla übernommene Parole: „La lotta continua" – Der Kampf geht weiter!" Und wieder steht die Jugend, steht diese Stadt München mit im Zentrum des Geschehens, das hier kurz und kalendarisch wiedergegeben sei:

Januar 1969: An der Uni wollen Studenten ein neues „Basismodell" durchsetzen; angestrebt wird ein Rätesystem, das die Wissenschaft samt ihrer gesellschaftlichen Funktion neu bestimmen soll.

Die CSU möchte den „Import" außerbayerischer Studenten beschränken, um die Ruhe an den heimischen Hochschulen wiederherzustellen.

An der Pädagogischen Hochschule wird erstmals in Deutschland „antiautoritäre Erziehung" unter professoraler Anleitung praktiziert.

Februar: Rund 120 Studenten besetzen die Akademie der Bildenden Künste, alle werden sofort festgenommen und erkennungsdienstlich fotografiert. Das Kultusministerium schließt die Akademie, weil es die „Aufrechterhaltung eines Mindestmaßes an Ordnung nicht mehr gewährleistet" sieht. In der Universität besetzen 200 Studenten während einer Senatssitzung die Rektoratsräume.

Münchner Gymnasiasten arbeiten am Fundament einer „Gegenschule", in der Sachverhalte von den Schülern gemeinsam erarbeitet werden sollen.

Die Evangelische Akademie in Tutzing versucht, Schüler der Oberstufen an bayerischen Gymnasien mit den Revolutionstheorien kritisch vertraut zu machen. Tagungstitel: „mao tse-tung ho tschi minh che guevara".

Studenten „befreien" bestimmte Gebäude und bemalen sie mit revolutionären Parolen, andere rufen zur Aktion „Rettet die Münchner Fassaden" auf.

Der Bund der Deutschen Katholischen Jugend veranstaltet ein „SDS-Palaver" und wehrt sich gegen Kritik: Zur Diskussion seien heute nicht nur fromme Sprüche notwendig, sondern die Kenntnis der Argumente und Begriffe der Anderen.

März: Eine „Aktion Schwabinger Abend" heuert Studenten an, um gegen „anachronistische", durch die Polizei exekutierte Ladenschlussgesetze mobil zu machen.

Die bayerische SPD unternimmt einen neuen Vorstoß, um endlich die körperliche Züchtigung als „pädagogisches Erziehungsziel aus der Zeit des autoritären Staates" abzuschaffen; die CSU windet sich: von der entsprechenden Bestimmung werde ja kaum mehr Gebrauch gemacht.

Mehr als ein Drittel der bayerischen Jugendlichen im Alter von 17 bis 19 Jahren hat eine eher negative Meinung über die Polizei, ergibt eine Umfrage der Wickert-Institute. 77 Prozent der Abiturienten und Hochschüler meinen, die Polizei solle gegenüber Demonstranten „großzügiger" sein, während 59 Prozent der Bayern insgesamt für ein energischeres Vorgehen sind.

April: Proteste von Studenten und Assistenzärzten vor Ort verhindern die Wiederwahl des vermeintlich autoritären Professors Maurer zum Präsidenten der Deutschen Gesellschaft für Chirurgie.

Mai: Um die traditionelle Mai-Kundgebung gibt es ein Gerangel zwischen dem DGB und der APO, die den Königsplatz vorzeitig gemietet hat, um die „konkrete Zusammenarbeit zwischen Arbeitern und Studenten" zu erzwingen. Gewerkschaftsfunktionäre drohen „Prügel von Arbeiterfäusten" an. Das Ordnungsamt entscheidet schließlich, dass der Platz „kraft Gewohnheitsrecht" allein dem Gewerkschaftsbund zustehe.

„Wir machen nichts anderes als die APO, wir brechen aus dem erstarrten System aus und mobilisieren die Jugend," verkünden die Samy-Brüder bei der Eröffnung ihres siebten Lokals in München. Nächstes Projekt ist ein Diagnosezentrum nach Art der Mayo-Klinik, ein „TÜV für Menschen".

Juni: Auf einem gemeinsamen Plakat rufen die Studentenausschüsse von fünf Münchner Hochschulen zu einer Kundgebung gegen den Entwurf eines Hochschulgesetzes auf dem Königsplatz. Motto: „Zerschlagt die reaktionäre Bildungspolitik der CSU".

Juli: Nach einem 23 Stunden dauernden Hearing und viel Krach auf der Straße beginnen im Landtag die Beratungen über das neue Hochschulgesetz.

Der Entwurf sieht den Ausschluss von „Störern" bis zu drei Jahren vor. Aus Protest treten die Studierenden der meisten Münchner Hochschulen noch einmal in einen Vorlesungsstreik.

In einem Demonstrationszug machen Jungärzte auf ihre Probleme aufmerksam und erzwingen durch Unterschriften eine außerordentliche Mitgliederversammlung der Münchner Ärzteschaft, die nach Angriffen gegen „selbstherrliche Chefärzte" und heftigen Tumulten vorzeitig zu Ende geht.

Schüler des Oskar-von-Miller-Gymnasiums drehen einen 35-Minuten-Film zum Thema Liebe, um Eltern und Lehrer „aufzuklären". Als sie Plakate dafür kleben, kommt die Funkstreife, die dann aber die Werbung genehmigt.

- September: Im Wahlkampf droht der CSU-Vorsitzende und Bundesfinanzminister Strauß jungen Zuhörern: „Noch ein solcher Zwischenruf, und Sie fliegen raus." Die „Tiere", als die sich die APO-Leute in Bamberg gebärdet haben sollen, werden nun zu „Viechern" und „Faschisten". Strauß zieht noch einmal alle Register gegen die „Prediger der Revolution, die unser Vaterland zugrunde richten, wenn wir ihnen nicht das Handwerk legen". Namentlich nennt er Günter Grass.
- November: Auf der Internationalen Jugendbuchausstellung zeigt sich ein neuer Trend: „Die heile Welt der Bilderbücher verschwindet, dafür werden den Kindern reale Probleme, etwa Fragen der modernen Gesellschaft und vor allem der Rassen, deutlich gemacht," sagt Walter Scherf, der stets engagierte Direktor.
- Dezember 1969: Mit einem scharfen Ruck nach links übernehmen die 150 000 Jungsozialisten auf ihrem Münchner Bundeskongress die selbstbestimmte neue Funktion als „innerparteiliche Opposition" (so der Titel einer Programmschrift) und als „Avantgarde der SPD". Bundesgeschäftsführer Wischnewski wird als Redner absorviert, der „rote Steffen" wegen warnender Worte ausgebuht, der im Bundestag sitzende bisherige Juso-Vorsitzende Cortier abgewählt. Die Parteiführung erwägt, nachdem schon ihr Studenten-Ableger SDS verloren ging und durch einen neuen ersetzt wurde, die Gründung einer neuen Jugendorganisation.

1970 – Jahr des Terrors

Vierhundert Polizisten unter Führung ihres stets besonnenen Präsidenten Dr. Manfred Schreiber erkämpfen am 2. Mai 1970 mit Schlagstöcken etwa 300 regierungstreuen Griechen – gegen den Widerstand von rund 600 jugendlichen Demonstranten und griechischen Gastarbeitern – den Zugang zum Bürgerbräukeller. Dabei kommt es zum ersten Mal seit langer Zeit wieder zu schweren tätlichen Auseinandersetzungen. An den drei Fronten gibt es insgesamt elf Verletzte. Elf Personen werden von Greiftrupps vorläufig festgenommen.

Der scheinbar abgeklungene Jugend- und Studentenprotest hat mit Beginn des neuen Jahrzehnts eine neue Dimension erreicht. Hatten sich seine supranationalen Attacken bisher im Wesentlichen gegen den „amerikanischen" Krieg in Vietnam gerichtet (über dessen Beendigung zu dieser Zeit international verhandelt wird), so dehnen sich diese jetzt auf autoritäre Staatsstrukturen überall auf dem Globus aus. Mit einer Ausnahme: Die komplette „sozialistische Welt" bleibt verschont. Der Großangriff erfolgt von links außen.

Vorbei scheint es wieder mit der mühsam hergestellten Ruhe. Zu dieser Ruhe beigetragen hat, außer der liberal angepassten Taktik der Polizei, eine informelle Bürgerrunde, die öfter in der Grütznerstube des Rathauses zum Meinungsaustausch über die „Unruhe in der Jugend" diskutiert. Teilnehmer: die Rektoren der Hochschulen, die Partei- und die Gewerkschaftsführer, die Chefredakteure der Münchner Zeitungen, der Stadtpfarrer und Nobelpreisträger Werner Heisenberg. Die Moderation obliegt dem Oberbürgermeister Hans-Jochen Vogel. Zufrieden kann er zwei Jahre später in seinen Amts-Erinnerungen feststellen: „Sogar Fritz Teufel, der in anderen Städten noch immer für einen Krawall gut war, brachte in München nichts mehr auf die Beine." Die Polizei aber nimmt den Politclown wegen versuchter Brandstiftung beim Leeren eines Briefkastens fest.

Plötzlich ist also Schluss mit lustig. Neue, schlagkräftigere, disziplinertere Gruppen wie die „Roten Garden", „Spartakus" und sogar eine „Schülerfront" haben sich organisiert, um neue Fronten aufzumachen, während der bislang tonangebende, aber ideologisch zerrissene Deutsche Studentenbund sich im März 1970 auch in München aufgelöst hat. „Ihre Aktionen waren überlegter, besser geplant und deshalb gefährlicher," kommentiert der involvierte Vogel.

Bericht des Autors in der Allgemeinen Zeitung Mainz

Mühsam hat sich der OB auch seiner streitbaren Jungsozialisten zu erwehren, die ihn mit schier revolutionären Forderungen bedrängen: Nulltarif im öffentlichen Nahverkehr, radikale Bodenreform, „Stopp der Abrissorgie" und dergleichen.

In demokratischen Organisationen – insbesondere in der seit Februar nach ganz links gewählten, deutlich verjüngten Vorstandsriege der Münchner SPD – finden die jungen Revoluzzer nicht nur Sympathien, sondern sogar Unterstützung. Außerdem finden sie für ihren „Krieg gegen Kriegstreiber und Imperialisten" neue, notfalls zupackende Bundesgenossen: im Heer der Gastarbeiter. Woche für Woche kommen nunmehr 4000 bis 4500 ausländische Arbeiter mit Sonderzügen auf Gleis 11 des Hauptbahnhofs an: erst Italiener, dann Griechen, Jugoslawen, Spanier und schließlich Türken. Mit den gebotenen Lebensumständen sind längst nicht alle der 83 000 Gastarbeiter zufrieden, die Mitte 1970 im Großraum München gemeldet sind. Ein Potenzial, reif zur Agitation.

Der Kampf – dieser Begriff wird unreflektiert benützt – beginnt also an der griechischen Front. Die Kundgebung zum dritten Jahrestag des Militärputsches in Athen sind trotz heftiger Proteste genehmigt worden. So haben der neue SPD-Vorsitzende Helmut Meyer vor der „ungeheuerlichen Verhöhnung des demokratischen Gastlandes" und Gewerkschaftssprecher vor Zusammenstößen gewarnt. Während Studenten und Gastarbeiter alle Eingänge (zum historisch belasteten, inzwischen abgerissenen) Bürgerbräukeller blockieren, müssen blutjunge Schüler der Bereitschaftspolizei durch Ausfälle versuchen, den hereindrängenden Regime-Griechen eine Gasse zu bahnen.

Der 19-jährige Wolfgang Rössler, der in den Bauch getrampelt wurde, bleibt an der S-Bahn-Baustelle liegen und spuckt Blut. Stöhnend stimmt er in den überall zu hörenden Schlacht- und Schandruf ein: „Deutsche Polizisten schützen die Faschisten". Es dauert lange, bis Sanitäter den Verwundeten abtransportiert haben. Nach Ende des Scharmützels zieht der harte Kern der Demonstranten zum Polizeipräsidium, um noch ein paar Fensterscheiben zu zertrümmern und gegen den „Willkürakt" zu protestieren. Fünf Tage später organisiert der Allgemeine Studentenausschuss eine Kundgebung, die zum polizeilichen Großeinsatz mit drei Verletzten und vielen Festnahmen führt.

Monatelang machen sich auch die „Tupamaros", die sich nach einem Vorbild in Uruguay benannten, in München bemerkbar. Mehrere Brandanschläge auf Justizgebäude, Lehrlingswerkstätten, ein amerikanisches Shopping Center und den US-Konsul werden ihnen zugeschrieben. Meist hinterlassen die politisch bemäntelten Kleinkriminellen revolutionäre Sprüche wie: „Macht kaputt, was euch kaputt macht!" Sogar die Pop-Kommunarden Rainer Langhans und Uschi Obermaier werden von ihren ehemaligen Gesinnungsgenossen erpresst; als „Knechte des Kapitals" müssen sie 2500 Mark zahlen. Die Münchner Redaktion einer Nachrichtenagentur erhält ein Schreiben, das die Entführung der Fußballstars Beckenbauer und Seeler ankündigt. Selbst Razzien in Zentren von Ultralinken bringen die Polizei nicht auf die richtige Spur.

„La lota continua" – der Kampf geht weiter, drohen dessen Anführer gern auf Spanisch. Am 1. August 1970 demonstrieren Schüler, Studenten und spanische Gastarbeiter gegen das Franco-Regime. Am 7. August führen 500 Münchner Studenten einen Marsch an, der die „Verschärfung des Terrors durch das Schah-Regime" noch einmal aufspießt. Auf dem Bundeskongress von Amnesty International in München wird indes beschlossen, politischen Gefangenen nur dann zu helfen, wenn sie keine Gewalt angewendet oder dazu aufgerufen haben. Jüngere AI-Mitglieder fordern die Gründung eines „Internationalen unabhängigen Indianerkomitees". Mehrere Verletzte gibt es bei einer Demo gegen den Einmarsch der Amerikaner im fernen Kambodscha.

Münchens politischer Nachwuchs operiert erstmals global, während der künstlerische Nachwuchs Flankenschutz leistet. Rainer Werner Fassbinder (25), Franz Xaver Kroetz (24) und Martin Sperr (26), alle der Heimat entsprossen, wagen sich an gesellschaftliche Tabu-Themen. Philip Arp (mit dem der Autor dieses Buches einst auf der Schulbank saß) bringt Ernst Tollers aufrührerisches Drama „Masse Mensch" in sein Theater am Sozialamt, ein ehemaliges Tröpferlbad. Und Franz Josef Degenhardt begeistert die Münchner Jugend mit knallroten Kampfliedern wider die neuen Kriege in der Dritten Welt.

Immerhin, dieser politisch brisante Sommer 1970 beschert der werdenden Olympia-Stadt auch ihr erstes großes Pop-Festival. Rund 13 000 Fans vergnügen sich am 10. Juli auf dem zur Umgestaltung bereiten Oberwiesenfeld. „Laut, aber friedlich," wie die überstrapazierte Polizei meldet.

Das grosse Bauen

Auferstanden aus Ruinen

Das neue München wurde 1946 im 6. Stock des alten Hochhauses an der Blumenstraße geplant. Vom Februar bis zum Mai arbeitete Stadtbaurat Karl Meitinger an seinen „Vorschlägen zum Wiederaufbau". Schon während des Krieges habe er einige Gedanken dazu niedergeschrieben, verrät mir sein Sohn Otto Meitinger. Bei der endgültigen Fassung, die Oberbürgermeister Karl Scharnagl am 14. August dem Stadtrat vorlegte, musste er sich auf 64 Seiten beschränken. „Für ein umfassenderes Dokument reichte die Papierzuteilung der amerikanischen Militärregierung nicht," sagt der 87jährige Architekt und Denkmalpfleger Otto Meitinger, der für den Wiederaufbau der Residenz verantwortlich und acht Jahre lang Präsident der Technischen Universität war.

Mit dem Übergang von Thomas Wimmer auf den gerade 34 Jahre alten Hans Jochen Vogel im Oberbürgermeisteramt im März 1960 wurde der Wiederaufbau durch eine neue Stadtentwicklung abgelöst.

Die Denkschrift ist gewissermaßen der bauliche Grundstein der heutigen Stadt, die zwar neue Räume erschlossen, in ihrem Kern aber die Gestaltung des 14. Jahrhunderts bewahrt hat. Und sie war eine entscheidende Rettungsaktion. Bei aller gebotenen Sachlichkeit blieb der am 1. Juli in den Ruhestand gehende Stadtbaurat, der schon in der NS-Zeit im Amt war, nicht frei von Emotionen. Der „große Schadensfall" ließ ihn schier verzweifeln: „Schmerzerfüllt stehen wir vor den Trümmern unserer Altstadt ... Es ist fast alles zerstört." (Tatsächlich war das historische Zentrum zu 90 Prozent den Bomben zum Opfer gefallen, die Bausubstanz Münchens insgesamt zu 45 Prozent vernichtet; trotz anhaltender Evakuierung fehlten 120 000 Wohnungen).

Es mache keinen Sinn, diese Stadtruine an Ort und Stelle wiederaufzubauen, hatten 1945 nicht wenige Politiker und Leute vom Bau gemeint. Zumindest die Kernstadt mit ihren wichtigsten Funktionen (Dienstleistungen und Einkaufen) könnte ins Kasernenviertel verpflanzt werden, so einer der Expertenvorschläge. Die Reste der einst schönsten Gebäude sollten konserviert und in einer Art Archäologischem Park erhalten werden, ähnlich dem Forum Romanum in Rom.

Der Architekt Bodo Ohly, der schon in den 20er-Jahren einen Ring von Hochhäusern entworfen hatte, schrieb im Monatsorgan der CSU: „Es mag utopisch klingen, aber eines Tages dürfte es sich als die schnellste und produktivste Belebung der Wirtschaft erweisen, eine neue Stadt zu gründen, ohne den erforderlichen Abriss von Ruinen." Als Standort für ein solches Neu-München favorisierten einige Politiker quer durch die neuen Parteien die noch unbebauten Uferlandschaften des Starnberger Sees.

Als langjähriger Stadtbau-Verantwortlicher, der vom Größenwahn der Nazis nicht infiziert war, hielt Karl Meitinger den Stadtverpflanzern einfach nur vor, „dass man nicht ohne weiteres den Großteil des Stadtgefüges aufheben kann". Denn ebenso wertvoll wie die dem Auge sichtbaren Baulichkeiten sei das, was unter dem Boden verborgen sei: Kanäle, Wasser-, Gas-, Starkstrom-, Schwachstrom-, Telefonleitungen, deren Hausanschlüsse, Straßenbahnunterbau und Befestigungen. Die bevorstehenden Aufgaben seien ohnehin riesengroß und könnten erst im Verlauf einiger Jahrzehnte gelöst werden.

Meitinger teilte die Stadt in vier Zonen ein: Altstadt, mittlere Kernstadt, äußere Kernstadt, aufgelockerte Randstadt. Außerdem dachte der Planer bereits an „Trabantenstädte", die dort gegründet werden könnten, „wo das Anwachsen einer Stadt doch nicht verhindert werden kann". Zunächst aber sollten die bestehenden acht Kreisstädte rund um den „Großwirtschaftskörper" München den Charakter eigener Siedlungsstädte bekommen.

Überall in der Stadt sollte viel Raum frei bleiben. „Wir werden immer auf eine schmale Ernährungsbasis gestellt sein und müssen breite Gürtel von Heimgärten und Gemüseland vorsehen." Was einmal gebaut sei, bringe man so leicht nicht weg. Jetzt böten die großen Zerstörungen eine nie wiederkehrende Gelegenheit, die Fehler der letzten hundert Jahre wieder gutzumachen.

Außer einem 50 bis 70 Meter breiten Park- und Verkehrsring, der einmal den „übermächtigen Großlastverkehr" von der Innenstadt abfangen soll, schlug Meitinger eine mittlere und eine äußere Ringstraße vor, durch die acht Ausfallstraßen miteinander verbunden werden sollten. An den Schnittstellen von Überlandstraßen und Ring sollten Autohöfe und Reparatur-, Einstell- und Tankmöglichkeiten sowie Gaststätten für Lastwagenchauffeure entstehen.

Zwischen dem alten und einem neuen Hauptbahnhof stellte sich Meitinger einen Geschäfts- und Repräsentationsplatz vor, der zehn Mal so groß wie der Marienplatz sein könnte. An anderen Innenstadtstraßen seien, dicht am Verkehr mit Aussicht auf hervorragende Baudenkmale, stille Plätzchen zu schaffen, wo man „das Heimelige dieser Stadt genießen kann". Für die Fußgänger seien außerdem Traversen mit Ruheinseln und womöglich unterirdischen Querungen zu schaffen. Einerseits empfahl Meitinger auch Hochhäuser am Ring, andererseits träumte er von Laubengängen, Erkern, Türmchen, von „netten Läden" für Korbmacher, Sägfeiler und andere eher mittelalterliche Handwerke.

In der Ausstellung „Der Wiederaufbau Münchens" im Juli 1946 schlugen Architekten weitere mehr oder weniger realistische Lösungen vor. Der radikalste stammte von Franz Xaver Holzbauer. Er wollte die Innenstadt in monofunktionale Zonen einteilen und den Karlsplatz mit dem verschobenen Hauptbahnhof durch eine Hochhausstraße verbinden. Die meisten anderen Vorschläge verwies der Architekturkritiker Hans Eckstein, später Direktor der Neuen Sammlung, „zurück zum Biedermeier".

Als tonangebend beim Wiederaufbau erwiesen sich denn auch die Traditionalisten. Die Denkmalpflege rangierte vor jeglicher Moderne. So empfahl Georg Lill, Präsident des Landesamtes für Denkmalpflege, dass zerstörte Gebäude grundsätzlich „im alten Stil" sowie „in gleichem Material und in alter Technik" aufgebaut werden sollten. Vor allem in der Altstadt sei es nicht angemessen, „die alten Formen durch neue zu ersetzen". Dies entsprach voll und ganz der erklärten Auffassung des ersten, wie Meitinger reaktivierten Oberbürgermeisters Karl Scharnagl – und der Meinung der Bevölkerungsmehrheit.

Es dauerte denn auch seine Zeit, bis die weitsichtigen Vorschläge von Professor Meitinger – sogar eine baldige U-Bahn-Trasse regte er an – in einen großen Stadtentwicklungs- und einen Gesamtverkehrsplan einflossen. Umgesetzt wurden diese Leitlinien ab 1963 vom Stadtbaurat Herbert Jensen, den der junge Oberbürgermeister Hans-Jochen Vogel aus Kiel angeworben hatte. Vogel war damals der deutsche Wortführer für eine systematische Innenstadtförderung, womit er dem nicht nur in München drohenden „breiartigen Auseinanderlaufen der Stadtstrukturen" vorbeugen wollte. Erst 1983 wurde die Altstadt unter Ensembleschutz gestellt.

Stadt für Kranke

Das Jubiläumsjahr 1958 war das Geburtsjahr von drei Großprojekten, deren städtebauliche Größenordnung später nur noch durch den Olympiapark erreicht wurde. Am Rand der neuen Millionenstadt sollten entstehen: eine Klinikstadt, eine Studentenstadt und eine Satellitenstadt.

Ein „Bauprojekt von einmaliger Größenordnung" kündigte das bayerische Kultusministerium Mitte Juli an. Auf einer von Wäldern umsäumten Fläche

Großhadern – eine komplette Klinikstadt am Rande von München

von 210 000 Quadratmetern nahe dem Vorort Großhadern erwarb der Freistaat von einem Großbauern ein Gelände, auf dem innerhalb der nächsten zehn Jahre Neubauten für die Münchner Universitätskliniken als eine regelrechte „Stadt der Gesundheit" entstehen sollten. Den Kapitalbedarf schätzte Kultusminister Theodor Maunz auf rund 200 Millionen Mark.

Das Preisgericht ging bei einem internationalen Wettbewerb von der grundsätzlichen Erkenntnis aus, dass eine neue Konzeption im Klinikbau nicht weniger weitblickend und großzügig sein dürfe als im 19. Jahrhundert entsprechend der damaligen Verhältnisse. Die Entwicklung der Heilkunde, der Technik und der Betriebskosten habe die zeitgemäße Anlageform grundlegend verändert.

Um den Nachteilen der fortschreitenden Spezialisierung in der Medizin zu begegnen, sei heute eine größtmögliche Nähe aller zusammenarbeitenden Abteilungen anzustreben. Dies erforderten neben dem steigenden Schwesternmangel auch die hohen Betriebskosten, die in einem Jahr etwa fünf Prozent der Baukosten ausmachten. Die Idealform dieses Konzepts fanden die Preisrichter in einem Entwurf der Architekten Godehard Schwethelm und Walter Schlempp. Sämtliche Münchner Universitätskliniken, mit Ausnahme der Zahn- und Poliklinik, sollten in Großhadern räumlich zusammengefasst und um neue Abteilungen, etwa eine Isotopenstation, ergänzt werden.

Die „Klinikstadt" wird 2200 Krankenbetten haben, gab das Ministerium bekannt. Im Mittelpunkt ein Hochbau mit 14 Geschossen und 240 Meter Länge. Ausgestattet mit allen technischen Errungenschaften, etwa mit Rohrpost-, Ruf- und Suchanlagen. Hörsäle, Labors und ambulante Stationen waren als Pavillonbauten vorgesehen. Eingeplant wurden eine Wohnsiedlung für Ärzte, Schwestern, Pfleger und Studenten, mit Kaufläden, Restaurants, Kirchen und Schulen. Neue Straßen und Bahnen sollten die Verbindung mit der eigentlichen Stadt herstellen.

Den Grundstein legte Kultusminister Maunz 1961 (1964 wurde Maunz wegen seiner NS-Vergangenheit zum Rücktritt gezwungen); das Richtfest fand gar erst im Oktober 1972 statt. Es war der „langwierigste Klinikbau der Welt," schimpfte die SPD. Die Kosten kletterten auf über 700 Millionen Mark, obwohl die Kapazität des „Klinikums der Universität München – Campus Großhadern", so die heutige offizielle Bezeichnung, auf aktuell 1418 Patientenbetten drastisch reduziert worden war.

Stadt für Studenten

Einen Plan für eine Wohnstadt für 5000 Studenten legte der Rektor der Universität, Professor Egon Wiberg, dem bayerischen Ministerrat vor, der ihn im September 1958 prüfte und das Finanzministerium mit Vorarbeiten beauftragte. Nach Wibergs Vorstellung, die sich an der Pariser Cité Universitaire orientierte, sollte diese „Stadt in der Stadt" je zur Hälfte von deutschen und ausländischen Jungakademikern bewohnt werden, wobei jede Nation einen einmaligen Baukostenvorschuss für ihr eigenes Gebäude im jeweiligen Landesstil leisten würde. In Frage kämen natürlich nur die Staaten, die in München mit besonders großen Kontingenten vertreten waren.

So studierten an der LMU im Semester allein 437 Griechen, 304 Nordamerikaner, 287 Perser und 150 Türken. Selbst so kleine Länder wie Ghana, Haiti und Liberia hatten Studenten nach München entsandt. Vom Ostblock war allerdings nur Polen mit drei Studierenden vertreten. Die Gebäude sollten grundsätzlich nur Einzelzimmer haben, dazu aber einige große Gemeinschaftsräume. Eine Wäscherei, eine Mensa und verschiedene Kaufläden würden zu den zentralen Einrichtungen gehören. In jedem der Nationalhäuser sollen auch deutsche Studenten und ein Professor wohnen.

Die Stadt München zeigte sich an dem neuartigen Projekt durchaus interessiert. Nach geeigneten Grundstücken wurde gesucht, möglichst in Schwabing. Die Stadtverantwortlichen sahen darin auch eine Chance, dass die in den Semesterferien großenteils leer stehende Studentenstadt zeitweise zur Unterbringung von Kongressteilnehmern und anderen Gästen genutzt werden könnte.

Gebaut wurde die „Studentenstadt Freimann" in Etappen zwischen 1961 bis 1977. Sie gilt immer noch als größte Studentenwohnanlage Deutschlands, obwohl die 15 Wohnhäuser „nur" etwa halb so viele Schlafplätze bekamen wie ursprünglich eingeplant waren.

Stadt im Grünen

Knapp vor dem Ende ihres 800. Wiegenfestes wurde der Stadt ein weiteres Geschenk angeboten. Überraschend erschien Bundesbauminister Paul Lücke, hielt am Abend eine Wahlversammlung für die CSU, machte andern-

Neu-Perlach bei Baubeginn

tags dem SPD-Oberbürgermeister Thomas Wimmer einen Höflichkeitsbesuch und platzte mit der Nachricht heraus, er wolle Bundesmittel für eine Satellitenstadt bei München bereitstellen, um der Bayernmetropole aus ihrer außergewöhnlichen Wohnungsnot zu helfen.

Von dergleichen Großprojekten war bis dahin in München überhaupt noch nicht die Rede gewesen. Die Stadtverwaltung hatte lediglich auf zusätzliche Bundesmittel gehofft, damit über das normale Bauprogramm hinaus 10 000 Wohnungen erstellt werden könnten. Jahr für Jahr übersiedelten nämlich rund 30 000 Menschen in die magnetisch anziehende Stadt, deren Einwohnerzahl im Jubiläumsjahr bereits die Ende des Vorjahres erreichte Millionengrenze um rund 12 000 Köpfe überstieg.

„Auch Bund und Land kann es nicht gleichgültig sein, dass die Verewigung des Wohnungselends einen Herd für politische Unzufriedenheit, Kriminalität und sittliche Missstände zwangsläufig hervorruft," hatte Baureferent Helmut Fischer die überregionalen Interessen angeschnitten. Nach langem Palaver, wie man das an sich unzuständige Bundeskabinett zur Hilfestellung gewinnen könnte, beschloss der Stadtrat, eine Delegation unter Leitung des OBs nach Bonn zu schicken.

Ehe man noch die Koffer gepackt hatte, erschien Bundesminister Lücke wie der gute Nikolaus, um den Münchnern sinngemäß folgendes zu eröffnen: Eine direkte Finanzhilfe sei verfassungsrechtlich nicht möglich. Eine gewisse Möglichkeit ergäbe sich aber, wenn München sich entschließen könnte, eine „Ausweichstadt" für etwa 30 000 Einwohner zu planen. Gelder ließen sich dann aus dem Fonds des sogenannten Demonstrativ-Programms für Städte lockermachen.

Lücke ging bei seiner Sensationsvorstellung gleich ins Detail. Bonn könnte sowohl die Planungskosten wie die Aufschließung des Geländes übernehmen. Außerdem würde man die Spitzenfinanzierung von acht- bis zwölftausend Wohnungen übernehmen. 60 bis 70 Prozent der Bürger dieser „Stadt in der Stadt", wie sich der Minister ausdrückte, sollten die Möglichkeit haben, Eigentum an Grund und Boden zu erwerben. „Damit könnten Sie Ihre Stadt auflockern und aufgliedern."

Geld aus Bonn hatte die Stadt München, die 1960 grundsätzlich die Errichtung von „Entlastungsstädten" beschloss, zwar noch lange nicht, immerhin aber schon mal einen Gutschein. Die Grundfinanzierung von „Neu-Perlach" übernahm nach mehrfacher Umplanung schließlich die gewerkschaftseigene Neue Heimat. Der Grundstein wurde erst 1974 gelegt, immerhin war der von den Architekten Bernd Lauter und Manfred Zimmer für 80 000 Menschen entworfene Wohnhausring vier Jahre später fertig. Gebaut wird aber immer noch.

Boom mit Qualen

„In keiner anderen deutschen Stadt wird gegenwärtig so viel gebaut und gebuddelt wie in München," so der *SPIEGEL* im vorolympischen Jahr 1968. Baukrater für die 14 Kilometer U-Bahn-Strecke klaffen zwischen Feldherrnhalle, Frauenkirche und Stachus und zwingen Autos sowie Trambahnen durch ein Labyrinth von Umleitungen. 400 Hektar Boden durchwühlen Bagger und Planierraupen auf dem geplanten Olympia-Gelände Oberwiesenfeld. 1000 Hektar Bauland frisst die Trabantenstadt Perlach im Südosten Münchens. Demgegenüber erscheint etwa die neuerbaute Wohnmaschine „Ara-

Ein freundlicher Titel, doch der Text dazu enthielt viel Kritik.

bella-Park" (Netto-Mieten 10 bis 12 Mark je Quadratmeter) eher als gigantischer Bunkerbau inmitten einer Steinwüste. In dem zentralen Wohnbau wird auf einer Grundfläche von 20 mal 150 Meter Beton zu einer 22stöckigen Gebirgswand aufgehäuft.

Deprimierende Klötzchen-Architektur – graue Betonwände zwischen winzigen Grünflächen – bietet auch die Wohnsiedlung „Hasenbergl" im Norden Münchens. Nach Art eines Gettos wurden für 25 000 Menschen – durchweg Angehörige einer sozial minderbegünstigten Schicht – Wohnwaben auf einem ehemaligen Exerzierfeld aufgetürmt. Baukritiker Dieter von Schwarze über das „Hasenbergl": „Schlechteste Trabantenstadt Deutschlands – einfach beschissen." Kaum gelinder werden die 100 000 Münchner urteilen, die in der „Entlastungsstadt" Perlach Quartier beziehen sollen. Denn was bislang von Perlach zu erkennen ist, scheint so berüchtigte Bausünden wie die „Neue Vahr" in Bremen oder die „Gropius-Stadt" in West-Berlin an Häßlichkeit noch zu überbieten.

Nicht nur, dass eine designierte Wohnsiedlung genau in die Einflugschneise des Flughafens München-Riem placiert wurde. Der Lärmqual wird sich – 40 Jahre nach Zille – auch noch Geruchsbelästigung zugesellen. Drei Jahrzehnte, nachdem Hochhaus-Architekten den Müllschluckschacht erfanden, stellten die Perlach-Architekten überquellende Mülleimer in kleinen Betonhäusern wieder ins Blickfeld der Bewohner und Besucher: direkt an den Straßenrand, neben die Hauszugänge.

Um solch abschreckende Beispiele von Fehlplanung schon im Reißbrettstadium abzuwenden, haben streitbare Bürger nunmehr ein „Münchner Forum" gebildet. Dass solche Kritik sich nicht allein gegen mangelnden Einfallsreichtum der Architekten zu richten hätte, scheint immerhin dem Münchner Stadtoberhaupt, dem SPD-Mitglied Hans-Jochen Vogel, mittlerweile deutlich. Auf der „Forum"-Gründungsversammlung ließ dieser erkennen, dass er vernünftige Bauplanung und kapitalistische Baugrundspekulation für unvereinbar halte, Vogel: „Die Zeit ist überreif, dass wir mit der Sozialbindung des Eigentums Ernst machen."

Wohnen zum Vergnügen

In den blauroten Schwaden einer Rauchkerze setzte der hauseigene Hubschrauber auf der Plattform des 23. Stockwerks auf. Münchens Oberbürgermeister kletterte heraus und kalauerte vor Hunderten von frierenden Ehrengästen: „Kommt ein Vogel geflogen." So fröhlich feierte man am 11. Dezember 1968 das Richtfest an einem „Boarding House", einer Kombination von Hotel und Appartementhaus, die nach den Worten des Bauherrn

Das Arabellahaus von Bogenhausen – eine Totalsanierung steht an.

der kommenden „Vergnügungskultur" angepasst ist. Kurzfristigen Mietern wurden 750 teilweise zweistöckige Wohneinheiten, eine eigene Privatklinik, eine Klimazentrale, ein Aufzug für fertige Menüs und viele andere Dienstleistungen angeboten.

Wohnen zum Vergnügen – das war das Motto. Nach und nach aber sind die besonderen Service-Angebote im Arabellahaus ziemlich geschrumpft. So wurde der beliebte Swimmingpool in eine künstliche Tropenlandschaft verwandelt, und das Sonnenbad auf dem Dach musste verboten werden, weil sich von dort immer wieder Menschen heruntergestürzt hatten. Zeitweise hatte das Boarding House gar den Ruf eines gehobenen Bordells.

Das wabenförmige Wohnhaus ist das markante Werk eines Mannes, der damals mit viel Geld, viel Glück und viel Einfluss die Erfolgsleiter eines bayerischen Unternehmers erklettert hatte. Als ältestes von sechs Kindern eines Schreinermeisters hatte dieser Josef Schörghuber, der von jeher einen guten Riecher hatte, nach dem Krieg den väterlichen Betrieb im oberbayerischen Mühldorf ganz auf Sperrholz und Spanplatten eingestellt, womit er zum unentbehrlichen Zulieferer des heimischen Baugewerbes wurde.

Das damit verdiente Geld reichte dem Unternehmer, um 1954 in weiser Voraussicht des ersten richtigen Baubooms eine Schafweide im Münchner Osten aufzukaufen. Hier entstand sodann der „Arabella-Park". Benannt hatte ihn der Baulöwe nach seiner Tochter Arabella, deren Name wiederum auf den Komponisten Strauß zurückzuführen war. Zeitweise plante Schörghuber, in Absprache mit Herbert von Karajan, im Arabella-Park sogar eine neue große Konzerthalle.

Eigentlich war zunächst ein Hotel geplant. Als eine Marktprognose ergab, dass sich der zu den Olympischen Spielen 1972 erwartete Beherbergungsboom vielleicht doch nicht einstellen könnte, verwandelte Schörghubers „Bayerische Hausbau GmbH" das entstehende Hochhaus noch vor der Richtfestfeier in ein Wohnhaus und verkaufte es, für bis zu 2800 Mark pro Quadratmeter. Nur in den Obergeschossen verblieb ein kleineres Hotel.

Amerikanische Hotelkonzerne dagegen vertrauten weiter auf die olympische Magnetwirkung und investierten in großartige Projekte, meist in Nachbarschaft des Arabellahauses. Eines moderner, größer, luxuriöser als das andere. Doch auch Josef Schörghuber stieg später groß ins Hotelgeschäft ein. Und wieder bekamen die Häuser den Namen seiner Tochter Arabella.

Basar der Popkultur

Als Basar der modernen Konsumgesellschaft und Eldorado der Popkultur stellten sich die „kaukasischen" Brüder Anusch und Temur Samy, die man die ungekrönten Kings von Swinging Munich nannte, die jüngste – und letzte – Errungenschaft ihres Gastro- und Gaudi-Imperiums vor. Unbeeindruckt von aufkommender Kritik an der Kommerzialisierung des gewesenen Künstlerquartiers, richteten sich die ehemaligen Teppichhändler und Minicar-Erfinder – der Vater war Iraner, die Mutter Deutsche – mit eigenen Anfangskosten von zwei Millionen Mark in einem marmorweißen Atriumhaus an der Leopoldstraße 28 ein. Es sollte, daher der Name „Città 2000", einen Vorgeschmack vermitteln vom urbanen Leben in naher Zukunft, wie es nicht nur der strahlenden Olympiastadt bevorstand,

In einem raffiniert angelegten Labyrinth von Räumen, Durchgängen, Gassen und Plattformen auf verschiedenen Ebenen konnten die Kunden kaufen und konsumieren, was seinerzeit gerade letzter Schrei war: Hit-Platten und Hippie-Silberschmuck, die Klamotten von der Londoner King's Road, Poster und ebenso bunte Perücken, Last-Minute-Reisen und blitzende Autos. In einem bewirtschafteten Kino, dessen Stühle aus der abgerissenen Metropolitan-Opera in New York stammten, liefen ganztägig Lustspiele, in Dr. Müllers Sex-Boutique gab es erotische Literatur und lustspendendes Spielzeug. Und überall konnte „geflippert" werden.

Mehrere Boulevard-Cafés, Bars, Pubs, Picnic-Theken und Patisserien waren mit den vierzig Boutiquen derart verschachtelt, dass der Besucher ständig geneigt war, zu gehen und stehen, zu schauen und kaufen. Korinthische Kapitelle und Kandelaber, kardinalroter Samt und dunkle Täfelung, Spiegel und Glas, psychedelische Beleuchtung und Musikberieselung vermischten sich zu einer Orgie von Kitsch, zu einer Traumwelt zwischen gestern und morgen. Laufend sagte der Lautsprecher irgendein Programm oder eine Kaufchance an oder gab sonderbare Parolen durch.

Vor den Eingang postierten die kaukasischen Könige eine dreieinhalb Meter hohe Hand aus Gips mit Goldüberzug – ein unverkennbares Symbol. Das war – der Tanztempel Blowup, der glitzernde Drugstore und ähnliche Samy-Gründungen inbegriffen – nicht mehr das alte Schwabing, sondern ein verrückter internationaler Spielplatz auf breiter kommerzieller Grundlage. Dessen Schöpfer machten auch gar kein Hehl daraus. Sie benannten die gepflasterten Bummelwege vor den Mini-Shops nach berühmten Straßen von Weltstädten, ließen auf dem Boulevard Leopold den „alten Schwabinger Zopf" verbrennen, und wählten als Barhocker ebenfalls Goldhände.

Natürlich hatte die Ladenstadt auch einen Bankschalter. Weitere Dienstleistungen wurden in einem „Service-Pool" in der vierten Etage abgewickelt. Da gab es eine Rechtsberatung ebenso wie eine Denkfabrik, wo Kreative, angeregt durch die Big Brothers, an weiteren tollen Projekten tüftelten. Auch der später so einflussreiche Unternehmensberater Roland Berger nistete sich dort ein. Am 22- Januar 1969 wurde das Vergnügungs- und Freizeitzentrum „Città 2000" mit Beatklängen und einer ungeheuren Besucherballung eingeweiht.

Während der 29 Jahre alte Temur Samy als großer Träumer im Münchner Monopoly mitspielte, sorgte der 34jährige Anusch Samy, der sein Maschinenbaustudium an der TH abgebrochen hatte, knallhart fürs Geschäft. Sein nächstes Vorhaben war eine „Kollektivwerbung der Boutiquenbesitzer im Rang von Großunternehmen". Dies klang wie eine offene Kampfansage an die Kaufhaus- und Supermarkt-Goliaths, die sich gerade zu zentralisieren begannen.

Von seinen Ideen und Erfolgen war Klein-David Anusch so überzeugt, dass er für 15 Millionen Mark gleich drei Etagen der „Città" vom Hausbesitzer, einem Immobilienunternehmen, auf 25 Jahre mietete. Im Mai 1969 bat der kaukasische Kulturkapitalist uns Journalisten zur Audienz, um den gemeinsamen Marsch mit den seit 1968 anhaltend rebellierenden Studenten zu verkünden: „Wir machen nichts anderes als die APO – wir brechen aus dem erstarrten System aus und mobilisieren die Jugend."

In fünf weiteren deutschen Städten sowie in Brüssel und Amsterdam wollte Samy der Ältere nun „den ganzen Laden umkrempeln". Eine Kette von „Vergnügungsmärkten neuen Stils" befinde sich bereits im Aufbau. Alle sollten sie „Città 2000" heißen, aber jeweils dreimal so groß und noch perfekter werden. In jede Filiale wollte er zwei Millionen Mark stecken. Sechs Millionen waren bereits investiert.

Auch in ihrer Wahlheimat München selbst setzten die Brüder auf Expansion, ja auf Revolution. Nachdem sie mit ihrem siebten Lokal namens „Bouillabaisse" in die City vorgestoßen waren und in Bad Wiessee einen ersten „VIP-Club" eröffnet hatten, galt es jetzt, „Schwabing zu sozialisieren". Das begann noch mal auf dem Boulevard Leopold, mit der volkstümlichen, 400 Plätze großen „Brez'n" (die ebenso wie der „Drugstore" noch existiert).

Im November verhieß uns der große Bruder noch: „Ich werde zunächst in dieser Stadt 20 Restaurants verschiedenen Stils und zur Abrundung ein Luxushotel eröffnen." Auf der Isar wollte er ein Restaurant-Schiff verankern, das Meerestiere wie Hummer und Austern servieren sollte; ein abgewracktes Showboat hatte er schon in Paris gekauft. Im Englischen Garten wollte er auf eigene Kosten den Chinesischen Turm abreißen, um ihn originalgetreu als größtes China-Restaurant Europas wiederaufzubauen. In einem Japanischen Bad sollten echte Geishas massieren und Tee servieren.

Das Reich der gewöhnlichen Gastronomie verlassend, griff Anusch nach den Sternen. Er schloss Verträge mit 15 Fachärzten für ein zehn Millionen Mark teures Diagnosezentrum im Stil der Mayo-Klinik. In diesem „TÜV für Menschen" sollte jeder zu einem Pauschalpreis auf Herz und Niere gecheckt werden können, Computerhilfe eingeplant. Und der Clou: Die hauseigene „Ideen-Abteilung" hatte einen revolutionären Flughafen-Entwurf fertig.

Einigen engen Mitarbeitern jedoch wurde bei diesen Höhenflügen schwindlig. So erklärte PR-Berater Max Zeidler, der den steilen Aufstieg befördert hatte, seinen Ausstieg. Der Umgang mit Behörden, vor allem ein Kleinkrieg gegen das Ladenschlussgesetz, zermürbte die Kreativen. Es schien auch Turbulenzen zu geben bei den Finanzen und der Refinanzierung; jedenfalls verzögerte sich die angekündigte Ausgabe von Volksaktien.

Und dann der Absturz – im wahrsten Sinne: Am 3. März des Jahres 1970 geschah es, dass Anusch Samy bei einem Privatflug in St. Moritz tödlich verunglückte.

Auch Temur der Träumer trudelte. Stand er doch vor einem Berg von Schulden; allzu viele Kreditgeber und Kleinanleger verlangten ihr Geld zurück. Temur verkaufte alles, was noch greifbar war. Ihm blieben nur der Offenbarungseid und der Rückzug in eine Kommune nahe der Tivolibrücke, wo er und letzte Anhänger weiße Gewänder anlegten, den Weltfrieden predigten, selbst gebraute Drinks und Drogen genossen. Die Mutter überwies monatlich 300 Mark an den verlorenen Sohn.

Der Reporter Gerd Merk spürte Temur Samy 1997 in Südspanien auf. Er war allein in Gemeinschaft mit 50 Katzen und einer dürren Mähre. Gekleidet war er wie ein alter Revoluzzer. Wahrlich, ein Ritter von der traurigen Gestalt. Kleinlaut beklagte der so tief gestürzte Vizekönig von Schwabing im spanischen Asyl sein Leid: „Ich habe alles verloren, Geschäftsglück, die große Liebe und meine Ideale." Im Jahr 2004 ist auch Temur Samy gestorben. Das Haus, wo den Menschen eine schöne neue Konsumwelt vorgegaukelt wurde, gehört längst einem global operierenden Versicherungskonzern.

Das große Chaos

Autofahrer sollen die Innenstadt sowie die großen Ausfallstraßen meiden, wird offiziell empfohlen. Urlauber werden davor gewarnt, beim Weg nach Süden in der bayerischen Landeshauptstadt zu pausieren. „Schon zum gegenwärtigen Zeitpunkt steht fest, dass die Verkehrsführung im Raum München das letzte Nadelöhr der Europastraße von Skandinavien bis Sizilien sein wird," hat die Industrie- und Handelskammer im Mai 1969 gemahnt. Und am 16. Juni muss ich auswärtigen Zeitungen melden: „Olympiastadt kaum zugänglich. Straßen und Flughafen blockiert".

Es geht jetzt – wortwörtlich – drunter und drüber. Die Hauptgeschäftsstraße zwischen Marienplatz und Stachus ist aufgerissen. Unten wühlen „eiserne Maulwürfe" die lang umkämpfte Trasse für die Stammstrecke der künftigen S-Bahn frei, während oben eine große, beispiellose Fußgängerzone mit Steinen aus der DDR gepflastert wird. Täglich ändert sich die Verkehrsführung. Stadtpläne vom Vorjahr sind eh überholt.

Noch fataler erleben die 1,28 Millionen Münchner das „größte unterirdische Verkehrsbauwerk der Welt": den Untergrund-Stachus. Streng nach Zeitplan entstehen auf sechs Etagen unter anderem: eine 9000 qm große Ladenstadt, 50 Rolltreppen, eigene Autostraßen, Lastenaufzüge, eine Polizeiwache, sich kreuzende Untergrundbahnen. Die Sonnenstraße müssen die Fußgänger zeitweise auf einem viel zu schmalen Holzsteg überqueren. Am 26. November 1970 wird das Jahrhundertbauwerk feierlich eröffnet. Aus den 13,5 Millionen Mark, die der Stadtrat ursprünglich dafür bewilligt hat, sind nach und nach 145 Millionen geworden. Ein Loch ohne Boden.

Auch der Mittlere Ring ist, mindestens im östlichen Bogen, dem Verkehr nicht mehr gewachsen, reklamiert das bayerische Innenministerium. Weil sich das nötige Raumordnungsverfahren verzögert, ist frühestens 1971 mit dem Ausbau eines Autobahnrings und Fernstraßennetzes rund um München zu rechnen. Vorerst will man Autofahrer mittels aufklappbarer Schilder durchschleusen. Der ADAC verteilt Prospekte. Jeden Tag ist Stau angesagt, in der Innenstadt wie im Umland.

Die Sommersaison verheißt ein potenziertes Chaos. Nicht nur für Fußgänger, Radler und Autofahrer, sondern auch für Flugreisende. In August soll der längst überforderte Flughafen München-Riem wochenlang total gesperrt werden. Ausgerechnet

Jahrelang ging es in der City buchstäblich drunter und drüber

in der Hauptreisezeit, weil man die 600 Arbeiter, die das Rollfeld ausbessern und verlängern sollen, nur dann von den Autobahnbaustellen freibekommt. Als Ausweiche wählen die Lufthansa und andere Airlines den kleinen Nürnberger Flughafen, der schnell noch zwei Millionen Mark investieren muss. Der Berlinflugverkehr und einige Charter werden über den Militärflugplatz Neubiberg abgewickelt. Flughafendirektor Wulf-Diether Graf zu Castell rechnet mit einem Ausfall von 50 000 Flugreisenden. Der seit Jahren diskutierte neue Großflughafen schwebt noch in den Sternen.

Und auch dem Bahnverkehr droht Chaos. Nach dem Muster der kanadischen Stadt Montreal will München – erstmals in Europa – neue Geschäfts-, Wohn- und Vergnügungszentren auf riesigen Platten über den Gleisanlagen von alten, hässlichen Bahnhöfen errichten. Dadurch sollen wertvolle Grundstücke, die nicht beliebig produzierbar sind, gleichsam aus dem Nichts für die Stadtentwicklung gewonnen werden, ohne dass die Bahn aus diesem Bereich verschwinden müsste. „In absehbarer Zeit wird man es sich nicht mehr leisten können, dass die Spatzen zwischen den braunen Schottersteinen herumpicken," meint der Chefarchitekt der Bundesbahn, Emil Schuh, der die utopisch anmutende „Stadt auf Stelzen" entworfen hat.

In die Planungen der DB einbezogen ist bereits der Abriss des Hauptbahnhofs (womit aber tatsächlich erst 50 Jahre später begonnen wird). Dieses technisch und finanziell anspruchsvolle Projekt wird nur deshalb zurückgestellt, weil die für 1972 terminierten Olympischen Spiele einen beschleunigten Ausbaus der innerstädtischen S-Bahn-Trasse erzwingen. Dadurch rückt zunächst das schäbige Umfeld des Ostbahnhofs in den Vordergrund der Bahn-Überlegungen, zumal auch die Stadtplaner längst an eine Aufwertung des Münchner Ostens denken.

Anfang 1970 soll mit dem Abbruch des ruinösen Ostbahnhofs begonnen werden. Die neue Schalterhalle mit 50 Fahrkartenautomaten soll größtenteils unter die Erde kommen, obwohl der gesamte Fernverkehr weiterhin und auch der künftige S-Bahn-Verkehr oberirdisch verlaufen sollen. Über die Schienenstränge und angrenzende Rangierflächen will man eine 25 000 qm große Betonplatte stellen. Gebäude mit bis zu 15 Stockwerken, mit Läden, Appartements und Kinos sind bereits von Immobilienfirmen geplant. Verwirklicht wird dann zwar ein neuer Ostbahnhof, aber in sehr viel kleineren Dimensionen.

Auch über den Gleisen des Umschlagbahnhofs der Großmarkthalle, auf städtischem Grund, soll eine 200 000 qm große Betonplatte für 150 Millionen Mark aufgeständert werden. Sie soll Kaufhäuser mit maximal sechs Geschossen tragen, wo man direkt umgeschlagene Lebensmittel billig einkaufen könnte. Bis Ende 1970 hofft der Kommunalreferent den ersten Bauabschnitt abschließen zu können. (Tatsächlich besteht die Großmarkthalle, einer der größten kommunalen Märkte Europas, bis heute. Die historischen Gebäude sind denkmalgeschützt, neue Gebäude mit 40 000 qm aus Stahl und Glas sind geplant, ein Zeitplan liegt noch nicht vor).

Es sind Geburtswehen, die ein neues, ein „postolympisches" München verheißen. Die aber auch schmerzen, irritieren, Politiker und Fachleute herausfordern. Im Juni 1969 lädt das gerade 20 Jahre alt gewordene „Verkehrsparlament" der Süddeutschen Zeitung Minister, Stadträte, Planer und Forscher zum Gespräch darüber, wie es nun weitergehen soll in dieser berstenden Millionenmetropole. Oberbürgermeister Hans-Jochen Vogel fordert neue Systeme, die Elemente des Individualverkehrs und des Massenverkehrs vermischen würden, mit so utopischen Namen wie „Teletram" und „immateriellem Verkehr". Fernsehen und Elektronik könnten einen Teil des Autoverkehrs überflüssig machen, meint Vogel. Sogar das „Lufttaxi" taucht unter den Luftschlössern auf.

Auf eine eher psychologische Bremse verweist Bayerns Innenminister Bruno Merk: Das Verhältnis vieler Menschen zu den Fortbewegungsmitteln sei immer noch zu emotional und zu wenig zweckorientiert. Für manchen sei sein Auto halt immer noch Statussymbol. „Einen solchen Luxus," bemerkt der fortschrittliche CSU-Politiker, „werden wir uns zumindest in den Ballungsräumen nicht mehr lange leisten können." Es soll indes noch ein halbes Jahrhundert dauern bis zur Vollreife derartiger Erkenntnisse, mit der Umsetzung dauert es vielleicht noch etwas länger.

Der Ring-Kampf

München wird moderner", verkündeten Plakate mit dem Münchner-Kindl-Wappen m Mai 1969. Überall wurde jetzt heftig gebaut, nachdem die großen Kriegsschäden weitgehend beseitigt waren, was man offiziell „Flächensanierung der Innenstadtgebiete" nannte. Besonders an einem Punkt sollte dieses moderne München markant in Erscheinung treten: Dort, wo die Maximilianstraße in das – vom genialen Architekten Diedrich Bürklein hundert Jahre zuvor geschaffene – Forum übergeht, war ein gewaltiger Durchbruch für eine Autobahn rund um die City geplant. Denn eines der erklärten Ziele war der „fließende Verkehr". Die Lösung hieß: „Altstadtring".

Doch bald schon riefen engagierte Bürger, Architekten und Medien zum letzten Aufgebot gegen die amerikanisch inspirierte „autogerechte Stadt", die sich schon bei der Untertunnelung des Prinz-Carl-Palais gegen starken Widerstand durchgesetzt und sich daraufhin das „Münchner Forum" gebildet hatte. Ihnen erschien der Durchbruch als brutaler Abbruch, als Umbruch einer gewachsenen Altstadt. Sollte ihm doch alte, wenn auch ruinöse Bausubstanz zum Opfer fallen, samt dem erst 1955 wiederaufgebauten, stadt-

Wie in Los Angeles abgeguckt, beschloss der Stadtrat ein System von großen Ringstraßen

eigenen Eckblock nahe des Viktulienmarkts.

„Der Altstadtring führt durch Hinterhöfe," klagte die *Süddeutsche Zeitung* und die *Abendzeitung* kommentierte: „Ein Kulturverbrechen". Offen war obendrein die Finanzierung des Projekts, es drohten Kosten für Grunderwerb und Ablöse. Teppichhändler Humbert Saemmer, der seinen Laden bedroht sah, ging mit anderen Bewohnern des von der Stadt angekauften Hauses auf die Barrikaden: „Wir pochten auf unsere Mietverträge, die bis 1970 liefen."

Der Ort des Durchbruchs wurde der neuralgische Punkt Münchens schlechthin. Doch Verkehr-Strategen und Stadtentwickler – der erste wurde aus Hannover angeheuert, ein anderer aus Kiel – ließen viel Zuckerguss über ihre Visionen fließen: Der künftige Altstadtring solle doch ein schöner Boulevard mit eleganten Läden und großzügigen Grünanlagen werden, wurde versprochen. Tangiert werde da ja nur ein „Glasscherbenviertel", lästerte der aus Hamburg angeworbene Stadtbaurat Uli Zech (SPD) über das neuerliche, schonungslose „Ramadama" im alten, gemütlichen Lehel.

Die Bürgerbewegung sei von interessierter Seite sogar als „Fünfte Kolonne der Kommunisten" verdächtigt worden, erinnert einer ihrer Wortführer, der damals 40-jährige Architekt Karl Klühspies, der den Altstadtring Ost 2015 in einem Buch „München – nicht wie geplant" als eines von mehreren Musterbeispielen für missglückten Bauwahn der vorolympischen Jahre dokumentiert hat. Auch gutwillige Politiker einschließlich Oberbürgermeister

Hans-Jochen Vogel, so der unermüdliche Stadtkritiker, hätten allmählich an der Glaubwürdigkeit der zuständigen Verwaltung gezweifelt.

Dennoch: Münchens Modernisierer, darunter der hoch verehrte Sepp Ruf, gewannen den „Ringkampf". Die 47 Meter breite Schneise wurde geschlagen, für den Altstadtring wurden Fahrspuren freigeräumt, das Wohnviertel Lehel wurde dadurch in zwei Teile zerteilt, die bis heute nur durch Ampelkreuzungen und eine – von den Bürgern nie angenommene – Unterführung miteinander verbunden sind. Ebenso schlimm; die Maximilianstraße verlor ihren historischen Glanz. Noch während der Bauarbeiten und nach deren Vollendung schrien die Stadtbewahrer noch einmal auf. Architekt Erwin Schleich etwa sah in dem Durchbruch eine „Barbarei historischer Größe" und ein Exempel für die „zweite Zerstörung Münchens".

Zwar gab es Vorschläge, die blutende Wunde zu heilen. Alexander von Branca entwarf nach historischem Vorbild eine Arkadenreihe, die den Forum-Charakter der Maximilianstraße wieder herstellen und die breite Lücke schließen sollte. Die Idee wurde zwar vom CSU-Stadtrat Walther von Miller und den Medien favorisiert, sie versandete jedoch in der Diskussion. Dass der Altstadtring dann immerhin um 15 Meter verschmälert wurde, sehen Kritiker bloß als kleine kosmetische Korrektur.

Einen größeren Erfolg hatte der Bürgeraufstand vor 50 Jahren aber doch: Im Süden, nach dem Isartorplatz, wurde der Altstadtring nicht weiter ausgebaut, was ihn hier allerdings zum Nadelöhr macht. Und auch die beiden Häuser an der Südseite des Durchbruchs beim heutigen Campari-Haus blieben stehen, statt für die Stadtautobahn geopfert zu werden. Allerdings nur dank eines Stopp-Entscheids der Regierung von Oberbayern (deren Prachtbau sich genau am Forum befindet) mit dem einleuchtenden Tenor: „Wir können gar nicht so viele Straßen bauen wie es Autos gibt." Dass genau an dem neuralgischen Punkt, am Thomas-Wimmer-Ring, derzeit eine Mega-Tiefgarage für 520 Autos gegen den Willen der Anwohner gebaut wird, steht auf einem anderen Blatt der Stadtplanung.

Im Eckhaus Maximilianstraße 31, wo einst ein Hofbäcker und ein Glühgaslichthersteller gewerkelt hatten, residiert seit Jahren nur noch der italienische Modekönig Gucci – eine weitere „Kreditentladestation", wie die Süddeutsche Zeitung die neuen Luxusläden in der königlichen, längst „globalisierten" Straße hämisch bezeichnet hat. Im benachbarten Haus Nr. 33, das der Stadt gehört, hatten Friedrich Hollaender sein Comeback und Dieter Hildebrand seinen Karrierestart in der „Kleinen Freiheit" von Trude Kollmann, die schon früher weggezogen war.

Als die stadteigene Immobiliengesellschaft die Mieten extrem anhob, sahen sich sämtliche Bewohner, darunter der Teppichhändler, zum Auszug gezwungen. Und auch im Café Roma gingen nach einer letzten Silvesterfeier 2007 die Lichter aus. Sieben Jahre zuvor hatte der Großgastronom Gabriel Lewy das vom Schauspieler Hans Reiser gegründete, in Schwarz, Rot und viel Edelstahl gestaltete Lokal übernommen und mit seiner damaligen Lebensgefährtin Iris Berben zu einem Magneten des Munich-Feeling gemacht. Das neue Roma entsteht nun im ehemaligen Teppichladen auf zwei Etagen. Lewy plant es als „Schaufenster des Lebens", mit 130 bis 150 Plätzen. Die Eröffnung musste allerdings, nicht zuletzt wegen der starken Bauschäden, schon mehrmals verschoben werden.

Wundervolle Welt

Es ist die größte Party, die München seit Jahrzehnten erlebt hat: Über 2000 geladene Gäste, darunter die Bürgermeister von München und Augsburg, feiern Anfang 1972 die Eröffnung der ersten Abteilung eines Baukomplexes, der einmal das umfangreichste und modernste Freizeit- und Touristenzentrum Deutschlands werden soll. Bis zum Olympiasommer sollten hier, an der nördlichen Leopoldstraße, auch ein Bürohaus und ein Wohncenter mit 800 voll klimatisierten Appartements fertiggestellt sein.

Der neuartige Stadtteil des Wohnens und Vergnügens „Schwabylon" – ein Babylon im Norden Schwabings. Zur Eröffnungs-Superparty sind aus Amerika außer dem Präsidenten der größten Hotelkette der Welt, das Holiday Inn, auch 40 Haie und 600 kleinere Fische und Schildkröten eingetroffen. Der Präsident trägt eine Krawatte mit der Aufschrift „It's a wonderful world", weiht im Schwabylon das erste von fünf Münchner Holiday-Inn-Hotels ein und verkündet, dass nun insgesamt 200 Niederlassungen dieser „Feriengasthäuser" in der Bundesrepublik gebaut werden sollen.

Die mehr oder weniger gefährlichen Korallenfische wurden in eine neun Meter hohe, dreistöckig bestuhlte, von einer Ruhrfirma gefertigte Stahlkugel eingesetzt, wo sie nun hinter 56 mm dickem Panzerglas jede Nacht bis zu

Das Schwabylon – für kurze Zeit wurde eine Utopie verwirklicht

250 Gästen beim Essen, Tanzen und Flirten zuschauen können (oder umgekehrt). „Yellow Submarine" heißt dieses erste Schwabylon-Lokal, das einem Beatle-Traum vom freien Leben auf dem Meeresgrund nachempfunden ist. Drei Millionen Mark hat der Augsburger Landmaschinenhändler, Häuserbesitzer und 50-fache Millionär Otto Schnitzenbaumer allein in dieses „gelbe Unterseeboot" gesteckt.

Die tägliche Ernährung der bis zu 1,80 Meter langen Raubfische, in Scheiben geschnittener Kabeljau aus der Nordsee, verschlingt an die 500 Mark. Wem's nicht gruselt, kann bei der Fütterung Haischflossensuppe schlürfen oder gegrillten Hai essen. Bei der Eröffnungsparty verzehrte die „Hai-Society" einen 140 Pfund schweren Sternrochen aus dem nördlichen Eismeer, unter anderem.

Das Hotel besteht aus drei „schwabylonischen" Türmen mit insgesamt 600 Betten, fast 1000 Kongress- und 1200 Parkplätzen, mit großen Ballsälen, Bühne, Leinwand, Laufsteg, Lautsprechern, Simultanübersetzungsanlage und Ausstellungsräumen, wo sogar neue Automobile präsentiert werden sollen. Das erste Münchner Holiday-Inn hat 46 Millionen DM gekostet. Etwa 150

Millionen Mark will Schnitzenbaumer insgesamt in das Schwabylon-Projekt stecken.

Das einzigartige Vergnügungs- und Einkaufszentrum wurde von dem Schweizer Professor Justus Dahinden als ein „hügelartiger Großcontainer" entworfen. Im Urentwurf war auch ein Konzertsaal enthalten. Hier will Dahinden dem modernen Menschen einen „künstlichen Lebensraum" anbieten, welcher „Freizeit als ungebundene Gesamtaktivität und schöpferisches Tun in Komplementärbereichen" ermöglichen soll.

Zu dieser Freizeitstadt gehören über hundert Geschäfte, ein Flohmarkt unter knorrigen Bäumen, 15 verschiedene Restaurants vom gemütlichen Biergarten bis zum fashionablen Schlemmerschuppen, mehrere Boulevardcafés, eine Schwimmhalle mit Planschbecken und Kinderspielplatz, eine Kunsteisbahn, die Olympiasieger Manfred Schnelldorfer leiten wird und die für Beat- und andere Festivals umgewandelt werden kann, ein Marktplatz mit Tribünen für Modeschauen, Boxkämpfe, Jazzkonzerte und Experimentiertheater, eine Spielhalle, Turn- und Gymnastikhallen, eine Sauna mit römischem Dampfbad und sogar künstlich temperierte Tropengärten – wahrhaftig eine „wundervolle Welt".

Doch das „Schwabylon" geriet allmählich in Verruf. Es hatte – nicht zuletzt wegen seiner ungünstigen Verkehrslage – wenige Gäste, wurde abgerissen und von einer Versicherung durch einen großen Neubau ersetzt. Als auch die Reste des „Yellow Submarine" 2011 beseitigt werden sollten, weil es ein großes Neubauprojekt behinderte, protestierten Bürger. Heute existiert das „Schwabylon" nur noch als Legende – verewigt in meinem Buch über verlorene Stätten Münchner Geselligkeit; „Aus is und gar is".

Tempel des Konsums

Außer der Industrialisierung im späten 19. Jahrhundert und dem nationalsozialistischen Größenwahn hat keine Entwicklungsphase in München die Planung dermaßen beflügelt wie das Großereignis von 1972. Befördert wurde dieser Boom von Oberbürgermeister Hans Jochen Vogel, dem Motor dieser Spiele. Vollendet wurde der Umbau der Stadt von seinem Nachfolger Georg Kronawitter, der dem höheren Bauwesen aber eher skeptisch gegenüberstand. (Siehe auch Kapitel „Die großen Spiele")

Deutlich zeigt sich der Boom am Rande des Olympiageländes. Im Bereich der Pressestadt wird am 2. März 1972 die größte überdachte Shoppingmeile Europas eröffnet: Dieses Olympia-Einkaufszentrum (OEZ), entworfen von den Münchner Architekten Fred Angerer und Alexander von Branca, will „neue Massstäbe" setzen. Es hat zwei Waren- und zwei Spezialkaufhäuser, rund 60 Fachgeschäfte – von der Schnellreinigung bis zum Sex-Shop –, ein Ärztezentrum, 450 Appartementwohnungen und 3000 gebührenfreie Parkplätze. Mit einer Schaufensterfront von 1500 Metern ist dieser Basar fast doppel so lang wie der Münchner Hauptgeschäftsstrang zwischen Stachus und Marienplatz.

City für Fußgänger

Mit 10 000 Gratisbrezen und 21 Hektolitern Freibier wird am 30. Juni 1972 die Fußgängerzone eröffnet. Gerade rechtzeitig haben Gärtner reihenweise Tröge mit immergrünen Büschen aufgestellt, Maler die Fassaden verschönt, Pflasterer in dem 50 000 Quadratmeter-Areal, dem größten Fußgängerbereich Mitteleuropas, die letzten Steine verlegt. Geliefert wurden sie aus der DDR. Mit einem Aufwand von 13,5 Millionen Mark wird der „Flur" der Stadt, der früher nur dem Durchgang oder noch früher der Durchreise diente, von den Architekten Bernhard Winkler und Siegfried Meschederu systematisch als „gute Stube" eingerichtet.

„Die Altstadt soll den Menschen zurückgegeben werden," erklärte Winkler, Funktion des Stadtkern müsse sein, dem Bürger die primitivsten Dinge zur Verfügung zu stellen. Er wolle ja nicht nur einkaufen, sondern schauen, sich ergehen, ausruhen, ungestört plaudern, sich langweilen oder auch „nur mal einen Schluck aus der hohlen Hand trinken". Deshalb wollten es die Planer nicht, wie in anderen Städten geschehen, einfach dabei belassen, dass die Autos und Straßenbahnen aus den Geschäftsstraßen verbannt werden. Die so gewonnenen Flächen sollten vielmehr angereichert werden durch eine Fülle neuer Strukturen, die dem Spaziergänger gleichwohl das vertraute Stadtbild, die alte urbane Kultur so intensiv wie möglich nahebringen.

Das beginnt schon mit der Pflasterung. Ein einheitliches System von Bändern aus Natur- und Kunststein, aus Kleinstein- und Mosaikpflaster korrespondiert mit einem Spalier von 357 Leuchten. Auf acht Plätzen werden

Die Fußgängerzone war gleich nach der Eröffnung überfüllt.

Stühle und zum Teil Tische aufgestellt. Außerdem werden 18 Freischankplätze ausgewiesen, so dass etwa 1500 Menschen dort essen und trinken können. Daneben laden drei Spielanlagen mit Elementen zum Bauen die Kinder ein. Acht Brunnen plätschern, drei sind begehbar. Fußwaschen, übrigens eine urchristliche Sitte, ist dort erlaubt.

Gegen den begehbaren Brunnen vor der Frauenkirche, der ja Stadtstreicher und Dirnen anlocken könnte, muckt das Erzbischöfliche Ordinariat auf. Doch die Stadtgestaltungskommission überstimmt die oberhirtlichen Bedenken. „Die Frauenkirche ist kein Dom, sondern eine Bürgerkirche", so Stadtbaumeister Uli Zech (SPD). Die Befürchtung der Geschäftsleute, außer den Autos könnten auch die Käufer ausbleiben, wird sehr schnell ausgeräumt, indem Ladenbesitzer umliegender Straßen bitten, den Fußgängerbereich bis zu ihnen hin auszudehnen. Tatsächlich erwägen die Planer, die ganze City für Autos zu sperren und nur noch schmale Fahrrinnen zu den Parkhäusern offen zu halten.

Schnell unten durch

Die Einweihung der S-Bahn, die fortan unter dieser Fußgängerzone als Vorortzug verkehrt, folgt unverzüglich. Bei der Feier gehen die Lichter aus. 500 Ehrengäste stehen 25 Meter unter dem Stachus minutenlang im Dunkeln, bis sich eine automatische Notbeleuchtung einschaltet. Wieder im vollen Licht, entschuldigt Bundesbahnpräsident Oeftering die Panne und feiert die zunächst im Probebetrieb eröffnete 4,2 Kilometer lange Tunnelstrecke. Vier Wochen pendelt die S-Bahn im Vier-Minuten-Takt zwischen Haupt- und Ostbahnhof, drei Tage kostenlos für die Bevölkerung. Eine Stunde lang gibt es sogar Freibier.

Ab 26. Mai 1972 endlich wird das volle, 400 Kilometer lange Netz in der Region mit ihren bald zwei Millionen Bewohnern bedient. 135 Bahnhöfe wurden für den Schnellverkehr aus- oder neu gebaut. Die städtisch betriebene U-Bahn war schon im Oktober 1971 zwischen Goetheplatz und Kieferngarten dem Verkehr übergeben worden, am 8. Mai wird ihr nur noch eine Linie 2 zum neuen Olympiazentrum angefügt.

Während die unterirdischen Schnellbahnen im Schildvortrieb entstanden, erforderte es für die Schnellstraßen gewaltige Baugruben

Die grossen Spiele

Olympische Träume

Im April 1966 hat das Internationale Olympische Komitee (IOK) die Sommerspiele 1972 überraschend an München vergeben. Und das Millionendorf, damals oft als provinziell und verschlafen verspottet, sah sich vor eine Herkulesaufgabe gestellt. Nicht nur logistisch, finanziell und stadtplanerisch. Auch das Image musste erst mal aufpoliert werden. Darum sollte sich eine eigene Werbeagentur kümmern. Wir Journalisten waren in diese Aufgabe von Anfang an eingebunden. Zahllose Berichte und Reportagen, nicht selten mit kritischem Beiklang, schrieb ich über die siebenjährigen Vorbereitungen, vorwiegend über nichtsportliche Ereignisse während der Spiele selbst und über die – zunächst fatalen – Folgen dieses Weltereignisses. Dafür gab es sogar eine Urkunde. Alles begann mit allerhand Gaudi, denn das Konzept hieß: „Sportlich, spielerisch, heiter". Jeglicher „Gigantismus" war – in Erinnerung an Berlin 1936 – von vornherein verpönt.

Das Superdach

Mit einem Damenstrumpf demonstriert der Stuttgarter Architekt Günter Behnisch seine Vorstellung von den Münchner Wettkampfstätten: leichte, luftige Stadien, alle unter einem zeltartigen, transparenten Dach, das mit der Voralpenlandschaft harmonisiert. Darum herum viel Grün. Der Platz für einen derartigen „Olympiapark" steht von vornherein fest: das Oberwiesenfeld, einst Munitionsdepot, Übungsgelände der bayerischen Artillerie, Startplatz für Ballons und Luftschiffe, erster Münchner Verkehrsflughafen und nach dem Krieg 55 Meter hoher Schuttabladeplatz.

Auf Superlative konnte trotz Absage an den „Gigantismus" doch nicht verzichtet werden. Bald blähte sich in der Planung ein besonders markantes Detail des Gesamtprojekts derart auf, dass der Politiker Franz Josef Strauß, der als Aufsichtsratsvorsitzender der Olympiagesellschaft fungierte, im Juni 1968 vom „größten Dach Europas" sprach. Mit einer Gesamtfläche von 74 800

Quadratmetern sollte es auf 70 Meter hohen Masten über 60 Prozent aller Sitzplätze im insgesamt 800 000 Quadratmeter großen Olympiagelände überspannen.

Chefarchitekt Günter Behnisch aus Stuttgart, damals 45 Jahre alt, wollte nicht nur ein supergroßes, sondern ein „einzigartiges Bauwerk" realisieren. Das „punktgestützte, radial verspannte Hängedach" sollte aus transparenten Kunstglasplatten bestehen. Es sollte sich der Kontur der bayerischen Berge und der geplanten voralpinen Olympialandschaft anpassen. Doch

Mit großem technischen und finanziellem Aufwand wurden die „Zelte" hochgezogen

noch ehe mit dem Bau begonnen wurde, erreichten die abschätzbaren Baukosten olympische Rekorde.

Hatte Behnisch das schier utopische Dach zunächst für 18 Millionen Mark errichten wollen, so lagen die Mindestangebote der Firmen bei der Ausschreibung schon bei 100 Millionen: Zu tragen von Bund, Land und Stadt. Nach etlichen Umplanungen, die insbesondere das raue bayerische Klima berücksichtigten, konnte ab Juni 1971 endlich ein schweres Stahlnetz zentimeterweise auf die hochhaustief verankerten Pfeiler hochgezogen werden, das dauerte drei Monate. Erst dann konnten die Techniker mit dem Auflegen und Verknoten der lichtdurchlässigen Acrylglasplatten beginnen.

Den zahllosen Besuchern der Baustelle verschlug es den Atem angesichts der bizarren, gewaltigen und doch so leichten, eleganten olympischen Landschaft, die ein silbriges Spinnennetz krönte. Enthusiasten schwärmten von einem „modernen Weltwunder". Künftig werde man mit solchen Konstruktionen voll klimatisierte Einkaufszonen überdachen, prophezeite Rolf Nerlich von der Arbeitsgemeinschaft Dach. Neuer Lebensraum in Wüsten oder in der Arktis ließe sich schaffen.

Ein Jahr später aber meldeten die Zeitungen laufend Schäden oder Mängel an dem Wunderwerk, indes die Kosten auf 188 Millionen wuchsen. Die Sommerhitze machte dem Acryl sehr zu schaffen. Die Isolierschichten schrumpften, viele Platten verfärbten sich. Neues Material musste eingebaut werden. Olympiaparkchef Werner Göhner befürchtete, dadurch könnten Sport- und Schwimmhalle dunkler werden. Die Ersatzplatten ließen nur noch 30 Prozent des Tageslichts durch. Bald war die Hälfte des größten aller Dächer abgedeckt und erneuert. Am Ende stiegen die Gesamtkosten für das Zeltgebirge auf über 200 Millionen Mark. Bald nach den Spielen musste das Dach komplett saniert werden.

Schnecke und Dackel

Unter unzähligen Christbäumen strahlt Weihnachten 1971 die Olympia-Spirale, das offizielle Logo: auf Kerzen und Krügen, Ketten und Manschetten, Kulturtaschen und Schminkbeuteln, Korkenziehern und Kartenspielen. Über tausend Artikel haben die Vermarktungs-Lizenz des Olympischen Komitees (OK) erhalten. Das Geschäft mit der „Schnecke", wie der Volksmund die Design-Spirale nennt, sowie mit den Fünf Ringen blüht.

Klarer Favorit ist Dackel Waldi. Das bunt gestreifte Maskottchen bellt bald in über 100 Ländern und wird bis zum Beginn des Olympiajahres über zwei Millionen Mal in vielen Macharten verkauft, vom Aufkleber für eine Mark bis zum zehn Zentimeter großen Waldi aus Gold, der für 54 DM zu haben und an einer Kette zu tragen ist. Neu ist der Dackel als Duftschaumbehälter, außerdem soll er bald als aufblasbares Badetier auftauchen. Schnell hat Waldi die Verkaufsrekorde aller früheren Sportmaskottchen überrundet.

Dass das Lizenzgeschäft möglichst nicht zum Kitsch ausartet oder sonst Anstoß erregt, wird von den "visuellen Gestaltern" des OK und der generalbevollmächtigten Werbeagentur überwacht. So hat man von vornherein keine Artikel genehmigt, die mit Sex, Intimhygiene, Unterwäsche, politischen Parteien oder Religionsgemeinschaften zu tun haben. Auch Zigaretten- und Alkoholwerbung ist verboten. Trotzdem versuchen viele Geschäftemacher, im Fahrwasser des Olympia-Souvenirs im Trüben zu fischen. Denn im Gegensatz zur „Schnecke" sind die Fünf Ringe nicht geschützt. Und auch unter den Waldis laufen viele falsche Hunde herum. IOK-Präsident Avery Brundage rügt die wirtschaftliche Verwertung des Emblems generell – zumal der tatsächliche Ertrag relativ gering sei.

Einige hundert von rund 5000 Münchner Dackeln wackeln am ersten Sonntag im Januar 1972 durch die neue Fußgängerzone. Noch-Oberbürgermeister Hans-Jochen Vogel und sein langhaariger „Stups" marschieren auch mit. Die Viecherei ist Auftakt der Olympia-Lotterie. Diese hat das Motto „Ein Platz im Stadion" und soll vor allem den Einwohnern der Region München die Chance geben, an der Eröffnungs- und Schlussfeier teilzunehmen. Denn für diese Veranstaltungen wurden deutsche Bundesbürger bislang nur über die „Glücksspirale" bedacht.

Auch OB Vogel war mit seinem Dackel dabei

Rund 40 000 Tickets wurden und werden auf diese Weise ausgespielt. Die übrigen Karten für Eröffnung und Schluss – insgesamt 160 000 Plätze – sollen ins Ausland gehen oder an Ehrengäste und Journalisten. Über die neue Losbriefaktion werden nun weitere 15 038 Karten ausgespielt. Sie kosten normalerweise bis zu 100 Mark. Für nur zwei Mark pro Los kann nun doch jeder gemeine Bürger dabei sein. Eine Million der Lotterieerlöse gehen an die Stadt München; der Zuschuss soll für die olympische Ausschmückung, für die Beflaggung, Bestrahlung und Begrünung von Straßen, Brücken und Gebäuden verwendet werden.

Der olympische Geist hat auch die Stadträte beflügelt, so dass sie im Februar 1972, nach heftigen Vorrundenkämpfen, weit über den eigenen Schatten springen: Sie beschließen, dass die Geschäfte während der Spiele bis 21 Uhr offen bleiben dürfen. Allerdings: Nur eine Mehrheit von vier Stimmen erspart der Stadt eine weltweite Blamage. Und die Gegner der Ausnahmeregelung argwöhnen, dass so das Ladenschlussgesetz in der ganzen Bundesrepublik in Frage gestellt werde. In aller Stille hat die Stadt zuvor einem Antrag des Hotel- und Gaststättenverbandes nachgegeben, wonach Münchner Lokale unter bestimmten Bedingungen auch in Zukunft rund um die Uhr ausschenken dürfen. Langsam aber sicher also will München seinem eigenen Weltstadtanspruch gerecht werden.

Alles über die Spiele erfährt man aus einem offiziellen Führer, der für 6,80 Mark verkauft wird. Der 263 Seiten starke Brilliantpapier-Guide soll ein "komplettes Drehbuch und Erinnerungswerk für jedermann" sein. Er ist das letzte größere Produkt der Abteilung „Werbung und Öffentlichkeitsarbeit". Ziel erreicht, meldet Werbechef Otto Haas. Es gäbe kein Ereignis mit ähnlicher Ausstrahlungskraft wie die Olympischen Spiele. Mit 13 Motiven, die verschiedene Sportarten in verfremdeten Farben andeuten, werden 800 000 Plakate in die Welt verteilt; jenseits des Eisernen Vorhangs verweigert nur die DDR die Plakatierung. Weitere 28 Poster werden von namhaften Künstlern entworfen und gut verkauft, vor allem das farbenfrohe Bild von Friedensreich Hundertwasser.

Die drei Kino- und zehn TV-Filme über die Vorbereitungen werden preisgekrönt und in 110 Ländern gezeigt, auch auf Schiffen, Messen und in Flugzeugen. Sie erreichen 40 Millionen Menschen. Auf einer Goodwill-Tour, die wegen der Kosten kritisiert wird, legt eine Delegation hoher Olympier in 18 Tagen rund 37 000 Kilometer zurück. Auch Sonderaktionen wie die „Olympiade der Gastfreundschaft", die 40 000 Privatbetten zusätzlich zu den 100 000 Hotelbetten bringt, die Olympia-Schallplatte „Stunde der Stars" und zwei glanzvolle Bälle haben die Werber durchgezogen. Aber Otto Haas verschweigt nicht, dass da und dort auch eine gewisse Olympia-Müdigkeit oder gar blankes Desinteresse anzutreffen war. So wurde versucht, in der Gastgeberstadt Jugendliche für bestimmte Aktivitäten zu gewinnen. Auf ein Rundschreiben hin kam aus den Schulen keine einzige Antwort.

Das Gesamtkunstwerk

Am 27. Juni 1972 punkt 9 Uhr hoben sich die bewachten Tore des hohen Maschenzauns. Vier Tage lang durften die Münchner die schöne neue Welt des Olympiaparks besichtigen, auf die Gefahr hin, den noch jungen Rasen zu zertrampeln. Sie erlebten und bestaunten einen wunderschönen Natur-Sport-Freizeit-Vergnügungs-Park, der durch die ins Gelände eingebetteten Sportanlagen, die bergförmigen Dächer und die Terrassenhäuser des Olympischen Dorfes sowohl für die Landschaftsarchitektur wie für Hochbauarchitektur neue Maßstäbe setzte.

Der verantwortliche Gestalter Professor Günther Grzimek stellte sich den Park als ein Pendant zur voralpinen Landschaft vor. Das drückten nicht nur die von Professor Günther Benisch entworfenen Zeltdächer aus, sondern auch der „etwas ruppige Charakter der Bepflanzung" (Grzimek) und die mit Isarkieseln besetzten Ufer eines künstlichen Sees. „Olympische Spiele im Grünen" hieß eine Parole, eine andere verhieß „heitere Spiele". Angepflanzt wurden 12 000 Bäume und Büsche sowie über 85 Hektar Blumenwiesen und trittfester Rasen. Das Grün zog sich bis zu den „Hängenden Gärten" des Olympischen Dorfes.

Doch eigentlich wollte Grzimek gar keinen „Park" gestalten, sondern das einstige Schotterfeld in eine „natürliche Landschaft" verwandeln. Nirgends war „betreten verboten". Nur 4,7 Prozent der von künstlichen Hügeln und Gewässern aufgelockerten Erholungsfläche von 1,2 Millionen Quadratmetern wurden eingezäunt, damit eine Kartenkontrolle für die Stadien möglich war und keinem Lustwandler ein Diskus auf den Kopf falle.

Tausend 30 Jahre alte Linden sind – nicht immer zur Freude von Spaziergängern – aus Münchner Alleen und Parks ausgegraben und als „Leitbäume" an die nach berühmten Sportlern benannten Fußgängerwege des olympischen Lustgartens gesetzt worden. 27 Staaten haben außerdem rund hundert landestypische Bäume spendiert, von der Birke aus der sibirischen Taiga bis zur Ölweide aus dem Scheichtum Abu Dabi. Schild und Silberweiden wurden rings um den Olympischen See gepflanzt. An den Berghängen wuchsen Wildrosen, Latschenkiefern und Schwarzdornbüsche.

Die gärtnerische Gestaltung hat allein 20 Millionen Mark verschlungen. Zwölf Gärtner sollten auch nach den Spielen tagaus tagein auf dem Gelände arbeiten, um die 270 600 Quadratmeter Grünflächen zu betreuen. Denn der Olympiapark sollte Tag und Nacht geöffnet sein, und zwar nicht nur für Sportler und Müßiggänger. Ein Teil der Unterhaltskosten sollte durch Gebühren gedeckt werden. Dazu würde vor allem die Vermietung der großen Sportanlagen gehören. Außerdem sollten nach den Spielen der Allgemeinheit zur Verfügung stehen: 150 000 Quadratmeter Rasen, 65 000 Quadratmete Freiluft-Sportstätten auf Kunststoff oder Hartfläche, darunter zum Beispiel neun Hockey-, vier Fußball-, vier Faustball- und 31 Tennisplätze sowie eine „Schweißtropfenbahn".

Vier Sportstätten – als erste die Basketballhalle aus Stahlblech – wurden bereits dem Olympischen Komitee übergeben – und schon hagelte es Kritik. Am 26. Mai 1972 wurde das große Stadion mit einem Fußball-Länderspiel Bundesrepublik gegen die UdSSR eingeweiht. Aber noch hobelten und schraubten, schweißten und schwitzten rund 5000 Handwerker – sie redeten und fluchten in über 20 Sprachen. Bis Juli sollte das „Gesamtkunstwerk" (OK-Chef Willi Daume) fertig sein.

Das Olympiastadion ist nicht nur im Zeichen der "kurzen Wege", sondern auch im Rahmen der Gesamtkonzeption unmittelbar mit den beiden Nachbarbauten verbunden – durch das jetzt schon weltberühmte Dach und das zentrale Plateau. 200 Meter trennen es von der Sporthalle, von dort sind es acht Meter bis zum Schwimmstadion. In Münchens nunmehr größter Halle sollen später Sechstagerennen, Reitturniere, Hallenwettbewerbe, Ausstellungen, Unterhaltungsprogramme, Konzerte und Parteitage (die FDP hat schon gebucht) stattfinden. Der 64-Millionen-Bau wird deshalb gleich als Mehrzweckhalle mit allen erdenklichen Einrichtungen ausgestattet. Ihre 7000 Sitze und die 4000 Stehplätze können „danach" auf 14 000 Plätze aufgestockt werden.

Die Schwimmhalle hat fünf Becken und fasst 9000 Zuschauer. 38 Scheinwerfer, Fenster für die Fotografen und Lautsprecher sind sogar unter Wasser installiert. Nach den Spielen kann die Wassertiefe durch Hubböden auf 35 Zentimeter gesenkt werden, so dass auch Kleinkinder in den olympischen Gewässern planschen können. Dann soll eine Glaswand (für deren Gestaltung man Popkünstler Andy Warhol vergeblich zu gewinnen versucht hatte) das Stadion abschliessen, so dass man laut Behnisch „beim Schwimmen das Panorama des Olympiaberges und später die Liegewiesen erleben kann".

Ab Juli sollen im Olympischen Dorf die ersten Sportler für die Testveranstaltungen und ab 1. August die aktiven Olympiateilnehmer einziehen. Doch die Wohnungen scheinen nicht rechtzeitig fertig zu werden. Zwei Monate vor Eröffnung der Spiele sieht es noch so chaotisch aus, dass Film-Diva Gina Lollobrigida bei einem Besuch des Olympischen Dorfes ausruft: „Wie nach einem Bombenangriff!" Schon waren einige deutsche Athleten wieder ausgezogen. Aber die meisten der 12 000 Sportler und Betreuer aus 123 Ländern, die nach und nach in den Hochhäusern des Männerdorfes und in der „marokkanischen Kasba" der Frauen unterkommen, scheinen der Meinung des Sowjetsprinters Borsow zuzuneigen: „Eine Stadt für das Jahr 2000."

Ehe noch die Olympische Flamme aus der TÜV-geprüften Feuerschale lodert, wird eine Bilanz der Vorbereitungen gezogen: Mit 250 Millionen glaubten die Macher auszukommen. Inzwischen ist die offizielle Berechnung auf die symbolisch scheinende Ziffer 1972 Millionen geklettert. Was das OK tröstet: Rund 1,3 Milliarden Mark stammen nicht aus dem Steuersäckel, sondern wurden durch die Olympialotterie, Lizenzeinnahmen und die Vergabe der Fernsehrechte gedeckt. 670 Millionen Mark finanzierten der Bund zu 50 Prozent, der Freistaat Bayern und die Stadt München zu je 25 Prozent.

Für das viele Geld wurde in München so viel gebaut wie nie zuvor. Für rund 600 Millionen bewegte die Olympiabaugesellschaft seit 1969 rund 3,5 Millionen Kubikmeter Erde, verbaute 220 000 Kubikmeter Beton und die vierfache Eisenmenge des Eiffelturms.

Nach dem traurigen Ende der „heiteren Spiele", nach dem blutigen „schwarzen September", stand das ganze schöne, teure Wunderwerk vor vielen Fragen. Einig waren sich aber alle: Das Leben im Olympiapark „must go on". Auf dem einstigen Exerzierplatz von Oberwiesenfeld sollte „der größte lebendigste Sport- und Erholungspark Europas" auferstehen. Mit diesem vollmundigen Versprechen übernahm der Direktor der Olympiapark GmbH, Werner Göhner, die über 1100 Schlüssel für die Sportstätten, Veranstaltungshallen, gastronomischen Betriebe, Büros und Werkstätten.

Schon sechs Tage nach der Schlussfeier am 17. September startete das nacholympische Programm mit der Auftakt-Show zur neuen Fernsehserie „Ein Platz an der Sonne für jung und alt". Und so geht es weiter, reibungslos, pannenlos, gut organisiert. Bis Ende 2018 registrierte die Olympiapark GmbH, eine hundertprozentige Körperschaft der Landeshauptstadt, 215

Millionen Besucher: 121 Millionen bei sportlichen, kulturellen und kommerziellen Veranstaltungen und 93 Millionen bei Freizeit- und Tourismusveranstaltungen, wozu auch geführte Zeltdachtouren und Fahrten mit der Kleinbahn zur Parkgeschichte gehören. In den Stadien fanden binnen 45 Jahren statt: 33, Weltmeisterschaften, zwölf Europa-Meisterschaften und über hundert deutsche Meisterschaften …

Im Juli 2019 wurde Oberbürgermeister Dieter Reiter von seinem Planungsausschuss beauftragt, den Olympiapark bei der UNESCO als Weltkulturerbe zu melden. Der Bewerbung werden allgemein gute Chancen eingeräumt. Bisher haben nur wenige Sportstätten diese Anerkennung gefunden. Allerdings ist noch ein Hürdenlauf zu meistern: Nach der offiziellen Bewerbung der Stadt, die für die Vorbereitung eine halbe Million Euro zur Verfügung gestellt hat, muss noch das bayerische Wirtschaftsministerium und schließlich die deutsche Kultusministerkonferenz zustimmen. Der Olympiapark wäre Münchens erstes Weltkulturerbe.

Viel Vergnügen

Was sind eigentlich "heitere Spiele"? Was der Welt für München '72 mit diesem Slogan versprochen wurde, war gar nicht so leicht zu verwirklichen. Dass die Eröffnungsfeier nicht gerade, wie 1936 in Berlin, als eine Art internationale Militärparade erscheinen sollte, war von vornherein klar. Wie aber sollte die Heiterkeit auf die ganze Stadt übertragen werden? Das Kunststück gelang. Es war viel Spaß in der Stadt und draußen im Park – jedenfalls bis zum „Schwarzen September".

Der Musikmanager Stefan von Baranski hat von den Olympia-Verantwortlichen einen schweren Job bekommen: „Ich habe die schöne Aufgabe, 5000 Menschen wochenlang für 450 000 Mark zu unterhalten." Weil man aber für so wenig Geld kein Spitzenprogramm bieten kann, ist Baranski zum Bettler geworden. In allen Erdteilen bittet er Künstler, DJs und Show-Leute, ihr Scherflein zur olympischen Idee beizutragen.

Tatsächlich verzichten viele auf Teile ihrer Gage, und zahlreiche Rundfunkstationen sagen ihre Orchester oder ganze Programme kostenlos zu. Was vom 1. August an in dem für 14 Millionen Mark erbauten Vergnügungszentrum des Olympischen Dorfes für die Athleten produziert wird, soll also auch

Das Olympische Dorf – Hochhäuser und kleine Häuser, die dann Studenten aufnahmen

Millionen von Rundfunkhörern unterhalten. Das Programm ist Anfang März fast perfekt. Es beginnt mit einer internationalen Zauberschau des Studios für Magische Kunst im Theater des Dorfes, das 450 Plätze hat. Die Folklore reicht von der "Kuhglockenshow" und dem Jodler-Duo aus dem Chiemgau bis zum Volkstanz der Spanier. Mit polnischen Popkünstlern gastiert die neue, 24 Mann starke Big Band der Bundeswehr.

Im poppig aufgemachten „Bavaria Club" dagegen, wo sich Sportler und Sportlerinnen auf drei Tanzflächen austoben können, will der Manager vorwiegend deutschsprachige Kapellen und Sänger einsetzen, zum Beispiel die Münchner "Blue Birds", Jochen Brauer, Ambros Seelos, die Hazy Osterwald Jet Sets, die Solisten Marianne Wendt, Paola, Tonia und Roberto Blanco. Der Rundfunk nimmt täglich eine Sendung namens „Olympia-Stammtisch" mit Sportlern, Journalisten und Künstlern in dem Club auf, der 600 Personen fasst und ab 16 Uhr als Diskothek betrieben wird. Allerdings gibt es dort keinen Alkohol, nur Limonade, Milch, und original zubereitete Tees aus Sri Lanka und Indien werden ausgeschenkt.

Noch seriöser wird es in der benachbarten „Klassik-Diskothek" zugehen, wo die deutschen Schallplattenfirmen täglich zwei bis drei Stunden Konzerte veranstalten und Musikexperten in verschiedenen Sprachen dazu Erklärungen abgeben werden. Im Dorfkino mit 250 Plätzen soll täglich ein internationales Filmfestival abgespult werden. Eine Umfrage unter Sportlern stellt deren Wünsche fest: Unterhaltungsfilme, Western, Krimis und Action-Thriller.

Schließlich können sich die Aktiven noch in einer Kunst- und Fotoausstellung, in zahlreichen Tischtennisturnieren, in zwei Sälen mit Tischfußball und anderen Sportautomaten sowie in fünf Fernsehräumen unterhalten und entspannen. Im Freien gibt es Schachspiele mit 80 Zentimeter hohen Figuren und Minigolf.

Swinging Munich

Jeden Tag steht der 82jährige Rentner Benno Stiffinger mit knielanger Lederhose, bestickter Trachtenjacke, Wadlstrümpfen, Bergstiefeln und weissem Rauschebart auf dem Marienplatz und lässt sich pausenlos als Original ablichten. Olympiabesucher in Turban, Kaftan, Kimono oder in schlichtem deutschen Urlauberzivil benützen den Bilderbuchbayern, der für diesen Service nicht einmal die Hand aufhält, mindestens so gern und häufig als Fotostaffage wie im Hintergrund die neugotische Fassade des Rathauses, von dessen Turm ausnahmsweise zweimal täglich das Glockenspiel erklingt.

Die ganze Stadt swingt und klingt. Folkloregruppen aus aller Welt ziehen durch die neue Fußgängerzone, die einstige Hauptverkehrsader. Hier tanzen schwarze Mädchen von der Karibik, dort schmettern die mexikanischen Mariacchis. Auch die Alphornbläser aus dem Allgäu, die bei der Eröffnungsfeier nicht blasen durften, holen das jetzt auf dem Marienplatz mit vollen Lungen nach. Ein Sprachengewirr, ein Rassengemisch, ein Getriebe und Geschiebe, eine große Gaudi. Münchens City wird Manhattan und Schwabylon wird Babylon. Weltstadtatmosphäre und Wiesnstimmung zugleich: Viele Fremde haben sich schon bayerisch eingekleidet – und im Hofbräuhaus werden täglich etwa 500 Masskrüge geklaut. Aber der Umsatz ist auch in diesen weltberühmten Trinkhallen nicht sonderlich gut.

Das alte, das richtige Schwabing boomt im Olympia-Monat August. Schon mittags ist in den Boulevardcafés kein Stuhl mehr frei. Im Beatschuppen „Big Apple" bricht in der Hitze des Betriebs ein Brand aus. Berliner Feuerwehr, zur Zeit als Verstärkung an der Isar, löscht. Aushilfspolizisten aus anderen

Bundesländern müsen den Weg zu Münchner Adressen weisen. Ein Hamburger irrt stundenlang herum, weil er sein Auto nicht wiederfindet. Die Polizei greift einen 12-jährigen Griechen auf, der völlig verwahrlost ist. Er hat seinen Eltern in Hamm 300 Mark gestohlen, um Olympia aus der Nähe zu sehen, ist in München aber selbst einem Taschendieb zum Opfer gefallen.

Der Englische Garten ist fest in der Hand fröhlicher Hippies und Jesus-People. Jeden Tag vertreiben Polizeistreifen bis zu 200 Olympia-Gammler. Trotzdem füllen sich die Wiesen jeden Abend wieder. Am Monopteros ist auch die letzte Steinstufe besetzt. John Zehnder (20), amerikanischer Student, hat ein Schild aufgestellt: „Ich brauche einen Platz für meinen Schlafsack, kannst du mich helfen?" Münchner laden ihn ein. Olympische Weltstadt mit Herz.

Saubere Spiele

Nicht nur heiter, sondern auch außerordentlich sauber sollen die Spiele werden. Nachdem bereits Freudenhäuser geschlossen, Striptease-Programme entschärft und Kinos zum Maßhalten aufgefordert worden sind, hat die Staatsanwaltschaft München im Juli 1972 eine Razzia gegen alle 25 Pornoläden der Stadt gestartet. Stundenlang durchleuchten 70 Polizeibeamte die Geschäfte. Sie beschlagnahmen ganze Wagenladungen voller Magazine, Bücher und Filme.

Der Sprecher des bayerischen Justizministeriums, Staatsanwalt Rauchalles, bestreitet allerdings, dass die Aktion etwas mit den Olympischen Spielen zu tun hat. Es handle sich um „ein Datum wie jedes andere". Der einzige „Aufhänger" sei, dass die Pornografie in München in letzter Zeit eine „unübersehbare Vermehrung" erfahren habe, so dass man gemeint habe, „jetzt eine Durchsuchung vornehmen zu müssen".

Auch Bayerns Justizminister Philipp Held, der selbst Verleger ist, macht deutlich, dass sich das

„Training für Olympia" – was mit dieser Anzeige wohl gemeint war?

Vorgehen nicht allein auf die Olympiastadt München beziehe: In ganz Bayern seien die Staatsanwaltschaften bemüht, „Geschäftemacherei zu unterbinden, mit der Menschenbild und Menschenwürde öffentlich in den Schmutz gezogen werden". Es gehe auch gar nicht allein gegen die Sexläden, fügt Staatsanwalt Rauchalles hinzu. Vielmehr habe die Staatsanwaltschaft in jüngster Zeit gezeigt, dass sie nicht bereit sei, „in den Filmtheatern jede Entwicklung hinzunehmen".

Tatsächlich haben sich Anzeigen und Auflagen gegen Münchner Kinobesitzer vermehrt, was einige schon zu dem Versprechen veranlasst hat, während der Sportspiele eine „saubere Leinwand" vorzuführen. Auch in dem seit März anhaltenden „Dirnenkrieg" in München ist jetzt den Moralwächtern ein entscheidender Schlag gelungen. Das Bayerische Verwaltungsgericht hat entschieden, dass die Anbietung und Ausübung der Gewerbsunzucht in der Innenstadt auch in geschlossenen Häusern verboten sei. Damit ist dem uralten Handwerk in der City der Boden entzogen. In Erwartung dieses Entscheids und zermürbt von monatelanger Polizeiblockade, haben die Freudenmädchen das Feld geräumt und sich in Wohngebieten der Vororte verschanzt. Ein weiterer Ausweg: In einer einzigen Boulevardzeitung bieten am 26. Juli über 60 Masseusen und Salons ihre Dienste an.

Der Anschlag

5. September 1972. Wie jeden Tag bin ich früh auf dem Gelände. Um acht Uhr morgens scheint die olympische Welt noch in Ordnung zu sein. Erst einige wenige der 4000 Journalisten sind ins Pressezentrum gekommen, die meisten nehmen das Frühstück im Freien ein. Strahlende Sonne über der Stadt. Wenn auch in weiten Teilen Deutschlands ein Tief aufgezogen ist – München soll heiter bleiben, so sagten die Meteorologen voraus. In unseren Schließfächern finden wir eine Einladung zu einem „Oktoberfest im September", zu einer richtigen bayerischen Gaudi auf der Winklmoosalm am Tag nach den Spielen.

Noch geben die vielen Fernsehschirme über den schwarzen Sesseln kein Bild. Aber schlagartig ist die Nachricht da: Terror im Olympischen Dorf. Und plötzlich füllt sich das Foyer der zur Zeit größten Nachrichtenbörse der Welt. Alle sind verstört, entsetzt, meist sprachlos. Sie hasten zu Telefonen, Büros,

Ganzseitiger Bericht des Autors im Kölner Stadtanzeiger

Monitoren. Keiner weiß Genaues. Das Hauptquartier der Weltpresse gleicht einem aufgescheuchten Ameisenhaufen.

„Vermutlich palästinensische Terroristen in die israelischen Quartiere eingedrungen … Mindestens ein Mensch erschossen … Sie lassen keinen Arzt rein" – das sind die ersten Informationen, die Olympia-Pressesprecher Jonny Klein in drei Sprachen mitteilen lässt. Um 9.15 Uhr kommt Mark Spitz zu seiner schon am Vortag angesetzten Pressekonferenz, erhält von einem dunkelhäutigen Jungen eine achte Goldmedaille. Spitz, der Jude ist, weigert sich, vor das Mikrofon zu treten. „Wegen der Attacke der Araber," sagt er.

Am Olympischen Dorf sind inzwischen alle Eingänge versperrt. Was bei diesen „heiteren Spielen" unbedingt vermieden werden sollte, ist nun doch eingetreten: Polizisten auf allen Straßen, mit umgehängten Maschinenpistolen und Funksprechgeräten vor und im Olympischen Dorf. Von drinnen kommen Busse mit Athleten, die zu ihren Wettkämpfen wollen. Wer von den Journalisten noch vor Inkrafttreten der verschärften Sicherheitsbestimmungen im Dorf war, wird festgehalten und mit Polizeigewalt ausgewiesen, darunter auch Don Shilon, der Sportchef des israelischen Fernsehens.

Mit der telefonischen Alarmmeldung „Die Araber sind da" waren Shilon und andere israelische Medienvertreter gegen 6 Uhr vom Chef der israelischen Mannschaft ins Dorf gerufen worden. Vor deren Quartier in der Conallystraße 31 standen drei Ambulanzwagen. Shilon: „Ich sah den Körper von Moshe Weinberg – zerschmettert, offensichtlich von einem Maschinengewehr durchsiebt." Alle israelischen Athleten und ihre Trainer hatten noch geschlafen.

Drei waren bei dem Überfall entkommen, berichtet Israel Rosenblatt aus Jerusalem. Einer war im Schlafanzug. Es war Sabbat. Einer der Gangster jagte ihm einen Schuss nach. Diesen hörte auch der Fernsehreporter Dagobert Lindlau, der mit den Eishockeyspielern Kanadas ihren Sieg über die Russen feierte. Es war kurz nach 4.30 Uhr. „Ich hielt es für den Schuss eines Schützen," berichtet der erfahrene Sportschütze Lindlau. Ein Augenzeuge will vor dem Quartier der DDR-Mannschaft einen Mann mit schwarzer Maske und weißem Hut sowie zwei Leute mit rotem Pullover auf dem Balkon einer israelischen Wohnung bemerkt haben.

Was sich dort abspielte, schildert der israelische Gewichthebertrainer Tuvia Sokowlsky, der durch einen Fenstersprung entkommen war: Der kräftige Ringerkampfrichter Joseph Gutfreund habe, als die Terroristen eingedrungen seien, laut geschrieen: „Jungs, haut ab!" Mit aller Kraft habe Gutfreund noch versucht, die schon halb geöffnete Tür zuzuhalten. Dann streckte auch ihn eine Salve aus einem Maschinengewehr zu Boden.

Was dann geschieht, können Hunderte von Journalisten, Kameraleute und Schaulustige von einer Anhöhe am Westzaun des Olympischen Dorfes aus über Stunden hin ziemlich genau beobachten: Der Mann mit dem weißen Hut, er trägt auch eine Khakijacke, verhandelt vom Balkon aus wiederholt mit dem Bundesinnenminister Genscher, dem Münchner Polizeipräsidenten Schreiber und anderen, unbekannten Personen. In Bonn tritt unter Bundeskanzler Brandt ein Krisenstab zusammen, in Tel Aviv die Regierung Golda Meier.

Während dessen schleichen – für Außenstehende und auch fürs Fernsehen gut sichtbar – Polizisten in Trainingsanzügen mit Handfeuerwaffen über die Mauern und Dächer an den Ort des Geschehens. Es ist bereits dunkel, als endlich die gefangenen Israelis von mehreren Männern herausgeführt und in einen vorgefahrenen Bus getrieben werden. Das Fahrtziel, hört man, heißt

Fürstenfeldbruck. Auf dem NATO-Flugplatz steigen acht Araber mit ihren neun Geiseln in zwei Hubschrauber.

Auf Deutsch und Arabisch werden die Terroristen zur Übergabe der Geiseln aufgefordert. Ein Panzerwagen setzt sich in Bewegung. Plötzlich löst sich ein Schuss, die bereit stehenden Scharfschützen feuern aufs Flugfeld. Die Szene wird vollends unübersichtlich, nachdem die Lichtzentrale im Tower getroffen ist. Gegen Mitternacht steht jedenfalls fest: alle neun Israelis, fünf Araber und ein deutscher Polizeibeamter wurden durch Schüsse oder Handgranaten getötet.

Zur Tat bekennt sich alsbald eine Gruppe „Schwarzer September", die angeblich auch der Palästinensischen Befreiungsorganisation PLO unbekannt ist. Die drei zunächst in Bayern inhaftierten Attentäter werden schon 50 Tage danach durch eine Flugzeugentführung freigepresst. Auf sie und die mutmaßlichen Drahtzieher beginnt sofort eine weltweite, jahrelange Treibjagd des israelischen Geheimdienstes, wobei bisher 17 Araber getötet wurden. Schwerer Vorwürfe (unter anderem: „Zu spät und zu schlecht geschossen") haben sich die deutschen Sicherheitsverantwortlichen noch nach Jahren zu erwehren.

Was ist geblieben?

Ein heiteres München, friedlich-entspannt, weltstädtisch? Oder eher der Terror des „Schwarzen September" – was bleibt unter dem Strich als Erinnerung stärker haften?

Was in jedem Fall weiter besteht, ist ein grandioses architektonisches Werk: Ein Volkspark, Sportanlagen vom Feinsten und ein flächendeckendes Schnellbahnnetz. All das muss allerdings unterhalten, bespielt und finanziert werden. Und da stellt sich für die Folgejahre eine Fülle von Fragen. Aus den „olympischen Ruinen" soll der „größte lebendigste Sport- und Erholungspark Europas" auferstehen. Mit diesem vollmundigen Versprechen übernimmt der Direktor der Olympia GmbH, Werner Göhner, die über 1100 Schlüssel für die Sportstätten, Veranstaltungshallen, gastronomischen Betriebe, Büros und Werkstätten.

Sechs Tage nach der Schlussfeier am 17. September 1972 startet das nacholympische Programm mit der Auftakt-Show zur neuen Fernsehserie „Ein Platz an der Sonne für jung und alt". Dann erscheinen zweihundert Rassehunde zur Prämierung und daraufhin die Delegierten der FDP zu ihrem Parteitag.

Im November liefern sich 14 europäische Spitzenmannschaften das erste Münchner Sechs-Tage-Rennen seit 18 Jahren. Eingebaut wurden dafür eine 200 Meter lange Radrennpiste aus nordischer Kiefer, mehrere Schießbuden und ein Podium für ein Show-Orchester. Inmitten des Ovals sollen danach vier Tennisplätze entstehen. Die größte Mehrzweckhalle der Bundesrepublik, eben noch Arena für Turnen und andere Disziplinen, ist bis Ende Januar ausgebucht. Sie kann, etwa für Boxkämpfe, bis auf 14 267 Plätze erweitert werden. In der Olympiapark GmbH, nunmehr der größte Veranstalter Münchens, erwägt man, die Halle auch für die Eishockey-WM 1975 anzubieten. Auch an Stallungen für Reitturniere und an Hallenfußball ist gedacht.

Etwas länger dauert es, bis das Olympiastadion wieder in Betrieb gehen kann. Der beim Preis der Nationen von den Pferden zertrampelte Rasen soll völlig neu angepflanzt und künftig nicht nur automatisch beheizt und berieselt, sondern auch gegen Wetterunbilden automatisch abgedeckt werden können. Außerdem will man die Osttribünen überdachen, so dass rund 60 000 von 80 000 Zuschauern ein Zeltdach über dem Kopf haben. Die Fußball-WM 1974 wurde nur unter dieser Voraussetzung nach München vergeben.

Die Aufwärmhalle neben dem Stadion soll ein Leichtathletikzentrum werden. Außerdem ist eine ständige Ausstellung geplant. Die Porträts und Signaturen aller Medaillengewinner, Pläne, Plakate, Fahnen, Wimpel, Abzeichen, Sportgerät, Trikots und Maskottchen Waldi sollen Olympia '72 dokumentieren. Auf dem Forum zwischen Stadion, Sport- und Schwimmhalle möchte Grosswirt Hermann Haberl einen Biergarten bauen und „in lauen Sommernächten venezianische Atmosphäre bei Seefesten auf dem Olympiasee verbreiten". Ein Hubschrauberlandeplatz soll nebenan bis zur Fußball-WM planiert werden.

Die Schwimmhalle steht der Bevölkerung und Vereinen zur Verfügung. Allerdings muss dafür erst eine riesige Glaswand anstelle von Tribünen eingesetzt werden. Für deren Gestaltung versucht man vergeblich Popkünstler Andy Warhol zu gewinnen. Durch diese Wand wird man „auch beim Schwimmen das Panorama des Olympiaberges und Münchens größte Liegewiese sehen und erleben können", verheißt Chefarchitekt Behnisch.

Der komplette Olympiapark von oben

Ausschließlich für die Bevölkerung wird auch der eigentliche, der grüne Olympiapark geöffnet. Die zwölf Gärtner, die dort ständig arbeiten werden, müssen allerdings erst einmal die 85 Hektar großen Blumenwiesen mit ihren 12 000 Büschen und Bäumen von den Spuren des Massenbetriebs der 16 Tage befreien. Komplett verwüstet ist das Rosenbeet vor dem Olympischen Dorf, wo Journalisten und Kameraleute am Schwarzen Septemberdienstag standen. Nach Vorstellung des Landschaftsplaners Günther Grzimek soll ein „zweiter Englischer Garten" erblühen. Mit Spielplätzen, kleinen Bühnen und Tieren wie Schafe, Zwergziegen und Ponys.

Die Volkshochschule hat inzwischen das Grundkapital beisammen, um im VIP-Bereich des Hauptstadions einen "Gesundheitspark" anzulegen, der außer Breitensport auch vielerlei Kurse anbieten soll. Auf dem angestauten Olympiasee sollen Kähne schaukeln; der Antrag einer Schweizer Gruppe für eine "Gondolettabahn" wird aber abgelehnt. Das Theatron wird gelegentlich wieder bespielt. Am Westufer möchten Investoren ein Bungalowhotel bauen.

Schöne Zukunftspläne – aber wer soll die bezahlen? Direktor Göhner sagt klar: „Auch bei bester Nutzung wird der Olympiapark immer ein Zuschussbetrieb bleiben." Gutachten rechnen mit einem jährlichen Defizit. Um die Finanzen durch eigene Einnahmen aufzubessern, will die Olympiaparkgesellschaft „selbstverständlich auch Werbung" erlauben, was bei der Olympiade streng verboten war. Auch Führungen will man veranstalten, wobei in einem preisgünstigen Arrangement auch der Besuch des Olympiaturms mit Brotzeit eingeschlossen werden soll.

Ein Jahr später meldet Göhner: „Jetzt kommt ein negatives Olympia-Image auf uns zu – aber das war ja vorauszusehen." Fast täglich ist von Schäden an den Anlagen zu lesen. Die meisten Beschwerden betreffen das „moderne Weltwunder", das größte und teuerste aller Dächer.

Das Schwimmstadion wird erst Ende Juli 1973 eröffnet. Nicht nur der Einbau der riesigen Glaswand hat den Termin verzögert, auch zeigte der Boden starke Unebenheiten, Kondenswasser schlug sich nieder, die Wasseraufbereitungsanlage funktionierte nicht.

Auch die Betriebskosten, vor allem für Licht und Heizung, liegen mindestens um 20 Prozent über der Schätzung. Anfang August freut man sich deshalb schon auf 80 000 Zeugen Jehovas und gleich danach auf Mormonen aus aller Welt. Beide Religionsgemeinschaften wurden als besonders zahlungskräftig ausgemacht. „Die Hälfte des Schadens wird erst in einigen Wochen ermittelt sein," sagt Walther Tröger, der noch bis Ende Oktober 1972 als Bürgermeister des 450 Millionen Mark teuren Olympischen Dorfes amtiert. Nach seinen bisherigen Erkundungen ist der hinterlassene Schaden jedenfalls geringer, als man befürchtet hatte. Dass viele der nach Geschlechtern getrennten 12 000 Sportler und Betreuer fast alles, was nicht niet- und nagelfest ist, als Souvenir mitnehmen würden, war von vornherein eingeplant und durchaus geduldet worden.

Mit dem Ausräumen der von der Bundeswehr entliehenen Möbel und der Totalrenovierung des etwas geplünderten Dorfes kann natürlich erst nach dem Auszug der letzten Athleten begonnen werden. Bis zum 18. September haben sie Wohnrecht, und nicht wenige wollen die Frist nützen. Auch der Betrieb im Vergnügungszentrum geht vorerst weiter. Jetzt darf im Bavaria Club, was während der Wettkämpfe streng verboten war, auch Bier ausgeschenkt werden. Bis zum Abzug des letzten Mannes patrouillieren noch Polizisten am Zaun, der von den palästinensischen Terroristen so leicht zu überklettern war.

Kaum sind die letzten Olympiagäste ausgezogen, wobei sie pro Quadratmeter Wohnraum einen Schaden von 15 DM hinterlassen, streitet sich der bayerische Staat, der das Grundstück billig abgegeben hatte, mit den privaten „Maßnahmeträgern", weil diese plötzlich weit über die ausgehandelten Festpreise hinausgehen. Der Quadratmeter kostet jetzt bis zu 2300 Mark. So bleiben die fünf Baugruppen lange auf den meisten der 5000 frei finanzierten Wohnungen sitzen. Als schließlich alles renoviert, großenteils verkauft und belegt ist, funktioniert so manches nicht. Zum Beispiel die „modernste Müllentsorgungsanlage der Welt".

Aus dem Musterdorf wird eine Müllhalde. Unrat häuft sich in den Untergeschossen. Ratten tummeln sich überall. Und Gangster. An den treppenförmigen Fassaden turnen Einbrecher und Voyeure, in der unterirdischen Verkehrszone lauern Räuber und Autoknacker. Die Stadt bedauert jetzt, die „Schwarzen Sheriffs" vertrieben zu haben. Dafür kommen schon jede Menge Touristen. Jahr für Jahr wandern schätzungsweise 1,2 Millionen durch die verkehrsfreien Gassen. Insbesondere das Haus in der Conollystraße, wo sich das Terror-Drama vom 5. September abgespielt hatte, zählt zu den meistbegafften Attraktionen.

Die grosse Gaudi

Tanz in Trümmern

Erst ab 1. April 1946 war es Zivilpersonen im amerikanisch besetzten München wieder erlaubt, sich nachts im Freien aufzuhalten. Die wenigen Lokale waren eiskalt, es herrschten starker Frost und extremer Brennstoffmangel. Die Lebensmittelraten waren nochmal auf 1275 Kalorien gekürzt worden. Wahrlich keine Zeit für Fröhlichkeit.

Und doch standen 1948 immerhin bereits 710 Veranstaltungen im Faschingskalender – die bevorstehende Währungsreform ließ manch einen das alte Geld noch rasch verpulvern. (Siehe Kapitel „Das große Wunder"). Jetzt konnte man auch wieder an eine Art Narrentreiben denken. Sehr ausgelassen konnte das freilich nicht sein, denn der Stadtrat verbot – vielleicht mit Rücksicht auf oder gedrängt durch die US-Militärregierung – jegliches Maskentreiben auf den Straßen sowie das Werfen von Konfetti und Papierschlangen. Amtlich erlaubt waren nur „Juxhüte und Papiermützen". Auch die Narrhalla meldete sich zurück – mit einem bescheidenen Kappenabend.

So gab es denn, just am Faschingsdienstag, statt des traditionellen Umzugs im Circus Krone eine Kundgebung der SPD mit der Forderung, den Landtag aufzulösen, weil über eine Million Flüchtlinge darin nicht vertreten waren. Am Rosenmontag darauf starb – halb verhungert und trotz seines letzten Auftritts im „Bunten Würfel" von seinen Münchnern fast vergessen – der große Komiker Karl Valentin. Am selben 9. Februar 1948 wurden zwei Leute durch herab stürzende Ruinenmauern erschlagen. Und der „Münchner Merkur" veranstaltete seinen ersten „Sportlerball".

Die Münchner Presse spielte gleichsam den Prinzen, der den 1939 entschlafenen Fasching wach küssen sollte. Jedenfalls versuchten die *Müddeutsche Zeitung*, der *Münchner Spaßanzeiger* und der *Münchner Mucker*, die Stimmung durch mehr oder minder witzige Beiträge zu heben. Besonders verdient machte sich die junge *Abendzeitung*. Sie rief zu einem Ball namens „Die große Glocke", gleichsam zum Tanz auf dem hierzulande seit 1945 erloschenen Vulkan.

MÜNCHEN

*Der **Münchner Fasching** hat viele Facetten – die neue **AZ-Serie** schaut auf gestern und heute*

Der Fasching wird Volkskultur

Künstler und Großkopferte feiern ab 1840 rauschende Feste. „Stimmung" lautet die Parole, die immer mehr Münchner mitreißt

Von Karl Stankiewitz

Ende des 19. Jahrhunderts entwickelte sich in München eine unumstößliche, geradezu rituelle Faschingstradition. Die Künstlerfeste lebten noch einmal auf. Ihr glanzvoller Höhepunkt war das Dürerfest 1840. Im Residenztheater tummelten sich 300 Kostümierte: Gekrönte, Mummenschanz, Meistersinger, Handwerker, Herolde, Falkner und Kunstmaler, deren Allergrößter – A.D. – mit pelzverbrämtem Mantel wie auf dem Selbstbildnis in der Pinakothek auftrat.

Neuen Auftrieb erhielt der lahmende Fasching durch die 1873 gegründete „Allotria". Zum Gedenken an den „siegreichen" deutsch-französischen Krieg von 1870/71 leistete sich die aufmüpfige Künstlergruppe, der sich Musiker und Offiziere anschlossen, einen pompösen, patriotischen „Festzug Kaiser Karls V.": Künstler wie August Kaulbach entwarfen Kostüme und Kulissen. Hunderte Menschen in Renaissance-Gewändern zogen mit Falken und Windspielen ins Odeon ein.

Präsident der „Allotria" war von 1879 bis zu seinem Tod Franz von Lenbach. Der „Malerfürst" trat sein Amt zu einem Zeitpunkt an, als eine Zeitung feststellte: „Im heutigen München ist die Freude an den maskierten Festen fast ganz verschwunden." Das galt es zu ändern. „Stimmung, Stimmung!", so die Parole der Künstler.

Am 18. Februar 1881 erlebte der Münchner Fasching einen fürchterlichen Rückschlag: In Kil's Colosseum, dem größten Vergnügungspalast der Stadt, erlitten neun kostümierte Studenten an entflammten Fellen einen entsetzlichen Tod.

Schon ein Jahr nach der „Eskimo-Tragödie", die ganz Europa schockierte, arrangierte Stararchitekt Gabriel von Seidl einen Faschingszug, wie ihn Mün-

Faschingszug 1896: Der Faschingswagen „Zum Kamin" wird von Pferden über den Bahnhofsplatz am Hauptbahnhof (l.) gezogen. Fotos (6): Stadtarchiv München

chen noch nicht erlebt hatte. Die ganze Weltgeschichte bewegte sich durch die Straßen. Vom Hofstaat des ägyptischen Pharao samt Sphinx bis zur Gegenwart in Gestalt einer geschmückten Lokomotive, eines Telegrafen, einer Litfaßsäule, eines Velocipeds und eines Krupp'schen Kanonenrohrs.

Sogar die Zukunft marschierte mit: Ein Elefant trug das Modell des Künstlerhauses, das erst 1900 fertig werden sollte.

1883 eröffnete am Stiglmaierplatz mit mehr als 6000 Plätzen die größte Hochburg des „Volksfaschings": der mit Türmen und Erkern geschmückte Löwenbräukeller. Bei den Redouten traf man alle Welt: Damen der Gesellschaft ebenso wie verkleidete Dienst- und Ladenmädchen. „Im Löwenbräu gibt es keine Sektorgie; das Bacchanal der Münchner Jugend wird mit Weißwürsten gefeiert", berichtet ein Zeitgenosse.

Berühmt wurde das „Fest der Gaukler", das Studenten der Kunstakademie aufzogen, und später die Umzüge der „Damischen Ritter", mit Blechrüstung auf Steckenpferden oder Eseln. Wiederum im Kolosseum kreierte ein Kollektiv der Münchner Künstlerschaft 1886 ein märchenhaftes „Winterfest" mit allen Finessen. Da schoben Schlittschuhläufer Damen auf Schlitten durch eine prächtige künstliche Schnee-

landschaft. Die Besucher wurden verzaubert durch Weihnachts-, Bauern- und Jagdmotive. Später stellte Prinzregent Luitpold beide Hoftheater, die mit einem Laubengang verbunden wurden, für derlei Veranstaltungen zur Verfügung.

Ab 1888 wurde es üblich, dass außer Künstlergruppen auch Vereine – Sektionen des Alpenvereins, Turnerbünde oder Liedertafeln, Handwerksinnungen, Offiziersclubs oder einfach Stammtische lustiger oder weniger lustiger Feste und Karnevalssitzungen rheinischer Art organisierten. Dabei traten erstmals Volkssänger auf.

Im selben Jahr brachte der Journalist Benno Rauchenegger ein Blättchen mit Faschingsgaudi heraus; der Titel „Die Trompete". 1893 verteilte sein Kollege Fritz Orsini von der „Jugend", als Zeitungsfrau verkleidet, eine Nachbildung der „Münchener Neuesten Nachrichten", die als richtige Faschingszeitung gelten konnte.

Es war jetzt wohl an der Zeit, die überquellende, unübersichtlich gewordene Fröhlichkeit unter einen Hut zu bringen. Am 20. Januar 1893 wurde in der Gabelsberger Brauerei eine „Carnevalsgesellschaft" gegründet.

Dieser „bürgerliche Verein" widmete sich fortan, wie es in der Satzung umständlich hieß, „der Schaffung eines großen Carnevals und der Veranstaltung von öffentlichen Lustbarkeiten zum Zwecke der Förderung der Geselligkeit, der Hebung des Fremdenverkehrs und der Unterstützung wohltätiger Bestrebungen".

Tatsächlich konnten die unternehmungslustigen Herren – allesamt Großkopferte oder Künstler. Frauen blieben bis heute unterrepräsentiert – für den Faschingsdienstag einen Festzug organisieren, Spenden der Großbrauereien machten es möglich. Beim ersten Faschingszug wurden aktuelle Probleme persifliert, etwa von Ochsen gezogene „Tram-

1898: Maler Max Beierlein beim Künstlerfest „In Arkadien".

way" oder der schwer bewaffnete „Weltfrieden". Publikum und Presse waren begeistert. Fortan regnete es – eine Neuheit – Konfetti und Luftschlangen. Und Faschingsorden.

Im Jahr darauf, am 30. Januar 1894, krönte und inthronisierte die Carnevalsgesellschaft, angewachsen auf 500 Mitglieder mit Büro in den Rathausarkaden, den Inhaber der ersten privaten Kunstgalerie Münchens, August Humpelmayr, als ersten Faschingsprinzen „Prinz Gustl I".

Auch die Umzüge wurden nun zur Institution. Der erste fand am 24. Februar 1895 statt. Velocipedisten, gestellt von der Münchner Radfahrer-Union, armenische Reiter und andere exotische Gestalten begleiteten den Prunkwagen von Prinz Franzl I.

Im Jahr 1900 umfasste der Umzug nicht weniger als 200 Nummern; man sah „Pierretten, Dachauer und fidele Klauns".

Doch konnte der „Gaudiwurm" in späteren Jahren den Münchnern oft nur mit Mühe „Jubel, Trubel, Heiterkeit" entlocken. Das verdeutlicht ein Aufruf um 1910: „Der Zug darf mit frohen Zurufen begrüßt werden." Nicht allen Zuschauern gefiel es, mit Konfetti und Bonbons beworfen und von besonders lustigen Leuten beulmalt zu werden.

Morgen lesen Sie: Fasching bis 1914, der Tanz auf dem Vulkan

Grade mal zwei Jahre alt: der Löwenbräukeller 1885.

Diese Karte von 1897 grüßt vom Münchner Carneval.

Wagen der Münchner Neuesten Nachrichten in der St.-Anna-Vorstadt.

Gut gefüllt: der Faschingszug 1898 am Max-Joseph-Platz.

Aus einer Serie der Abendzeitung im Januar 2019

Tummelplatz dafür war das wiederaufgebaute Regina-Palasthotel. In den ausgebrannten Mauern hatte Harald Braun 1947 den ersten anspruchsvollen Nachkriegsfilm gedreht: „Zwischen Gestern und Morgen", mit Hildegard Knef, Winnie Markus, Willy Birgel, Viktor de Kowa und Sybille Schmitz, die später den von einer Ärztin gelieferten Drogen zum Opfer fiel. Jetzt waren die unterirdischen Thermen zu intimen Separees umfunktioniert und das Schwimmbecken (man sagte noch nicht „Pool") zu einer von mehreren Tanzdielen. 1951, auf dem Höhepunkt des Korea-Krieges, läutete erstmals die „Große Glocke".

Fortan war jeder dieser Bälle schnell ausverkauft. Für die nächsten Jahrzehnte sollte die Glocke zum Höhepunkt der närrischen Wochen werden und sogar internationalen Ruf erwerben. Immer kamen an die 2500 „notdürftig bekleidete Menschen", wie ein Reporter der seriöseren *Süddeutschen Zeitung* beobachtete. Darunter Prominente, vom Tiroler Skistar Toni Sailer bis zum Pariser Universalkünstler Jean Cocteau, den die Glocke zeitgeistig zum „Ball der Existentialisten" rief. Der Schweizer Vico Torriani sang in fünf Sprachen.

Bis fünf Uhr morgens orchestrierten bis zu sechs berühmte Bands die jeweiligen Modetänze: Madison, Hully Gully, Bebop, Slop, Twist. Mitternächtlicher Augenschmaus war der Schönheitstanz der skandalumwitterten Laya Raki. Überhaupt war der Fasching der große Turnierplatz für die jeweils

Schäfflertanz vor der Residenzpost

neuen Gesellschaftstänze und Podium der Saison-Schlager. 1966 kamen der Sirtaki und La Bostella aufs Parkett, 1967 die Cha-Polka, 1970 der Kasatschok. Die Hits in jener verrückten Zeit waren ziemlich albern, einer der beliebtesten hieß: „Baby, Baby, balla balla".

Die Kostüme waren abenteuerlich, viele schlechthin gewagt. Nic Zeh, Schwabinger quasi von Beruf, prämierte die Allerschönsten. Siegfried Sommer alias „Blasius der Spaziergänger" verriet den Lesern der *Abendzeitung*, die Große Glocke habe eigentlich sein alter

Als sich noch ein Faschingszug mitten durch die Stadt bewegte

Kollege Schiller erfunden, der ja das Glockenlied gedichtet habe: „Frisch Gesellen, seid zur Hand … von der Stirne heiß rinnen muss der Schweiß … Wehe, wenn sie losgelassen." Auch rechnete Blasius nach, dass jeder Besucher nur 37 Pfennige zahle „für ein Stück Star, die kleinen Sternchen und das grüne Garnierungsgemüse gar nicht mitgerechnet".

Eher mit Missvergnügen erinnere ich mich daran, dass mir, dem jungen Reporter, der gestrenge AZ-Chefredakteur Rudolf Heizler auf einem dieser drangvollen Feste eine Rüge erteilte, weil ich zu eng mit der Kollegin Ingeborg Münzing getanzt haben soll. Ähnlich war es im Fasching 1921 dem Jungdichter Bert Brecht ergangen, der auf einem der berühmten Schwabinger Künstlerfeste bei Steinicke mit der Frau seines ersten Brötchengebers Lion Feuchtwanger „Wange an Wange" tanzte, was andere Gäste laut Tagebuch des BB „zu sinnlich" fanden.

Schließlich wanderte auch die Große Glocke in den Löwenbräu ab, weil das Regina an einen Versicherungskonzern verkauft wurde und die neuen Hausherren sich um den Ruf des Hauses sorgten. Erschien doch in der AZ wegen des Bildes eines sich küssenden Paares ein Leserbrief: dergleichen sei „für die Moral unserer Jugend und das Ansehen Ihrer Zeitung sicher nicht förderlich". Zum Ausgleich ließ die AZ nun einen Ball namens „Traumschiff" von Stapel. Am 23. Januar 1999 läutete die Große Glocke zum letzten Mal, obwohl sie sich inzwischen als „Junge Große Glocke" um Nachwuchs bemüht hatte. Doch große Teile der Jugend hatten sich längst von allerlei Traditionen verabschiedet.

Toben auf Treppen

Für Schüler, Studenten und junge Künstler war das Haus der Kunst, nachdem diesem der Beiname „deutsch" entzogen war, die mit Abstand beliebteste Anlauf- und Zapfstelle. Die Kapellen waren auch hier erste Wahl. Auf einer Drehbühne spielten abwechselnd Max Greger, Ernst Jäger, Walter Schacht, Charly Tabor, Hugo Strasser – von 20 Uhr bis fünf Uhr früh. Manchmal drängten mehr als 6000 Gäste rein, sodass wegen Überfüllung geschlossen werden musste. Treppauf und treppab tanzten, ach was, tobten die Massen. Und bis zum Morgen hockten dann die Pärchen beieinander, alle Stiegen waren voll besetzt.

Überall stand die Feuerwehr bereit, denn damals wurde noch viel geraucht und nebenan hingen die ausquartierten Bilder der Neuen Pinakothek. Die „Katholische Aktion" erließ einem Aufruf mit „neun goldenen Regeln für einen sauberen Fasching", darunter die milde Mahnung: „Wer zu viel schmust, kommt nicht zum Trinken und Tanzen. Die wahre Liebe findet nicht im Saale statt. Auf den Treppen noch viel weniger."

„Ein ganz verrückter, lustiger, unbeschwerter Fasching," erinnert sich Peter A. Ade, der als Hausherr zwischen 1949 und 1974 nicht weniger als 542 solcher Feste von einer erhöhten, auch als Künstlertreff dienenden Loge aus dirigiert hat. Stars waren Stammgäste. Beim „Qui-Qua-Quu-Ball", den eine Illustrierte inszenierte, sang Sophia Loren in Hot Pants. Das Tollste aber war der Schwabinger Modellball. Ade rückblickend: „Erst waren nur stehende Bilder erlaubt, Paris mit dem Apfel oder die drei Grazien, im dritten Jahr duldete die Sittenpolizei auch Schönheitstänze. Dann sah man Mieder und Strumpfbänder, und auf einmal waren alle Busen gänzlich unbedeckt."

Der Aufwand war außerordentlich. Kein Wunder, dass Ade anfangs ein Defizit verbuchen musste, später konnte er 300 000 Mark Vergnügungssteuer pro Ball zahlen und hochkarätige Kunstausstellungen finanzieren. Gefeiert wurde in sechzehn Sälen mit sechzehn Bars. Hindurch rollte um Mitternacht ein Elektrokarren, der schon die braunen Barbaren im „Haus der deutschen Kunst" bedient hatte. Das Allerschönste aber war die Dekoration. Josef Oberberger, Mac Zimmermann und andere Professoren der Kunstakademie ließen den Lusttempel von ihren Meisterschülern, darunter Prinzessin Pilar von Bayern, komplett mit viel Farbe, Holz und Pappe ausschmücken, mal exotisch, mal utopisch, mal im Stil der Zwanzigerjahre oder des Fin de Siècle.

Von der hohen Qualität dieses kurzlebigen Faschingsprodukts wird die Historikerin des Hauses, Susanne Brandl, lange danach noch schwärmen: „Mit riesigen Installationen und Malereien, die in ihrem expressiven Gestus an die als ‚entartet' verfemte Moderne erinnerten, verwandelte die Münchner Künstlerszene die marmornen Hallen in wilde Landschaften, Paläste, Spelunken und besetzten so das historisch belastete Gebäude auf ihre Weise."

Für jedes dieser Feste benötigten die Veranstalter – ein Kuratorium von drei Künstlergruppen – die Genehmigung des Hausherrn, nämlich des Kultusministeriums. Die blieb irgendwann aus und kam dann nicht wieder.

Sterne im Theater

Auf jeden Fall sah es zunächst so aus, als käme er zurück, der überschäumende, sinnenfrohe, Triebe entfesselnde Münchner Fasching von einst, diese „fünfte Jahreszeit" mit ihren Bällen und Maskeraden und Seitensprüngen, wovon einst so viele Dichter und Adabeis geschwärmt hatten.

Es war im Jahr 1958 – München feierte den 800. Stadtgeburtstag –, als eine Statistik (besser wohl: eine Schätzung) das ganze Ausmaß des Faschingstreibens erfasste: In den 46 Tagen (besser wohl: Nächten) waren ungefähr 150 000 über Nacht närrisch gewordene Münchnerinnen und Münchner sowie ungezählte Zaungäste auf 140 Bällen zugange. Jeder Ball, jede Hochburg der Heiterkeit hatte einen besonderen Stil oder ein besonderes Motto. Und wenn dieses auch nur lautete: „Weh dem, der fehlt."

Faschingsball im festlich dekorierten Deutschen Theater

Die eigentliche Hochburg wurde wieder das Deutsche Theater. Aufwändiger denn je ließen Kurt Plapperer, den die Stadt 1965 mit der Geschäftsführung betraut hatte, und dann sein Sohn Heiko die Säle schmücken. Mit 20 Malern und 35 Handwerkern schuf der Bühnenbildner Hans Minarik 1966 ein wahres Märchenschloss. 4000 Sterne leuchteten von der Decke und verlöschten automatisch, 1400 Lämpchen glühten in allen Farben, über dem Tanzparkett schaukelte eine zwölf Meter lange Gondel. Ein Schallpegel mit Blinkalarm sollte für eine erträgliche Lautstärke sorgen. Erholen konnte man sich im Weißwurstkeller, der um Mitternacht öffnete.

Als 1987 die Absicht bekannt wurde, in diesem städtischen Kulturpalast künftig nur noch lukrativere Musicals aufzuführen, wandte sich ein Förderkreis zur Rettung des Deutschen Theaters in Briefen an Ministerpräsident Strauß und Oberbürgermeister Kronawitter; nach fünfstündiger Sitzung gewährte der Stadtrat dem Fasching dort weiterhin ein Domizil. Und so ist das Deutsche Theater heute noch die wichtigste Ball-Adresse, auch wenn sich die Prominenz (vom persischen Kaiserbruder bis zum Fußballkaiser Beckenbauer) längst zurückgezogen hat.

Einzug des Faschingsprinzen mit Garde

Ein Pflichttermin für Verantwortungsträger war der dortige traditionsreiche Presseball, dessen Vorläufer im 19. Jahrhundert ein sogenannter Armenball war. Sogar der ungekrönte, wohlbeleibte Bayernkönig Franz Josef Strauß folgte mit Frau Marianne den Twist-Tönen von Gregers Saxophon, während Entwicklungsminister Walter Scheel die teils kriegerischen, teils exotischen, teils barbusigen Girls des Ballets Africain näher in Augenschein nahm. Besonders gern gesehene Gäste waren Mitglieder der Häuser Wittelsbach und Hohenzollern sowie der Aga Khan mit Gefolge. Sogar Journalisten mussten sich in Smoking oder Abendkleid zwängen. Ihre „Mitternachtszeitung" enthielt letzte Klatschnachrichten und flotte Bilder.

Genau diese Tradition der „gehobenen" Schwarz-Weiß-Bälle pflegen auch die heutigen Intendanten des Deutschen Theaters, und dies mit beträchtlichem Aufwand. Ein Höhepunkt der Saison ist seit 2015 der „Ball der Sterne" mit einer ungewöhnlichen Mischung. Abwechselnd mit Solosängern und Tänzern eines bevorstehenden Musicals erinnern die Münchner Symphoniker an die schönsten Melodien von vorgestern, und Hugo Strassers Big Band an die von gestern. Noch im Alter von 93 Jahren sagte er, nun im Rollstuhl sitzend, die einst so beliebten Tänze an und verzauberte das Publikum wie Benny Goodman mit seiner Klarinette. Wir plauderten noch ein wenig über die good old times. Wenige Wochen später war der letzte King des Swing gestorben.

Society unter sich

Im Hotel Bayerischer Hof entfaltete sich der Fasching nach dem Krieg bald wieder ebenso hoheitsvoll wie im Deutschen Theater. Zum Orientball von 1952 begrüßte Oberbürgermeister Thomas Wimmer in seiner hausbackenen Art den syrischen Generalkonsul, eine hochrangige Delegation aus Afghanistan sowie den spanischen Philosophen Ortega y Gasset. Auch hier übernahm zunächst Hans Minarik die Dekoration. Er bespannte die Wände mit einer „schlossartigen" Tapete und ließ auf einem riesigen Kandelaber 450 Kerzen in wechselnden Farben glimmen. Es leuchtete, wuchs und wucherte immer weiter. Zur Redoute von 1997 – das Theater war inzwischen fünf Jahre lang generalsaniert worden – meldete Heiko Plapperer dem SZ-Reporter Hannes Burger nicht weniger als 30 000 Glühbirnen, 300 Scheinwerfer und 30 Zentner Dekorationsmaterial.

Eröffnet wurde die Ballsaison im Deutschen Theater alle Jahre mit dem *Madame*-Ball, den der *Spiegel* als „das bemerkenswerteste Spiegelkabinett bundesdeutscher Lebensideale" bezeichnet hat. Auf der Gästeliste von 1963 fanden sich unter tausend anderen die Königin der Radio-Industrie, die Großmutter des deutschen Films, ein Herr der Biere und ein Gefrierfleischboss im golddurchwirkten Smoking. Die Damen unterhielten sich über Schmuck, Roben, Pelze, über das leidige Hauspersonal und die jüngsten Scheidungen.

Deutsche Vita. Sie trugen Perlen im Ohr und Goldstaub im Haar. Von gepuderten Häuptern blitzten Krönchen und Diademe wie bei einer Fürstenhochzeit. Nach ihrer Parade ließen die 30 Mannequins, alle geschult im Studio der Frau des Veranstalters Hans Weigt vom Hochglanzmagazin *Madame*, ihre pelzigen Hüllen fallen und standen im Badeanzug da. Und am Schluss nahmen sie noch ihre Perücken ab, um die Haarmode der Saison zu präsentieren: „Deutsches Naturhaar vermischt mit Haar aus Gefängnissen in Hongkong". Einmal wurden 60 Mannequins samt dem Starsänger Jean-Claude Pascal extra aus Paris, ein andermal frische Erdbeeren aus Israel eingeflogen.

Noch eine weitere Ball-Tradition im Bayerischen Hof entsprang dem kreativen Team der jungen *Abendzeitung*. Auf eigene Rechnung veranstaltete Chefreporter Hannes Obermaier, der erstmals Klatsch sammelte und als „Hunter" verbreitete, zwischen 1956 und 1974 insgesamt vierzig Mal „Hunters Treibjagd" und ähnliche Events. Da waren jeweils Stars wie Hildegard Knef und Möchtegern-Stars zu melden. Curd Jürgens trat erstmals als Sänger auf. Seine Bälle pries der Hannes listig als „Hasentreibjagden" und großspurig als „Sprungbrett fürs große Show-Geschäft". Trotzdem nörgelte er im Blatt: „Man kann nichts gegen die allgemeine Müdigkeit tun, die Münchens Society seit geraumer Zeit Gesellschaftsbällen gegenüber befallen hat. 'Man' feiert heute meist privat, von Villa zu Villa, am liebsten, wenn es nichts kostet, außer einer Orchidee für die Hausfrau, und der Kaviar pfundbüchsenweise gereicht wird." Dass die Stadt letztlich 199 699 Mark Vergnügungssteuer von ihm verlangte, bezeichnete der geschäftstüchtige Journalist in seinen Memoiren als „schlimmere Räuberei als bei den Wegelagerern im Mittelalter".

Ritter im Bräuhaus

Raubritter mengten sich tatsächlich ins fröhliche Faschingsleben. Um mit verzopften Gepflogenheiten zu brechen, hatten 28 Mitglieder der Bürger-Sängerzunft München 1928 im Turmstüberl des Löwenbräukellers die „Turmfalken" gegründet. Nachdem der kriegszerstörte Turm endlich wiederaufgebaut war, konnte dort im Oktober 1951 die Geselligkeit wieder aufgenommen werden. Sie bestand zunächst im wesentlichen aus dem Absingen von Liedern und dem Vortrag von Verserln in Dialekt.

Eines Tages klagte der Löwen-Wirt, dass der „Gauklerball" gefährdet sei, weil sich die Veranstalter zerstritten hatten. In dieser Stunde der Not erboten sich die Turmfalken als Ersatz, und zwar als „Damische Ritter". Die Kostümierung erfand Gründungsmitglied Edi Gebetshammer: „Mit ein'm Brettl vor'm Hirn, mit ein'm Spatzlseier am Kopf und unsere Damen mit Schöpflöffeln als Brustpanzer. Die Herren (darunter namhafte Literaten, Künstler und Karikaturisten) und die Damen (darunter Bally Prell, die Schönheitskönigin von Schneizlreut) gaben sich denn auch alle Mühe.

Derart damisch uniformiert, marschierten sie also fortan alljährlich mehrmals in ihre Faschingsburg ein und belebten 2006 obendrein den Umzug durch die Altstadt, nach einer Pause von immerhin 36 Jahren. Das Ritual hat sich kaum verändert: Der Anführer, Herzog Kasimir, reitet auf einem Holzpferd. Die Kapelle schmettert das lustige Karl-Valentin-Lied von „De oiden Rittersleit". Die bierbäuchigen, in Tüll gehüllten Ritter legen beim „Dornröschenballett" einen grotesken Spitzentanz hin. Ein Singspiel geht mit viel Klamauk über die Bühne. Laut scheppern die umgehängten Gegenstände aus dem Haushaltsladen.

Das alles fanden die Münchner gleich so anders als die Galabälle, nämlich als wirkliche Gaudi, dass sich die Feste der Damischen Ritter ganz fest ins Faschingskalendarium einprägen konnten. Diese Herren bringen sich auch immer wieder in Erinnerung, indem sie Zeitungsredaktionen besuchen und potentiellen Berichterstattern gern mal Würste und Orden umhängen.

Ein anderer beliebter Termin im Löwenbräukeller war und ist nach wie vor ein Ball namens „Schabernackt". Plakatiertes Motto: „Kommen's so oder so, aber mit'm bisserl was o". Bedingung ist, dass die Scham bedeckt und dass man 18 Jahre alt sein soll. Fotografieren ist streng verboten. Höhepunkt ist der zum Ball-Titel passende Auftritt von Gogo-Tänzerinnen und -Tänzern. – Allerdings: von früher 30 Bällen sind in diesem Bierpalast nur noch vier übrig geblieben.

Rebellen als Narren

Vom Umbruch der 60er-Jahre blieb auch der Sektor Volkskultur nicht unbeeinflusst. Neuen Strömungen in Kunst und Gesellschaft entsprang die Idee, den Fasching zum Happening umzufunktionieren und dadurch „in letzter Minute", wie es hieß, vor seinem Erstarren zu retten. Allerorten erlebte „Swinging Munich" Pop und Sponti-Gaudi.

Sogar die Studenten mit ihrer ganzen „Außerparlamentarischen Opposition", die tagsüber demonstrierten oder ein Rektorat stürmten, fanden sich mit dem Traditions-Ereignis Fasching ab, wenn auch nicht mit dessen Establishment. Während der linke AStA im fashionablen Regina-Palast feierte, schwärmten die unruhigen Jünger der Zeitungswissenschaft, nachdem sie eben mal ein Seminar gesprengt hatten, zu einem „Mätressenball" aus. Ihren Kommilitonen riefen sie zu: „Widersteht den bierseligen Lockungen der Reaktion." Dann tanzten sie brav in der Reihe.

Der von der Polizei immer wieder mal aufgescheuchte Oberspaßvogel Fritz Teufel, eine Figur wie aus dem Faschingsbilderbuch, stürmte an der Spitze von zwei Marschsäulen den „Juristenball". Die elegante Fassade des Bayerischen Hofs wurde mit Eiern und Farbbeuteln bombardiert. Hausherr Falk Volkhardt bot Teufel einen Whisky an, dieser aber forderte: „Whisky für alle". Eigentlich wollten die Faschingsrevoluzzer ja nur mit den tanzenden Juristen über die jüngste „Terrorurteile" diskutieren. Nur ein Gast, der große Regisseur Fritz Kortner, war dazu bereit. Die Tollitäten indes fuhren in jenem Umbruchjahr auf einem Räumfahrzeug durch hohen Schnee zum Viktualienmarkt, und Prinzessin Karin verkündete: „Ob 's stürmt oder schneit – seid's lustig Leit."

Unlustige Umzüge

Endlich wollte man ihn „modernisieren", den Faschingszug, der die Leute zunehmend langweilte. Die offiziellen Veranstalter wandten sich deshalb an alternative Künstler und frei schwebende Hippies, an Underground-Filmer und Theaterensembles. Statt Pappe und Kleister wurden die Spaßwagen mit buntem Kunststoff ausgestaltet. Statt von Traktoren wurden sie von Hydraulikbaggern und Gabelstaplern durch die Stadt gezogen. Die Oberlandler-Kapellen mussten mit Topfdeckeln, Blechbüchsen und Röhren den lustigen Marsch blasen. „Prunk und Pomp wurden abgelöst vom Pop," verkündete Robert Huber, der Geschäftsführer des für den Zug verantwortlichen „Münchner Festringes".

Na ja, so toll waren solche Neuheiten auch wieder nicht. Schon 1956 äußerten Künstlervereinigungen ihr Missbehagen an dem immer kommerzieller werdenden Lustwandel. Jahre später war auch der Festzug am letzten Sonntag gefährdet. Es fehlte an echten Spaßmachern, wie sie früher so zahlreich den Zug begleitet hatten. Damit überhaupt noch ein bisschen Fußvolk dabei war, mussten einige hundert Arbeitslose in Masken gekleidet werden. „Dass die Zuschauer unter solchen Umständen nicht gerade in frenetisches Gelächter ausbrachen, konnte nur diejenigen verwundern, die immer noch an die Altmünchner Faschingstradition glaubten," kommentierte ich in meinen Zeitungen.

Für einen Ideenwettbewerb wurden dann ansehnliche Geldsummen ausgesetzt. Doch der „Münchner Festring e.V.", der die Veranstaltung über-

Umzug in der Maximilianstraße

nommen hatte, bekam aus der Bevölkerung so gut wie keine brauchbaren Vorschläge für einen wirklich lustigen Faschingszug. Vergeblich wurde nach einem „Schlachtruf" ähnlich dem rheinischen „Alaaf" oder „Helau" gesucht, bis man resignierte: „So a Schroa muass gwachsn sei." Deshalb begnügte sich die Stadt mit Zuschüssen um die 25 000 Mark. Das reichte gerade zum Aufstellen einiger Tribünen.

Und damit überhaupt genügend Festwagen rollten, durften sich, was früher verpönt war, ab 1962 auch Privatfirmen beteiligen. Außerdem wurden auswärtige, ja sogar ausländische Gruppen eingeladen. Doch wenn die frierenden Massen am Straßenrand auch noch so laut „beschallt" und durch hochprozentige Getränke „angeheitert" wurden, blieben Begeisterungstürme wie in Köln oder Mainz aus und viele Gesichter eher verschlossen. Das fiel auch professionellen Spaßvögeln auf. „Die schaun gar grantig, koana lacht," sang der Weiß Ferdl, allerdings in Bezug auf die Leute in der Trambahn.

So blieb denn der große Umzug am Faschingssonntag, immerhin die älteste und wichtigste der satzungsmäßigen Lustbarkeiten, ewig ein Sorgenkind der Stadt und ihrer offiziellen Spaßmanager. „Beim Münchner stellt sich die Heiterkeit hält nicht auf Kommando ein, der Münchner ist schwer entflammbar," erkannte der Hotelier Dr. Paul Stengel, nachdem er als Narrhalla-Präsident 14 Jahre lang „die Gaudi verwaltet" hatte.

Als die Stadt für die Olympischen Sommerspiele rüstete, drohte der Faschingszug wegen der finanziellen und baulichen Kalamitäten der Stadt zu platzen. Allein durch einen Appell an das goldene Münchner Herz konnte Oberbürgermeister Hans-Jochen Vogel erreichen, dass sich der von ihm gepriesene „Farbtupfer in der grauen Umbauzeit" doch noch einmal wenigstens auf Nebenstraßen durch die Großbaustelle Münchens bewegte. An jenem 25. Februar 1968 lockte er über 100 000 Fremde nach München.

Zu retten war der Gaudiwurm, in dem schon so lange der Wurm saß, trotzdem nicht mehr. 1970 wurde endgültig auf seine Fortführung verzichtet. Der öffentliche Teil des Faschings, der so lange eigentlicher Höhepunkt und Schlussakt war, wurde auf ein „freies Treiben" in der neuen Fußgängerzone beschränkt, mit einem Ableger auf dem Viktualienmarkt.

Der Umbruch

Nur einmal in jüngster Zeit gab es einen Einbruch, dessen Folgen noch spürbar und wahrscheinlich noch lange nicht überwunden sind: Der erste Golf-Krieg 1991 führte dazu, dass alle karnevalistischen Veranstaltungen im wiedervereinigten Deutschland abgesagt wurden. Nach der Devise: „Betroffen statt besoffen." Natürlich brach das Geschäft mit der Gaudi auch in München total zusammen. Um es auszugleichen, beschloss die „Fachgruppe Karneval im Deutschen Verband der Spielwarenindustrie" alsbald die Einführung einer anderen Volksbelustigung: den albernen amerikanischen Mummenschanz Halloween. Beim zweiten Irak-Krieg war man in München weniger enthaltsam: Nur noch beim Salvator-Derblecken wurden ein paar Einschränkungen gemacht.

Dieses eine Jahr ohne Fasching aber brachte einen in den Folgejahren merklichen Umbruch. Viele jungen Leute wandten sich anderen Massenvergnügen zu. Die Super-Party, gern mit Maske, wurde zum neuen Stelldichein und das Oktoberfest zum Kostümfest. So wie man sich früher zum Faschingsball verkleidet hatte, so warf man sich jetzt für die Wiesn in die absonderlichsten Gewänder, Dirndl oder Tracht genannt.

Die grossen Prozesse

Von Fall zu Fall

Als Münchner Korrespondent außerbayerischer Zeitungen war ich ein halbes Jahrhundert lang auch und nicht zuletzt als Gerichtsreporter unterwegs. Im Rückblick ebenso wie im Hinblick auf die jüngsten Jahre fällt mir auf: München erlebte damals außerordentlich viele spektakuläre Prozesse, die in der ganzen Bundesrepublik auf Interesse stießen. Sie gehörten gewissermaßen zu meinem „Repertoire".

Mein Buch „Keiner will schuld sein" war nur kurz im Handel, weil ein verurteilter Mörder seinen Namen nicht genannt haben wollte

Zweifellos waren meine diesbezüglichen Berichte ein Lesestoff, der von allen Redaktionen zwischen Bremen und Konstanz bevorzugt wurde. Wobei es nicht immer um Mord und Totschlag, um Raub und Erpressung gehen musste. Oft spielten auch Kabale und Liebe eine Rolle, Korruption, Hochstapelei, und ortstypische Gaunereien ab Schlitzohrgröße waren ebenso gefragte Themen wie Kriminelles im Schatten von Wirtschaft und Politik.

Meine Berichte und Reportagen von fünfzig dieser Strafverfahren, die zwischen 1950 und 1995 Aufsehen erregten, habe ich 2005 in einem Buch zusammengetragen und aktualisiert. Denn es erweist sich, dass so gut wie kein Fall mit dem Urteil der ersten Instanz zu Ende ist. Das spätere Schicksal von Prozessbeteiligten, nicht nur das der Verurteilten, kann ebenso dramatisch sein wie die Ermittlungen und Verhandlungen zuvor.

Dem Buch gab ich den Titel: „Keiner will schuld sein". Denn es hat sich auch gezeigt, dass fast alle Angeklagten – die Amtssprache kennt sie auch als Beschuldigte oder in harmlosen Fällen als Beklagte – auf Schuldlosigkeit oder mangelnde Schuldfähigkeit beharren, selbst noch in „aussichtslosen" Fällen. Dies zu unterfüttern, gehört schließlich zum täglichen Brot der Verteidiger.

Das Buch mit der über dem Münchner Justizpalast schwebenden Göttin Justizia auf dem Cover war kaum auf dem Markt, da wurde es vom Verlag zurückgezogen. Alle Arbeit umsonst. Dies hing mit dem nach wie vor mysteriösen Fall des Schauspielers Walter Sedlmayer zusammen. Die näheren, ziemlich komplizierten Umstände sind am Schluss dieses Hauptkapitels über „große Prozesse" kurz erläutert. Jedenfalls bietet sich hier nun die Gelegenheit, meine Berichte von vier besonders spannenden, mit Prominenten besetzten Prozessen aus dem nicht erschienen Buch – leicht geändert – zu wiederholen.

Ein deutscher Dreyfus

Philipp Auerbach galt als einer der mächtigsten Männer im Nachkriegs-Bayern. Der ehemalige Buchenwald-Häftling war Mitgründer des Zentralrats der Juden, Staatskommissar für rassisch, religiös und politisch Verfolgte und dann Präsident des Landesentschädigungsamtes, dessen 19 Abteilungen für die gesetzliche Wiedergutmachung zuständig waren. Diese und weitere Hilfen leistete Auerbach unbürokratisch, oft an den Dienstvorschriften vorbei. Etwa 80 000 Ostjuden ermöglichte er so die Ausreise, deutschen Juden half er beim Aufbau einer neuen Existenz. Nachdem der Oberste Rechnungshof aber Missstände bei der Superbehörde reklamiert hatte, befasste sich damit ein Untersuchungsausschuss des Landtags. Schließlich kam es zum Strafverfahren.

Über 70 Pressevertreter aus dem In- und Ausland hatten sich angemeldet. Am 16. April 1952 ging der bis dahin brisanteste Prozess der Nachkriegszeit vor der 1. Strafkammer des Landgerichts München I in Szene. Angeklagt war, zusammen mit zwei Mitarbeitern und dem Oberrabbiner Aaron Ohrenstein, der Staatskommissar a. D. Philipp Auerbach, der kraft seiner Ämter und Beziehungen einmal so einflussreich war, dass man ihn den „heimlichen König von Bayern" nannte.

Die politische Tragweite dieses Prozesses ergab sich allein schon aus der Liste der 101 geladenen Zeugen. Neben dem Bundesinnenminister Robert Lehr waren der bayerische Ministerpräsident Hans Erhard, Innenminister Wilhelm Hoegner, Staatssekretär Ringelmann und Innenminister a. D. Seifert geladen. Die Anklageschrift umfasste 102 Seiten. Sie warf dem nierenkranken Auerbach vor: Betrug, passive Bestechung, Abgabenüberhebung, falsche Versicherung an Eides statt, unbefugte Führung eines akademischen Grades, Vergehen gegen das Währungsgesetz und gegen das Sammlungsgesetz.

Auf den Pfennig genau wollten die Staatsanwälte Keisel und Hölper nachweisen, dass man es mit einer der größten Korruptionsaffären seit 1945 zu tun habe. So soll Auerbach allein durch die Gewährung von Krediten, die nur teilweise zurückbezahlt wurden, den bayerischen Staat um rund 3,42 Millionen Mark geschädigt haben. Weitere 800 000 DM seien über eine Treuhandgesellschaft in seine eigenen Taschen geflossen.

Ihr Mandant habe im Auftrag von US-Hochkommissar McCloy gehandelt, welcher daher die Genehmigung zu diesem Prozess erteilen müsse, erklärten die Verteidiger Josef Klibansky und Josef Panholzer. Sie lehnen außerdem, vergeblich, den Gerichtsvorsitzenden Josef Mulzer ab, weil dieser NSDAP-Mitglied und seit 1933 Kriegsrichter gewesen sei. (Später stellte sich heraus, dass zwei weitere der fünf Richter der Nazipartei angehört hatten).

Dass Mulzer nach 1945 längere Zeit in der Anwaltskanzlei des amtierenden Justizministers Dr. Josef Müller gearbeitet hat, schürte obendrein den Verdacht, der so genannte „Ochsensepp" selbst sei irgendwie in die Auerbach-Affäre verwickelt. Müller, Nazi-Opfer wie Auerbach, den er einmal als „König der Juden" bezeichnete, hatte kraft seines Amtes auch die Überstellung des Untersuchungsgefangenen Auerbach an den Landtagsausschuss verhindern wollen, was zu einer ungewöhnlichen Klage des Parlaments gegen die Staatsregierung vor dem Verfassungsgericht führte.

Obwohl Landgerichtsdirektor Mulzer unter Berufung auf seinen Diensteid versicherte, „dass weder von politischer Seite noch von Seiten meines Ministeriums ein Einfluss auf das Gericht ausgeübt wurde", sah sich Justizminister Müller – nicht zuletzt auf Drängen seines konservativen Widersachers und Kabinettskollegen Dr. Dr. Alois Hundhammer – im Verlauf des Verfahrens zum Rücktritt gezwungen. Er soll vom Landesrabbiner Ohrenstein 25 000 Mark angenommen haben.

Wegen der fortwährenden Geplänkel und der vielen politischen Querschüsse kam die sachliche Aufklärung der Anklagepunkte nicht recht voran. Am Ende war kaum noch zu überblicken, wer nun wem und warum Geld gegeben hatte. „Das Ganze

Der von Nazi-Richtern verurteilte Philipp Auerbach

war eben doch eine Schaumschlägerei," musste der Staatsanwalt im Schlussplädoyer zugeben, womit er allerdings nur die Attacken seines streitbaren Kontrahenten meinte. Klibansky verglich den Prozess-Ertrag dann mit einem Eisberg, von dem vier Fünftel verborgen geblieben seien.

Trotzdem wurde Philipp Auerbach am 14. August zu zweieinhalb Jahren Gefängnis und 2700 Mark Geldstrafe verurteilt, unter Anrechnung von 15 Monaten Untersuchungshaft. Der massige und einst so mächtige Mann erhob sich, klagte zornbebend die „Terrorjustiz" an und rief, in Anspielung auf einen in Frankreich wegen Spionage verurteilten jüdischen Offizier: „Das ist das zweite Dreyfus-Urteil." Im Gerichtssaal kam es zu Tumulten.

Am 16. August vergiftete sich Auerbach mit einer Überdosis Schlaftabletten. In einem Abschiedsbrief beteuerte er noch einmal, unschuldig zu sein und sich niemals persönlich bereichert zu haben: „Mein Blut komme auf das

Haupt der Meineidigen." Bei der Trauerfeier auf dem Israelitischen Friedhof in München kam es zu Gewalttätigkeiten, wobei Bereitschaftspolizei mit Karabinern und Wasserwerfern vorging. Das Urteil wurde weltweit kritisiert – und nachträglich auch revidiert. Von den Schuldsprüchen blieb nur noch der fälschliche Doktortitel übrig.

Die Lebedame

Schon ab 5 Uhr morgens am 25. April 1962 bildete sich eine Warteschlange vor dem Justizpalast am Stachus. Im Blitzlichtgewitter wurden die Angeklagten den Schwurgerichtssaal geführt: die aus Essen stammende „Hausfrau" Vera Brühne, 51, blond, blaues Kostüm, ganz Dame, und hinter ihr der Kölner Montageschlosser Johann Ferbach, 46, mit Handfesseln, unscheinbar. Ungleiche Partner, ineinander mindestens durch intime Beziehungen verstrickt.

Staatsanwalt Karl Rüth, elegant und eloquent, beschuldigte sie nach langwierigen, von den ersten polizeilichen Erkenntnissen abweichenden Ermittlungen, am 14. April 1960 in einer Villa in Pöcking am Starnberger See den Münchner Arzt Dr. Otto Praun und dessen Haushälterin und Gefährtin Elfriede Kloo ermordet zu haben, um in den Besitz eines Hauses an der Costa Brava zu gelangen. Beide werden es bis zu ihrem Lebensende leugnen – und heute noch wird über diesen Kriminalfall gerätselt.

Die Hauptverhandlung gegen die Mordverdächtigen begann eher langweilig. Ging es zunächst etwa um einen wertvollen Nerz, den die Brühne einer Freundin geklaut und diesen „Schabernack" ihrer 15jährigen Tochter in die Schuhe geschoben hatte, und um die Kriegserlebnisse des Ferbach, der seiner späteren Freundin bei einem Luftangriff das Leben gerettet hatte, so gewann der Indizienprozess bald ganz ungewöhnliche kriminalistische, menschliche und gesellschaftliche Züge.

Da ging es nun um einen „blauen Brief" am Tatort, um ein manipuliertes Tagebuch, um Schrifttypen, stehen gebliebene Uhrzeiger, Leichenstarren, Schießversuche, Alibibemühungen – ein Krimi rollte ab im nussbaumgetäfelten Gerichtssaal und bei einem Lokaltermin in der Todesvilla. Dann gab es aber auch Einblicke in seelische und sexuelle Abgründe sowie in die sogenannte gute Gesellschaft. Zeugen gerieten ins Zwielicht. Auch dem ermordeten Arzt umhüllte, schon weil die Herkunft seines Wohlstands nie überzeugend geklärt wurde, geheimnisvolles Dunkel.

Höhepunkt des Prozesses war die Vernehmung von zwei Kronzeugen: des notorischen Betrügers Siegfried Schramm, dem Ferbach in der gemeinsamen Zelle unter dem Weihnachtsbaum den Mord gestanden haben soll, und der attraktiven Brühne-Tochter Sylvia, die vor der Polizei ein „Geständnis" ihrer Mutter gebeichtet hatte, dieses aber unter atemloser Spannung vor Gericht widerrief und danach von einem Psychiater als „kalte Lügnerin" bloßgestellt wurde.

Wegen Doppelmords verurteilt: Vera Brühne

Zweiundzwanzig Tage lang wurde verhandelt. Ein Geschworener musste ausgewechselt werden, weil er eingeschlafen war. Selbst an den prozessfreien Tagen ereigneten sich Merkwürdigkeiten, meldeten sich mysteriöse neue Zeugen. In den Pausen und am Abend wurde der Fall heiß diskutiert; er war das Gesprächsthema der Deutschen.

Am 4. Juni, einem Montag, glich der Justizpalast einem siedenden Kessel. Auf sämtlichen Gängen und Fluren drängten sich Hunderte von Neugierigen; schon am Sonntagabend hatten sich viele mit Liegestühlen und Proviant vor den Türen postiert, um das Urteil des Schwurgerichts beim Landgericht München II hautnah zu erleben. Um 10.10 Uhr verkündete es Landgerichtsdirektor Klaus Seibert mit hörbar erregter Stimme: Lebenslänglich für beide Angeklagte wegen zweier in Mittäterschaft und Heimtücke begangener Verbrechen des Mordes. Motiv: Habgier.

Der Vorsitzende der neun Geschworenen begann die Begründung: „Diesem Urteil gehen fünf Verhandlungswochen mit den Aussagen von 113 Zeugen und zwölf Sachverständigen voraus ..." In diesem Augenblick schlug Vera Brühne, deren Gesicht kreideweiß geworden war, mit dem Kopf auf die Brüstung der Anklagebank und rief mit erstickter Stimme: „Ich bin doch unschuldig. Ich kann nicht mehr." Seibert ließ einen Arzt kommen.

Ein Aufschrei der Verachtung und der Enttäuschung ging durch den Justizpalast, als Frau Brühne, den Kopf durch ein Tuch verhüllt, zur weiteren ärztlichen Versorgung in die Arrestzelle zurückgeführt wurde. Hinter ihr schritt Ferbach, der zum ersten Mal die Jacke gewechselt hatte, völlig gefasst, ja scheinbar unbeteiligt.

Fünfzehn Minuten nach der Unterbrechung konnte Seibert mit der Begründung fortfahren. Zwei Stunden lang saß Vera Brühne regungslos da. Als wichtigste Indizien werteten die Geschworenen den „Blauen Brief" und die Aussage der Sprechstundenhilfe des ermordeten Arztes. Auch die Belastungen durch die Brühne-Tochter und den Betrüger Schramm wurden als richtig anerkannt. Doch Seibert selbst bezeichnete die Begründung als lückenhaft und als „Gerüst der Wahrheitsfindung".

Weit mehr Einzelheiten, die das Gerüst zu einem soliden Bau formen sollten, enthielt dann die schriftliche Urteilsbegründung, die fast hundert Seiten umfasste. Sie schien hieb- und stichfest zu sein. Denn schon am 4. Dezember 1962 verwarf der Bundesgerichtshof das Revisionsbegehren der Verurteilten und bescheinigte dem Urteil: „Es ist frei von Widerspruch und anderen Denkfehlern."

Doch der Superkrimi war damit noch lange nicht zu Ende. Der Fall brodelte ständig weiter. In ganz Europa und bis nach Nordafrika fahndeten die sehr engagierten Verteidiger Moser und Peka nach dem „wahren Mörder"; später arbeiteten sich noch andere Anwälte, Schriftsteller, Journalisten, Filmemacher an der Wahrheitsfindung oder Legendenbildung ab.

Der Fall wurde politisch, zeitweise geradezu weltpolitisch. So meldete sich in München ein Waffenhändler mit der Behauptung, er habe im Auftrag von Dr. Praun Waffen an die algerischen Aufständischen geliefert. Es meldeten sich Ex-Geheimagenten, Ex-Verbrecher, Menschenrechtler, Wichtigtuer. Inzwischen starben einige der Prozessbeteiligten, darunter der Strafgefangene Ferbach. Natürlich musste auch der Name Franz Josef Strauß, der zur fraglichen Zeit noch Verteidigungsminister war, immer wieder für Spekulationen herhalten. Beispielsweise in einem DDR-Film. Eine Dokumentation, die im Juli 1971 im ARD-Fernsehen gezeigt werden sollte, verschwand nach einer Einstweiligen Verfügung im Archiv.

Der spätere bayerische SPD-Vorsitzende Rudolf Schöfberger brachte den Fall erstmals in den Landtag. Eine „Arbeitsgemeinschaft deutscher Richter" reichte bei Ministerpräsident Alfons Goppel ein Gnadengesuch ein, dem sich Vera Brühne nur widerstrebend anschloss. Sie beharrte auf einem neuen Verfahren. Im Mai 1974 lehnte Goppel ab, ohne Begründung. Auch im Petitionsausschuss des Landtags kamen die Vertreter beider großer Parteien zur Ansicht, das Urteil von 1962 weise keinerlei rechtliche oder logische Mängel auf, es sei selbst bei Außerachtlassung einiger Indizien noch stichhaltig.

An einem grauen Aprilmorgen des Jahres 1979 öffneten sich für die nun Siebzigjährige die Tore der JVA Aichach, wo die einst so mondäne Frau 18 Jahre lang in sich gekehrt lebte, strickte, malte und bündelweise Briefe von Verehrern bekam. Ein einziges Mal traf ich sie noch, als sie im Juli 1980 in einem Münchner Hotel fünfzig ihrer in der Haft entstandenen Ölbilder ausstellte. Befragt über die Chance, ihre immer beteuerte Unschuld doch noch beweisen zu können, winkte sie menschenscheu ab: „Die Bayern sind ein wenig schwierig." Sie verbesserte sich sofort: „Die bayerische Justiz."

Nie wieder zeigte sich die frühere Lebedame, die das bayerische und deutsche Volk so sehr erregt hatte, in der Öffentlichkeit. Ihr Tod am 17. April 2001 wurde erst Tage später bekannt.

Die Tragödin

Es war kein bloßes Strafverfahren, das am Morgen des 20. Juli 1977, im Münchner Schwurgerichtssaal buchstäblich in Szene ging. Es war ein Drama von Liebe, Eifersucht und Tod, dem noch vielerlei Fortsetzungen folgen sollten. Auf der Anklagebank wieder eine mondäne, umschwärmte Dame der Munich Society. Im Spiegel wieder der Abglanz eines Münchner Sittenbildes. Erinnerungen werden wach an den Sensationsprozess gegen die Lebedame Vera Brühne und ihren Gehilfen.

Hier nun tritt ein echter Star auf, ganz in Schwarz, das Blondhaar mit einem Rundzopf gekrönt, die Blitzlichter merklich gewohnt. Ingrid van Bergen, 46 Jahre alt, geschieden, ist weit über München hinaus als Schauspielerin und als Kabarettistin berühmt. Zur Bühne wird das Tribunal. Es ist, als spiele die Angeklagte auch hier, im Saal des Schwurgerichts, nur eine Rolle. Eine zweite Rolle spielt Rolf Bossi, der als „Starverteidiger" bekannt ist.

Ihr Monolog ist textbuchreif und logisch aufgebaut, wie in einer klassischen Tragödie auf die Katastrophe hinführend: die zwei tödlichen Schüsse auf den letzten ihrer Liebhaber, den Münchner Finanzmakler Klaus Knaths, in der Nacht zum 3. Februar jenes Jahres. „Rosen für den Staatsanwalt" – so hieß ihr bekanntester Film. Jetzt beschuldigt sie der richtige Staatsanwalt des Totschlags. Oder ist ihre Tat doch als Mord zu bewerten? Das kann spannend werden.

Voller Dramatik schon die Jugendgeschichte. Geboren 1931 in Danzig, aufgewachsen in Ostpreußen. Der Vater ist am ersten Tag des Russlandkrieges gefallen. Das Kind spielt im Fronttheater. Mit der Mutter und drei Geschwistern flieht Ingrid van Bergen auf einem Schiff. Von einem Sowjetsoldaten wird die Dreizehnjährige vergewaltigt. Danach arbeitet das Mädchen hart, um sich eine Schauspielschule leisten zu können: in einer Gartenschau in Stuttgart, als Taxigirl in Hamburg („Ich war wohl die Jüngste auf der Reeperbahn"). In Schwabing taucht sie als Mitgründerin des politisch-literarischen Kabaretts „Die Kleinen Fische" auf. In Berlin spielt sie bei den ebenso legendären „Stachelschweinen", bald ruft der Film. Ihr letzter hieß hieß „Vier gegen die Bank".

Mit ihrer gewohnt rauchigen Stimme, unbeschönigt, schildert Ingrid van Bergen die Liebschaften mit einem halben Dutzend Männern, von denen vier zur Ehe führten. Die meisten waren jünger. Fast alle haben sie verwöhnt, mehr oder weniger geliebt, bald aber betrogen, verlassen, verstoßen. Einige auch haben sie „brutal zusammengeschlagen". Manchmal kam sie sich zwischen diesen Männern vor „wie eine Kuh auf dem Markt". So suchte sie immer wieder „Wärme", Zärtlichkeit, Liebe, wenn schon nicht von Dauer, dann doch „ohne Belastung". Und fand nur „sehr stolze", „delikate" oder „außerordentlich dynamische" Intimfreunde, die mit ihrem Besitz protzten, sie zeitweise durch Sex und Geschenke fast hörig machten, die sie mit einem Auto abfanden, um sie letztlich nicht heiraten zu müssen.

Klaus Knaths war kaum anders: zwölf Jahre jünger, schnellen Reichtum anstrebend, lebenslustig, freundlich, obwohl die Ehe mit der schönen Sabine nicht stimmte, ein Glücksjäger in jeder Beziehung. Ihn lernte Ingrid van Bergen an einem verregneten Wochenende im November beim Ausritt kennen. Ja, sie empfand so etwas wie Glück damals. „Ich war eine Schauspielerin auf freier Wildbahn". Peinliche oder schlimme Situationen hat er „mit viel Zärtlichkeit wieder eingerenkt". Und die gab es genug. Einmal fuhr er mit

Großer Publikumsandrang auch bei Ingrid van Bergen

ihr nach London, um ihr einen Jaguar zu kaufen. Hinterher musste sie 1000 Mark an Raten zahlen. Auch ihre Wohnung hat er „vermakelt", auch Geld sollte sie für ihn schmuggeln.

Immer ging es hoch dramatisch zu, stets endete es in Traurigkeit, Verzweiflung, Streit, Versöhnung, neuer Zärtlichkeit. Sie wohnten nun zusammen in der schönen Villa der Kessler-Zwillinge bei Starnberg. Einmal gab er zu, warum er nicht von ihr abließ: „Ich bin doch nicht so unfair, Geisha, dich zu verlassen, wo du doch für die Großfamilie Geld verdienst." Er meinte damit wohl auch seine Frau und seine eigenen Kinder, denen er schließlich 30 Mark in bar und hohe Schulden zurückgelassen hat. Tatsächlich brachte Ingrid van Bergen, wie schon in manchen früheren Liebesfällen, das Geld ein in das Verhältnis mit dem verkrachten Makler und lachenden Vagabunden Knaths. Obwohl sie damals merkte, dass es beruflich abwärts ging. Sie finanzierte auch die schönen Reisen, machte ihm Geschenke.

Die letzten, für ihr Schicksal nunmehr entscheidenden Stunden trägt die Aktrice im Stakkato vor. Man hatte zusammen mit der nun zwölfjährigen Tochter Caroline deren erste Filmrolle bei einem Abendessen in einem Münchner Feinschmeckerlokal gefeiert. Klaus wollte noch „einen Freund vom Flughafen abholen". Er werde pünktlich um halb neun zurück sein. „Heiz schon mal die Sauna an, Geisha." Ingrid schaute sich am Bildschirm einen Film mit der tragisch zu Tode gekommenen Marylin Monroe an. Sie war geistig abwesend, unruhig, wartete auf ihn oder wenigstens seinen Anruf.

Er meldete sich spät und, sie merkte es gleich, er log. Sie trank, erst Gin, dann Rotwein. Um zwölf rief er noch mal an, ziemlich betrunken, sagte nun etwas sehr Bitteres: „Geisha, ich habe die Absicht, mich von dir zu trennen." Und nach einer Pause: „Es ist die berüchtigte Lo Sachs." Er meinte die geschiedene Ehefrau des tödlich verunglückten Industriellen Ernst Wilhelm Sachs. Ingrid van Bergen schrie, nun wohl schon hysterisch, ins Telefon: „Das kann doch nicht dein Ernst sein. Die ist doch bekannt dafür, dass sie sich Gigolos kauft."

Später rief sie, sehr angetrunken, ihre Freundin Florentine Z, an und bat sie, sofort zu kommen. Während sie noch sprach, kam Klaus Knaths zurück. Von da an setzt das Gedächtnis der Angeklagten aus: „Ich erinnere mich nur noch, dass ich plötzlich in der Rechten einen Revolver hatte. Ich erinnere mich an keinen Schuss. Ich erinnere mich an keinen Knall. Er lag auf einmal mit dem Gesicht nach unten im verschneiten Rosenbeet. Ich drehte ihn um, sah ein Loch in der Jacke. Da realisierte ich, dass ihn ein Schuss getroffen haben muss."

Vergebens und immer wieder versuchen Richter und Staatsanwalt, die Erinnerung aufzufrischen.

Doch der Monolog ist zu Ende Die Schauspielerin hat ihm nichts hinzuzufügen als einen Aufschrei der Verzweiflung: „Es ist möglich, dass ich ihn erschrecken wollte. Ich weiß es nicht. Ich war am Ende. Ich weiß nichts mehr. Ich weiß nur, dass ich sterben wollte."

Die Zeugenaussagen bringen dann zwar intime Einblicke in die Münchner Schickeria, wobei etliche Namen aus den Klatschspalten der Boulevardpresse kolportiert werden. Doch sie sind voller Widersprüche und strafrechtlich nur insofern von Belang, als sie die latente, schließlich tödliche Eifersucht der alternden Schauspielerin erklären helfen.

Ärzte und Psychologen vervollständigen das Persönlichkeitsbild der bleichen, ungeschminkten Frau auf der Anklagebank, die kurz zuvor noch als

Star gefeiert wurde. So nennt der Sexualwissenschaftler Wolfgang Eicher ihre letzte Beziehung eine „Jargon- und Mülltonnen-Erotik" und die Schüsse eine „explosive Impulshandlung", wie man sie auf Grund ähnlicher hormoneller Störungen bei 50 bis 80 Prozent aller gewalttätig gewordenen Frauen erkannt habe. Zwei weitere Sachverständige attestieren erheblich verminderte Zurechnungsfähigkeit.

Am 27. Juli 1977 wird Ingrid van Bergen wegen Totschlags zu sieben Jahren Freiheitsstrafe verurteilt. Im Frauengefängnis Aichach schreibt sie ein Gedichtbändchen: „Aus Vergessen gewebt und aus Hoffnung". Am 26. Januar 1982 kommt die 50-Jährige wegen guter Führung vorzeitig frei, durch eine Hintertür, man respektiert ihre „Angst vor der Freiheit und Horror vor dem Rummel". Bald taucht Ingrid van Bergen in Talk Shows auf, aber eine Tournee lässt sie aus „Angst" platzen. Weil sie der Witwe des Getöteten eine monatliche Zahlung leisten und 25 000 Mark Opferhilfe an den Staat zurückzahlen muss, verkauft die immer noch schöne Frau Blumen und sich selbst als Aktmodell.

Eines Tages ist sie doch wieder als Schauspielerin gefragt. Seit 1983 übernimmt sie zwei Dutzend kleine Rollen – und einmal wird sie „Dschungel-Königin". 1990 stirbt Tochter Carolin bei einer Operation.

Mit den Männern hat die gealterte Diva nach wie vor kein Glück. Auf Mallorca verlobt sie sich mit einem 33 Jahre jüngeren Tunichtgut, der sie alsbald wegen einer Homo-Beziehung verstößt.

Privat kümmert sich Ingrid van Bergen hauptsächlich um verlassene Tiere. Sie gründet dafür einen deutsch-mallorquinischen Verein und zieht sich beim Versuch, einen Hund zu retten, einen komplizierten Knochenbruch zu. 2003 lässt sich die bekennende Buddhistin mit ihren Tieren in der Lüneburger Heide nieder, tritt einer Tierschutzpartei bei und schreibt Kurzgeschichten aus der Sicht von Tieren.

Der Super-Bayer

Ein viertel Jahrhundert lang gehörte er zum Ensemble der Münchner Kammerspiele. Aber nie hatte er eine tragende Rolle bekommen. Eigentlich war er auch gar nicht beliebt unter seinen Kollegen. Ihnen war der füllige, oft herumnörgelnde, etwas verklemmte, am 6. Januar 1926 in München geborene Kleindarsteller, der es gerade mal zum Zuhälter in der „Dreigroschenoper" und zu Nebenrollen im Heimatfilm brachte, immer ein bisschen zu patzig, wohl auch zu hinterfotzig. Dass ihn jedoch eben diese Eigenschaften einmal zum Star machen sollten, konnte damals niemand ahnen.

Wirklich bekannt machte den Schauspieler erst einmal ein Kriminalfall – ein zweiter sollte seine Karriere und sein Leben beschließen: Im April 1971 wurde die berühmte Blutenburger Madonna aus einer Kirche gestohlen. Die Polizei fand sie schließlich in einem Haus in Feldmoching, das Sedlmayr mit seiner Mutter bewohnte. Unter Verdacht der Hehlerei saß er fünf Tage in Untersuchungshaft, doch dann musste ihm Schuldlosigkeit bestätigt werden. Ganz geklärt wurde der Fall nie. Er hat ihm immerhin geholfen.

„Das war der Auslöser meiner Karriere," gestand Walter Sedlmayr später in einer Fernsehsendung. „Die nächsten Jahre hab ich unheimlich viel gespielt und wahnsinnig gearbeitet, um wirklich ein Star zu werden." Der wurde er zunächst als Leibkoch des Märchenkönigs Ludwig II., in Syberbergs Film „Theodor Hierneis". Und seltsam: Auch in vielen späteren Stücken, die ihn in immer schnelleren Folge vor die Kameras von Film- und Fernsehproduktionen brachte, konnte er sich dem Publikum als Koch oder Feinschmecker andienen. Eine Großbrauerei porträtierte ihn auf einem Großposter mit dem Slogan „Ein Bier wie Bayern". Und ein Mann wie Bayern.

Den Großkopferten Bayerns las der zum Obergrantler avancierte Sedlmayr beim Salvatoranstich auf dem Nockherberg die Leviten. Dabei gab es regelmäßig Krach. Nicht nur mit dem Schreiber der gepfefferten Fastenpredigten, Hannes Burger, dessen Texte er manchmal ganz anders wiedergab. Auch mit etlichen Politikern geriet dieser „Bruder Barnabas" schnell über Kreuz.

Bei Film und Fernsehen war Sedlmayr der Parade-Bayer schlechthin und gefragt wie kein anderer Schauspieler. Seine Serien – „Münchner Geschichten", „Polizeirevier 1", „Der Schwammerlkönig", die pfiffigen Reisereportagen und vieles Aufzeichnungen – wurden höchste Publikumserfolge; pausenlos stand der Mann vor oder hinter der Kamera. Da musste es natürlich Preise regelrecht regnen; für die beste darstellerische Darstellung bekam er sogar den Deutschen Filmpreis.

Schließlich wurde aus dem Star ein Restaurateur. Sein von besagter Brauerei gepachtetes Wirtshaus „Zum Sedlmayr" war bald als erste Adresse für die

Alt-Münchner Küche angesagt. Ob er denn die Lebensmittel nebenan auf dem Viktualienmarkt besorge, fragte ich ihn einmal. Er hob abwehrend die Hände: „Naa, vui z'teier." Bei diesem Besuch fiel mir auf, dass der Schauspieler-Wirt mehrmals dubiose Gestalten unwirsch abwies oder gar hinaus komplimentierte. Beschäftigt waren übrigens nur Männer.

Bald darauf sollte öffentlich bekannt werden, dass der zeitweise meistbeschäftig-

Ein Mann wie Bayern: Walter Sedlmayr als Bierwerber

te Schauspieler Bayerns, von dessen Homosexualität nur wenige Kollegen wussten, ein zweites Leben führte. Dass er in der verborgenen Halbwelt von Strichern und anderen Dunkelmännern verkehrte. Das war sein Verhängnis. Am 14. Juli 1990 wurde Walter Sedlmayr, der Zerrissene, in seiner luxuriösen Wohnung auf brutalste Weise ermordet. Auf dem Richtertisch lagen dann seine zertrümmerte Schädeldecke, ein mit Blut getränkter Bademantel und ein zwei Kilo schwerer Hammer, das Tatwerkzeug.

In einem sensationellen Indizienprozess wurden Sedlmayrs „Ziehsohn" und Kompagnon Wolfgang W. und dessen Halbbruder Manfred L. am 21. Mai 1993 zu lebenslänglicher Haft verurteilt und noch vor der mündlichen Verkündung des Urteils aus dem Saal geführt, weil sie versuchten, den vorsitzenden Richter niederzubrüllen. Beide Angeklagte hatten den Schauspieler nach Erkenntnis des Gerichts aus Habgier (es ging um ein Testament) und zur Ermöglichung einer anderen Straftat (es ging um Hehlerei mit Lebensmitteln) heimtückisch getötet.

Ein kleiner Regensburger Verlag veröffentlichte 2005 mein Prozessbuch „Keiner will schuld sein", das ein Kapitel „Es lockte ein Millionenerbe" zum Fall Sedlmayr enthielt. Kaum war es auf dem Markt, da erreichte uns eine sogenannte Abmahnung aus Frankfurt, die mit einer Unterlassungserklärung und der Drohung eines hohen Streitwerts verbunden war. Begründet hatte sie der Anwalt mit einem Grundsatzentscheid des Bundesgerichtshofes von 1972. Danach dürfen Namen von Straftätern, die kurz vor der Haftentlassung stehen, mit Rücksicht auf die Resozialisierung nicht veröffentlicht werden.

Ähnliche Abmahnungen gingen an zahlreiche andere Publikationen, in denen die vollen Namen der Sedlmayr-Mörder erschienen waren, auch Archive und sogar ein Kochbuch waren betroffen und zahlten lieber die Anwaltsgebühr als sich auf einen Rechtsstreit einzulassen. Das BGH-Urteil blieb unter Juristen ebenso umstritten wie die gängige „Abmahnpraxis". Da auch mein Verlag eine rechtliche Auseinandersetzung nicht riskieren und, alternativ, nicht die Namen der Betroffenen mühsam aus allen gedruckten Büchern entfernen wollte, zog er das druckfrische Werk aus Buchhandel und Großhandel zurück.

Tatsächlich wurde der eine der beiden Verurteilten im August 2008 und der andere im Januar 2009 auf Bewährung aus der Strafhaft entlassen. Am 15. Dezember 2009 entschied der BGH in diesem Präzedenzfall, dass die Verurteilten keinen Anspruch auf Entfernung ihrer Namen aus Internetarchiven haben; dies würde eine unzulässige Einschränkung der Meinungs- und Medienfreiheit bedeuten. Der Europäische Gerichtshof für Menschenrechte bestätigte im Juni 2018, dass die Medien die Aufgabe hätten, sich an der Meinungsbildung zu beteiligen, indem sie der Öffentlichkeit die in ihren Archiven verwahrten Informationen zur Verfügung stellten. Dies überwiege gegenüber dem Recht verurteilter Straftäter auf Vergessen. Der nach wie vor unklaren Rechtslage wegen wird auch in diesem Buch auf die Namensnennung und den genauen Prozessverlauf verzichtet.

Der grosse Fluss

Ein Stück Freiheit

Seit dem Jahr 1941, als man in der „Hauptstadt der Bewegung" die ersten Zwangsarbeiter und Judensterne sah, wohne ich am Ufer der Isar. Mein Arbeitstisch steht direkt unterm Fenster, so dass mich das Rauschen und Flimmern des halbwilden Flusses – seit so vielen Jahren nun – dauerhaft begleiten. Ich kenne die Isar von den bemoosten Quellhängen unter der Falkenhütte in Tirol bis zu den Auen der Donau – 292 Kilometer. Oft habe ich diese Tallandschaft zwischen Scharnitz und Plattling bewandert, habe den Wasserweg per Floß, Schlauchboot oder Kajak befahren. Viele Erlebnisse und Ereignisse verbinden mich damit. Einige will ich in Erinnerung rufen.

In jener finsteren Zeit, als die deutsche Jugend auf Geheiß ihres eher unsportlichen Führers „zäh wie Leder" und „hart wie Kruppstahl" sein sollte, bot der Münchner Mississippi uns Halbwüchsigen ein kleines Stück Freiheit in der knapp bemessenen Freizeit, eine Anderwelt ohne Marschieren und

Die renaturierte Isar, im Hintergrund das Deutsche Museum

213

Die Isar mit Badenden am Volksbad

Kommandieren. An sonnigen Tagen gab es für uns nichts Schöneres, als in der „Reißenden" – das bedeutet ja der ursprünglich keltische Name – unbeschwert und unbewacht und manchmal unbekleidet einzutauchen ins erfrischende Nass und sich schwimmend treiben zu lassen; zwischen schattigen Büschen konnten wir „schpuin" oder einfach nur so „rumflacken", gern mal mit dem „Gramola". In Winterwochen, die noch nicht so warm waren wie heute, schraubten wir Stenze Schlittschuhe an die Stiefel zum Eistanz auf dem oft zugefrorenen Stau vor der Praterinsel, auf der es nach alkoholischen Getränken roch.

Ja, die Isar war unsere große Badewanne und zugleich eine Arena für allerlei Gaudi. Das war sie seit urdenklichen Zeiten. Am 1. Oktober 1666 schon wurde auf einer schwimmenden Bühne sogar eine Oper aufgeführt. Kurz vor der Wende zum 20. Jahrhundert nannte ein Reiseführer schon drei offizielle Flussbäder an der Isar (und fünf an der Würm). Geduldet war das Baden außerdem zwischen Müllerschem Volksbad und Kabelsteg, obwohl die große Schleuse dort gefährliche Strudel und Strömungen erzeugen kann. Heute gelten die Kiesbänke hier, die sich ständig verformen, als Münchens beliebtester „Lido" im Innerstädtischen. Der noch mehr verzweigte Flaucher weiter im Süden indes erscheint Badelustigen und Spaziergängern geradezu paradiesisch – wenngleich sich da längst nicht mehr so viele Nackerte tummeln wie in den Folgejahren der „Freiheitsaktion 68".

„Das ist das Isarflimmern mitten im Paradies ..." Mit diesem Refrain hatte mich einst der ehemalige Hüttenwirt Willy Michl begeistert, als ich auf einem vom Wienerwaldkönig Friedrich Jahn für Journalisten angemieteten Floß erstmals dieses längst legendäre Lied hörte. Als ich den Isarindianer und seine schönbunte Squaw Cora ein halbes Jahrhundert später bei den „Urbanauten" wiedertraf, verehrte er mir seine Autobiografie „Traumwanderer" samt Adlerfeder. Ich mag die einzigartigen bayerischen Blues dieses Hünen, der einst von der Hochalm in die Prärie herab gekommen war. Aber auch das volkstümliche „Isarmärchen" der Bally Prell kann mich träumen lassen.

Nach Minga mi'm Floß

Das ungewöhnliche Erlebnis einer Floßfahrt auf der Isar hatte ich erstmals im Mai 1973. Damals konnte sich jede beliebige Reisegruppe für 650 Mark vom Sebastian Seitner in Wolfratshausen ein Dutzend oder mehr Baum-

Wie in alten Zeiten sehen die Isarflöße immer noch aus

stämme zusammenbinden und auf diesen Planken von erfahrenen Flößern stundenlang flussab triften lassen, bis zur Zentrallände in Thalkirchen. Grad lustig war's – und bis heute ist es ungefähr so geblieben, wie damals in einer Reportage geschildert:

„Man kann zu den Klängen einer Dixielandband auf schwankendem Boden tanzen oder sich in der grünen Isar mitschwimmend erfrischen. Oder man lässt irgendwo anhalten am Ufer, wo sich eine illegale, zur Zeit um behördliche Anerkennung kämpfende Nudistenkolonie ausgebreitet hat. Mitunter erklingt durch das sonst so stille Tal das alte Flößerlied: ‚Fahr ma nach Minga mit'm Floß, da geht's vui schneller wia mi'm Roß'." Inzwischen ist Helga Lauterbach, eine Cousine des Spaziergängers Blasius, sehr bemüht um einen Flößerverein und ein Flößermuseum.

Wie anscheinend schon unsere keltischen Vorfahren wussten, hatte der Fluss, der ungezähmt „aus dem Karwendelgebirg" (so Michl) in die bayerische Hochebene strömt, immer und vielerorts seine Gefahren. „Weil das Ertrinken … nicht selten ist", veranlasste der Magistrat bereits 1796, dass Wundärzte in Ufernähe bestimmte „Rettungswerkzeuge" bereitstellten. Nachdem viele Gefahrenstellen längst beseitigt worden sind, finden sich heute an Wehren zweisprachige Tafeln mit der Warnung: „Der Wasserspiegel im Flussbett kann durch besondere Betriebsereignisse … sehr stark ansteigen." Oft wird die kleine Kiesbank am Auslauf des Auer Mühlbaches, direkt vor meinem Fenster, überflutet. Einmal beobachtete ich, wie Feuerwehrleute gegenüber meiner Wohnung einen Hund mühsam aus der Strömung zogen; der in der AZ erschienene Schnappschuss meines Sohnes ging um die Welt. Nicht selten sehe ich lärmende Rettungshubschrauber über dem Fluss kreisen.

Neue Badelust

Im Juli 2016 beschloss der Umweltausschuss des Stadtrats eine Machbarkeitsstudie für ein öffentliches, professionell betriebenes Flussbad inmitten der Stadt. Als Musterbeispiele wurden geplante Flussbäder in Zürich und Berlin zitiert. Initiator und eifriger Agitator ist der Verein „Isarlust" vom unermüdlichen Ben David, der das Isarstück unterhalb des Deutschen Museums, das ohnedies umgestaltet wird, für den bestgeeigneten Standort hält. In Zusammenarbeit mit Architekten und Studenten sind einige Entwürfe entstan-

Benjamin David, der Initiator eines Flussbades, mit seinem Söhnchen

den. Vorgeschlagen werden zum Beispiel künstliche Sandstrände, Terrassen und ein boulevardartiger Pool.

Eine andere Bürgerinitiative namens „Wildfleck" wehrt sich jedoch dagegen, dass die Isar „bis auf den letzten Winkel neu verbaut" werden soll. München würde damit die weltweit einzige Isarkultur mit dem Lebensgefühl der Freiheit, Wildheit und Fantasie verlieren. Ähnlich argumentieren der Bund Naturschutz und weitere Umweltschutz-Organisationen.

Es wird wohl doch noch viel Wasser die Isar runterfließen, bis ein Weg gefunden wird zwischen Freiheit und sinnvoller Freizeit auf dem Fluss vor meinem Fenster.

Die große Flut

Gelegentlich wird ein Fluss zum Schauplatz einer historischer Wende. Solche „Schicksalsflüsse" kannte schon die Antike, legendär sind der Rubikon oder der Busento. In neueren Zeiten verbinden sich politische, ja weltpolitische Ereignisse mit der Donau, dem Rhein, der Elbe und vielen anderen Strömen. Solche Bedeutung hat die relativ kurze, kernbayerische Isar mit ihren wenigen meist kleinen Anrainerstädten nie gewonnen.

Für mich aber, den seinerzeit 16jährigen Münchner Schüler und Melder an der „Heimatfront", wurde der Fluss vor meinem Fenster erstmals zu einem Wendeplatz der Zeitgeschichte, als amerikanische Vorhut am 30. April 1945 den Isar-Übergang an der Maximiliansbrücke erreichte, von einer großen Menschenmenge mit ungewissen Gefühlen erwartet. (Siehe Kapitel „Der große Krieg 2").

Ein zweites Mal erlebte ich die Isar, als sie große Teile des südlichen Bayern veränderte. Im Hochsommer 1954 erlebten die Menschen an der Isar noch einmal – und vorerst letztmals – ein gewaltiges Hochwasser. Ich leitete damals das Münchner Büro der BILD-Zeitung und musste natürlich eiligst an die „Wasserfront". Deren Brennpunkt war Landshut. Als ich mich den zahlreichen Helfern am Flussufer näherte, wollten die mich nicht mehr sofort loslassen: Ich musste mittun beim Aufschichten von Sandsäcken. Die Berichte, die ich nach Hamburg telefonierte, bekamen im Juli 1954 u. a. folgende Schlagzeilen: „Noch steigt die Flut! Laßt Bayern nicht im Stich? Acht Opfer des Wassers." – Zwei Tage später: „Gute Nachricht: Die Flut in Bayern geht zurück. Die Wassermassen wälzen sich nun nach Österreich." Und am nächsten Tag: „Alle wollen Bayern Hilfe leisten". Das war schon kleiner gedruckt. Gleichzeitig war ja auch zu melden, dass Bundespräsident Theodor Heuß die 21jährige Schwester der englischen Königin, Prinzessin Margret, in Bonn empfangen habe.

Die „Jahrhundertflut" war noch nicht abgeflaut, als eine alte Idee wieder auftauchte: die Regulierung des ungestümen Wildflusses schon im Gebirge. Die obere Isar sollte samt ihrer Zuflüsse angestaut werden. Als geeigneten Ort wählte man das Hochtal zwischen Vorderriss und Fall aus. Was allerdings bedeutete, dass das romantische Dörfchen Fall, das Ludwig Ganghofer in einem mehrmals verfilmten Roman beschreibt, unter den Wassermassen des „Sylvensteinspeichers" – mit einer Oberfläche von sechs Quadratkilometern – verschüttet wurde. Im Herbst 1954 begannen an die 500 Arbeiter, Stollen in die Felsen zu sprengen. Und am unteren Ende des Kessels, wo der Sylvenstein das Tal auf 190 Meter verengt, eine gewaltige Staumauer zu bauen. Im Herbst 1953 fielen die ersten der zwanzig Häuser der Spitzhacke zum Opfer. Die 120 Bewohner von Fall – Holzfäller, Jäger und Forstangestellte – packten ihr Hab und Gut zusammen und harrten der Zwangsumsiedlung in ein neues Dorf, das auf einer gerodeten Bergkuppe 18 Meter höher gebaut wurde. Nur eine Familie sträubte sich. Im Oktober 1954 besuchte ich sie und berichtete:

Mit dem stummen Protest der Hinterwäldler harrt die siebenköpfige Familie Stettner der menschengemachten Flutung. Die Nachbarn sind schon weg. Sie wollten nicht abwarten, bis ihnen das Wasser buchstäblich bis zum Hals beziehungsweise zum Dachfirst steht. Nur die sieben Angehörigen der Stettner-Familie rebellieren, sie haben sich regelrecht in ihrem Forsthaus verschanzt. Sie trotzten allen Anordnungen und Verlockungen auf ein angenehmeres Leben gleich oberhalb: „Mir gengan net aussi." Nicht nur die tiefe Verwurzelung mit der Heimat stärken den Beharrungswillen. Sie fürchten auch, aus Neu-Fall noch einmal vertrieben zu werden, noch höher hinauf auf den Berg. Die Techniker planen nämlich weit voraus. Das aktuelle 40-Millionen-Mark-Projekt erlaubt, als Nebenprodukt sozusagen, nur den Bau eines Kleinkraftwerks. Deshalb spricht man schon davon, dass die Sylvensteinsperre später zu einer gigantischen Energiequelle ausgebaut werden könnte. Einen Trost hat Bayerns Oberste Baubehörde immerhin: „Im Hinblick auf die Atomenergie könnte sich das Projekt als unnötig erweisen."

Ein Irrtum. Vielmehr wurden dem großen Wasserregulator an der oberen Isar bis zum Jahr 2004 zwei – relativ kleine – Kraftwerke hinzugefügt, zumal die scheinbar so zukunftssichernde Energie aus der Uranstrahlung nach mehreren Katastrophen gegen Ende des 20. Jahrhunderts ihren Nimbus eingebüßt hatte. Der 41 Meter hohe Damm wurde am Sylvenstein noch einmal aufgestockt, wenn auch nur um drei Meter. Mehr Technik verträgt die Landschaft nicht, die seit 1983 unter strengem Schutz steht.

Immer wieder Nothilfe

Wenn die Isar heute – nicht nur in der Touristikwerbung – als einer der schönsten Flüsse Europas gerühmt wird, dann ist das, historisch gesehen, einer Gruppe von Stadtbürgern zu verdanken, die im Februar 1902 im Münchner Künstlerhaus den „Isartalverein" gegründet haben. Die erste große Umweltschutzbewegung Bayerns kam zur rechten Zeit. Seit Ende des 19. Jahrhunderts erfuhr das Landschaftsbild starke Veränderung durch Wasserkraftanlagen, Stauwehre und Werkskanäle. Obendrein überwucherten hochherrschaftlicher Villen immer mehr Ufergrundstücke.

Dem schönen Bett der vielbesungenen „Alpenkönigin" drohte Gefahr. An dem damaligen Bauboom maßgeblich beteiligt war der Stararchitekt Gabriel von Seidl. Ausgerechnet dieser vielbeschäftigte Landhausbauer – in München entstand in Isarnähe gerade das von ihm entworfene Altersheim Vincentinum – war der eifrigste Initiator einer Schutztruppe, die Grundstücke ankaufte, um sie vor der Bebauung zu retten. Heute besitzt der Isartalverein etwa hundert Hektar wertvollen Bodens zwischen Landeshauptstadt und Landesgrenze.

Ein aktuelles Anliegen ist ihm die Sorge um eine naturschonende Naherholung, die auch das freie Baden in der Isar betrifft. Die Mitglieder (Jahresbeitrag nur sechs Euro) und die Sponsoren betreuen heute Spazier- und Wanderwege mit einer Länge von 300 Kilometern und mit über 400 Schildern. Sie veranstalten Führungen auf Lehr- und Erlebnispfaden oder zu bestimmten Projekten, sie kümmern sich um Pflanzen und Tiere, um Wälder und Weiden, sie stellen Ruhebänke auf und schneiden Aussichtspunkte frei. Ein „virtuelles Isar-Museum" bietet eine Zeitreise in die Isarlandschaft. 2020 erscheint ein Wanderführer von Wolfratshausen bis zum Sylvensteinsee.

In der Zeit des Wirtschaftswunders fraßen sich auch noch Industrien, Autobahnen, Erholungszentren für Manager, Villen und Hochhäuser in die Flussauen. Irgendwann kam es soweit, dass jede fünfte Wohnung in den Anliegergemeinden als Zweitwohnsitz ausgewiesen war. Schon sehr früh, im Januar 1953, gab es einen regelrechten „Volksaufstand im Isartal". Unter diesem Titel schrieb ich einen Zeitungsbericht:

Dieter Borsche möchte seine Villa am liebsten zu einer Trutzburg gegen die Münchner Straßenbauer machen. „Hände weg vom Isartal!" – mit dieser Forderung ist sich der Filmstar mit den Bauern, Grundbesitzern und anderen Interessenten im südlichen Vorland von München einig. Rings um Wolfratshausen flammt der Protest gegen die staatlichen Autobahn-Pläne. Sie ist vor allem als Entlastung der sogenannten Olympiastraße zwischen München und Garmisch-Partenkirchen und zugleich als Ausgangspunkt einer neuen Autobahn nach Lindau gedacht. Es wurde bekannt, dass für dieses Projekt private Grundstücke abgeholzt und Äcker planiert werden sollen, während der Freistaat offenbar nicht bereit ist, eigenen Wald für das breite Betonband zur Verfügung zu stellen.

Im vorolympischen Jahr 1971 ging der SPD-Landtagsabgeordnete Georg Kronawitter auf die Barrikaden: „Findige Makler, finanzstarke Einzelinteressenten und mächtige Finanzgesellschaften reißen sich gierig Stück für Stück unter den Nagel." Im Juli 1974 – Kronawitter war inzwischen zum Münchner Oberbürgermeister gewählt – schienen all die Alarmrufe, Gutachten und Pläne endlich greifbare Früchte zu bringen. Im gleichen Jahr 1974 bildete sich eine „Notgemeinschaft Rettet die Isar jetzt". Sie will, dass die früheren Ableitungen von Gewässern aus der oberen Isar dauerhaft auf ein ökologisch verträgliches Maß reduziert werden. Außerdem klärt ein Verein „Deine Isar" die Badenden durch Postkarten über naturverträgliches Verhalten am Kiesstrand auf und führt Schulklassen zu problematischen Uferzonen. Ich berichtete über das Programm, das ein Traum war.

Um die „sterbende Flußlandschaft" – so der Bund Naturschutz – zu retten und sie dem wachsenden Erholungsbedarf zu öffnen, hat eine Gruppe von Wissenschaftlern in Zusammenarbeit mit Stadt, Staat und Isartalverein ein Projekt entwickelt, das eine breite natürliche Parkzone zwischen Bad Tölz und dem Münchner Vorort Grünwald vorsieht. Darin könnten 30 000 Menschen zugleich Erholung finden, ohne dass die natürliche Umwelt gestört würde. In diesem „bayerischen Serengeti" sollen touristische Strukturen behutsam aufgebaut werden: Campingplätze, Badeseen, Kiesstrände, Spiel- und Sportplätze, Gaststätten, Begegnungszentren, Wanderwege, Naturlehrpfade, Liegewiesen und ein Platz für Nudisten, dazu Großparkplätze nahe der ausgewiesenen Gemeinden.

Auch im städtischen Bereich sollten „die Reißende" nach den Worten des Münchner Umweltbeauftragte Theo Fischer „aus ihrer Zwangsjacke befreit" werden. Zehntausende demonstrierten an Wochenenden für eine „freie Isar". Im Juni 1989 erschien eine wissenschaftliche Machbarkeitsstudie, auf die sich ein Bündnis von Stadt- und Landesregierung stützten konnte. So geschah es, dass Mauern und Befestigungen endlich fielen. Künstliche Strände wurden aufgeschüttet, Uferstreifen begrünt und durch Wanderpfaden vernetzt.

Zeitweise erwog man sogar, die innerstädtischen Wehre und Kleinkraftwerke in Biergärten oder Kaffeeterrassen zu verwandeln. Doch auch die jüngsten Bemühungen einer Großbrauerei, ein altes Kraftwerk in den Maximiliansanlagen gastronomisch aufzuhübschen, scheinen an anhaltendem Widerstand besorgter Münchner zu scheitern. Nicht zum Tragen gekommen war schon der Plan, die Kaskaden an der Maximiliansbrücke als Kanu-Slalom-Strecke für die Olympischen Spiele 1972 auszubauen. (Man wich aus Naturschutzgründen auf den Eiskanal in Augsburg aus).

Im Februar 2000 beschloss der Stadtrat den ganz großen „Isarplan", der inzwischen bis zum Deutschen Museum hin realisiert wurde. Eine wichtige Voraussetzung war die Öffnung der Schleuse von Grosshesselohe, wodurch die Mindestwassermenge der Isar deutlich erhöht und dadurch eine gewisse, unverzichtbare Energiegewinnung gesichert wurde. Seit dem Bau des Sylvenstein-Stausees war nämlich der Gebirgsfluss oft und vielerorts nur noch ein Rinnsal. Inzwischen ist mitten in der Millionenstadt ein neuer, in Europa einzigartiger Freizeit- und Erlebnisraum entstanden.

Mitten in München war der Fluss aber noch ganz anderen Bedrohungen ausgesetzt. Eine Stadtautobahn namens „Isar-Parallele" sollte von der Wittelsbacherbrücke bis zur Kennedybrücke trassiert werden, fünf Kilometer lang und bis zu 40 Meter breit, kreuzungsfrei und sechs- bis achtspurig. Geplant waren zudem gewaltige Tunnelrampen an allen Brücken sowie der brutale Abriss alter Bau- und Baumsubstanz, womit an der Ifflandstraße, dem nördlichen Teil der Asphaltbahn, auch begonnen wurde Von Lärmschutz in den noch nicht ausgebauten Uferstraßen war keine Rede, von Kosten nur vage. Oberbürgermeister Erich Kiesl (CSU) und sein Stadtbaurat Uli Zech (SPD) standen voll hinter diesem „alternativlosen Muster für fließenden Verkehr".

Schnell bildete sich eine Notgemeinschaft gegen die Schnellstraße. Wir Bürger, die ihr „Lechl" als Wohngebiet insgesamt bedroht sahen, gingen auf die noch unverbaute Straße; Flugblätter, Plakate und Zeitungen schlugen Alarm. Das „Münchner Forum", einzelne Stadträte beider Großparteien und an vorderster Front der Architekt Karl Klühspies, ohne dessen kritischen Einspruch diese Stadt heute anders aussähe, erkämpften einen Teilsieg nach dem anderen, bis Oberbürgermeister Georg Kronawitter (SPD) endlich, nach 30 Jahren, das Wahnsinnsprojekt zur Gänze aufgab.

Heute fließt vor meinem Fenster zwar immer noch der erträgliche Verkehr, gleich daneben aber strömt weiter, wie in ewigen Zeiten, die schöne, grüne Isar.

Poetische Promenaden

Manchen Flüssen scheinen geistige und künstlerische Kräfte zu entquellen, der idyllischen Isar seit Jahrhunderten. Namhafte Schriftsteller lebten dicht an ihren Ufern, viele haben Fluss und Landschaft durch Prosa und

Auf der Terrasse der Villa in der Poschingerstraße (von links): Klaus, Elisabeth (mit Hund), Michael, Katja, Thom[as]. [Auf] dem Foto fehlen Monika und Golo. Elisabeth, genannt Medi, lebt heute in Kanada; von dort aus förderte sie den Wied[eraufbau der Vil]la und die Einrichtung einer Forschungsstätte.

Das geheimnisvolle Reich des Zaub[erers]

Film lockt Literatur-Touristen zur Münchner Thomas-Mann-Villa, die nun verk[auft wird]

Die Gartentüren sind verschlossen, die vielen Jalousien und die beiden Garagentore ganz oder halb herunter gelassen. Das Haus wirkt auf eine seltsame Weise verlassen, verschlampt, geheimnisvoll, trotz seiner immer noch hellen Tönung irgendwie düster und einsam. Zumal es am Ende einer Sackgasse liegt, und zumal jetzt im Winter. menten des niedergelegten Hauses, war bewegt und gedankenvoll", schrieb er ins 1993 veröffentlichte Tagebuch. Mit 2400 Mark hat man ihn entschädigt. Ein Apotheker kaufte 1957 das kriegszerstörte Haus und ließ es bis auf die Fundamente abreißen, um einen Bungalow auf den Grundmauern zu bauen. Inzwischen wechselte der Eigentü- München bis 1975 setzt." Also wenige[r] für die Stadt erkann[tlich, ...] se in der Bevölkeru[ng ...] mäßigen Führunge[n ...] sen, schon immer a[...] wesen. Es mangel[e an] Kümmern".

Bericht des Autors in der Bayerischen Staatszeitung

Lyrik verewigt. In meiner Straße, die nach dem von 1888 bis 1893 amtierenden Ersten Bürgermeister Johannes von Widenmayer benannt ist, hatte sich zeitweise geradezu eine Künstlerkolonie etabliert, über die ich nach einem „literarischen Spaziergang" mit dem Stadtforscher Dirk Heißerer berichtete:

Im stattlichen Haus Widenmayerstraße 49 hatte der 1996 verstorbene Wolfgang Koeppen den vorbei rauschenden Fluss vor Augen und so beschrieben: „Die Isar kommt als Bergkind, als Wildwasser, und hat sich München nicht vermählt. Sie fließt als Oberländerin widerwillig unter Brücken durch, reibt sich an Wehren ..." Weltbürger Koeppen vermisste nur die Kais wie in Paris. Im Haus Nr. 43 fielen dem 13-jährigen Ödon von Horvath die ersten „Sportmärchen" für seine Freundin Felicia ein, die er beim Schlittschuhlaufen kennengelernt hatte. Auf Nummer 32 zog 1915 der junger Dichter Rainer Maria Rilke ein; er wohnte bei einer Gutsbesitzertochter „wunderschön in den weiten Zimmern, im Geräusch von Fluß' und Baumwind". Nahebei konnte man einen pensionierten Oberlehrer namens Oswald Spengler beim täglichen Spaziergang treffen, nie ohne den Regenschirm, scheinbar immer schlecht gelaunt. Er rezensierte für auswärtige Blätter Münchner Theaterpremieren und schrieb nebenbei an einem pessimistischen Werk, das weltberühmt wurde: „Der Untergang des Abendlandes".

In jenen Jahren, als München leuchtete, konnte man an der Isar prominente Poeten promenieren und bisweilen auch diskutieren sehen. Sie wohnten nur ein paar Schritte entfernt vom Fluss, der sie anscheinend anregte. Täglich unternahm Thomas Mann von seiner Villa in der Poschingerstraße aus mit seinem Hund Bauschan stundenlange Spaziergänge durch den noch wilden Bogenhauser Auwald, den er in einer Novelle als „Zaubergarten" beschrieb. Erika und Klaus, die älteren der sechs Mann-Kinder, schlenderten lieber auf der eleganten Prinzregentenstraße; als „etwas ungepflegt" fielen sie den Dichtertöchtern Pamela und Kadidja Wedekind auf, die nahe der Luitpoldbrücke ebenfalls mit Großfamilie wohnten.

Das einst von Isarbächen und Triftkanälen durchflossene nördliche Lehel war zeitweise auch die Heimat von: Lion Feuchtwanger (Annaplatz), Ina Seidel (Reitmorstraße), Maximilian Schmidt (Thierschstraße), Ludwig Thoma (Lerchenfeldstraße), Ludwig Ganghofer (Steinsdorfstraße), der einen Salon unterhielt, Konstantin Wecker (Thierschstraße), dem hier erste Gedichte einfielen, und Karl Valentin (Mariannenstraße), der seiner Isar ein Grußwort widmete:

„Willkommen, edler Gebirgsfluß, willkommen in deiner Heimat, in der Haupt- und Residenzstadt München. Endlich haben deine Wogen unsere Stadt berührt / und wir alle freuen uns, des großen Nutzens der Stadt wegen, den wir durch dich bekommen. Du gibst uns einen großartigen Aufenthaltort für unsere Fische, wir können in dir baden. Die schöne, grüne Isar, sie lebe hoch!"

Hier irrte Goethe

Nicht nur in der Haupt- und Residenzstadt selbst, sondern auch draußen auf der oberbayerischen Hochebene hat die Isar seit langer Zeit große Geister angezogen und manche vielleicht auch inspiriert. Einige sollen erwähnt sein.

Am 7. September 1786 reiste ein gewisser Jean Philipp Moeller von München aus durch das Isartal, dieser beliebten Transitstrecke über die Alpen. Johann Wolfgang von Goethe, wie er wirklich hieß, kam heimlich aus Karlsbad und befand sich hierorts ziemlich am Anfang seiner weltberühmt gewordenen „Italienischen Reise". Die kurze Etappe auf der Isarstraße habe ich 2010 recherchiert; ich bin der mutmaßlichen Route der Kutsche gefolgt, kann aber nicht garantieren, dass das aufgefundene Protokoll der vollen Wahrheit entspricht:

Dem Posthalter Egidius Multerer von Ebenhausen nahe dem Kloster Schäftlarn, wo der von München gekommene Herr die Pferde gewechselt hatte, war „von höchster Stelle", wie dieser stolz im Dienstbuch eintrug, „rekommandiert und sehr empfohlen" worden, alle Wünsche eines gewissen „Herren Goethingen" auszuführen und zwar „ohn Murren und Unfreundlichkeit, welches bairische Art und Weis". Weil aber der Klosterschmied Martl beim Reparieren eines Hinterrades so lange brauchte, habe der hohe Herr „ziemlich geschimpft". Worauf ihm der Posthalterknecht Simmerl das Götz-Zitat entboten haben soll. Dieses habe der hohe Herr Gottlob nicht verstanden.

Das Zitat, das der Martl meinte, war schon lange vor Goethes „Götz von Berlichingen" im Umlauf, zweifellos auch in derbem Bayerisch, worauf denn wohl das Unverständnis des Touristen G. aus Weimar zurückgeführt werden könnte. Jedenfalls notierte dieser an jenem Abend in sein Tagebuch, er habe in Wolfratshausen den 48. Breitengrad erreicht. Hier aber irrte Goethe. Als Mineralienkenner interessierten ihn die Granitgeschiebe der Isar wohl mehr als die Ortskoordinaten. Und als Landschaftsliebhaber brach Deutschlands großer Dichter, Denker und Wanderer just hier in schiere Begeisterung aus: „Mir ging eine neue Welt auf. Ich näherte mich den Gebirgen …"

Hier liebte Rilke

„Einen Sommer lang lebte und wirkte" – wie eine Tafel kündet – anno 1897 in Wolfratshausen der 22jährige Rainer Maria Rilke mit Lou Andreas-Salomé, seiner vierzehn Jahre älteren russischen „Gefährtin". Das Liebesnest der beiden, das Lutzhäuschen hinter der Pfarrkirche, war eines der ersten Ziele zahlreicher „Literatouren", die ich für die Süddeutsche Zeitung und später in Büchern beschrieben und mit passenden Zitaten aus Rilkes Liebesgedichten gewürzt habe:

Leise ruft der Buchenwald
winkt mit seinen jungen Zweigen
weit hinaus ins Wiesenschweigen.
Kommt mein blonder Liebling bald?

Viele weitere Spuren der Literatur ziehen sich durch das voralpine Isartal. Mitten in Wolfratshausen machte die Münchner Simpl-Wirtin Kathi Kobus 1908 in einer zwangsversteigerten Pension ein Café auf, sie nannte es „Kathis Ruh", wo sie sich vom Schwabinger Rummel erholte, und lockte viele ihrer alten Stammkunden heraus aus der Stadt: Halbe, Wedekind, Queri, Mühsam und natürlich ihren Hausdichter Joachim Ringelnatz.

Im „Haus Vogelnest" am Bergwald von Wolfratshausen und in anderen Orten hielt sich der lungenkranke englische Dichter D. H. Lawrence auf Anraten des Tölzer Arztes und Dichters Hans Carossa zwischen 1910 und 1912 mehrere Male auf; er verliebte sich hier in die verheiratete Frieda von Richthofen, schrieb ein Gedicht über das „weiße Städtchen" und verarbeitete seine Erlebnisse an der Isar später in seinem Skandalroman „Lady Chatterly's Liebhaber".

In Höllriegelskreuth hauste der als „Krautapostel" bekannte Universalkünstler Wilhelm Diefenbach. Im Kloster Schäftlarn logierte Franziska von Reventlow „mit Maus" (Söhnchen Rolf). In Baierbrunn hatten sich Paul Klee und Gertrud von le Fort niedergelassen. Aus Ebenhausen stammte Marianne Langewiesche, die einen Roman über die Wasserstadt Venedig schrieb. Ernst Wiechert baute sich 1936 den stadtnahen Hof Gagert, wo er – nach Gestapo-Gefängnis und KZ Buchenwald – bis 1948 wohnte und die meisten seiner vielen Werke schrieb. Fürwahr, ein Fluss voller Poesie.

Die grossen Dichter

Der Verfemte

Sie lebten und arbeiteten lange in München und wurden weltberühmt. Trotzdem wurden sie – beileibe nicht nur im Jahrzwölft der braunen Bücherverbrenner – in dieser Stadt zeitweise eher missachtet als geehrt. Dies wiederum war einer der Gründe, warum ich mich als Zeitungsschreiber immer wieder mit unseren großen Literaten befasst habe, vor allem mit meinen vier Lieblingsdichtern.

Bert Brecht war für mich ein frühes Vorbild. Schon im Gymnasium versuchte ich, Aufsätze im vermeintlichen „Brecht-Stil" zu schreiben, was unsere Deutsch-Lehrerin Detreux weniger gut fand. Im Mai 1949 konnte ich diesen manchmal zynischen Stil in den Kammerspielen erstmals verinnerlichen. „Zieh dich um, dein Mann wird gehenkt," befahl da die Frau des Bettlerkönigs Peachum, gespielt von der einst gefeierten Kabarettistin Trude Hesterberg, ihrer Tochter Peggy, gespielt von der zierlichen Maria Nicklisch. Der Mann, um dessen Kopf es ging, Macki Messer, war der Film-Rabauke Hans Albers.

Im Olympiajahr 1972 inszenierten die Kammerspiele noch einmal ein Brecht-Stück: das „Leben des Galilei". Mein 15-jähriger Sohn bekam eine kleine Rolle. Als jugendlicher Großfürst sollte er in seiner Sänfte einen einzigen Satz sprechen. Der aber fiel ihm bei der Premiere leider nicht ein, so dass ihm ein Höfling den Text zuflüstern musste: „Ist etwas nicht in Ordnung mit meinen Sternen?" Damit war die Schauspielerkarriere von Thomas beendet, er wurde Fotograf.

Weil der Kalte Krieg auch den Kulturaustausch zwischen West und Ost abgekühlt hatte, war der „Kommunist" aus Ost-Berlin eine Weile in München nicht mehr gefragt und in konservativen Kreisen regelrecht verfemt. Neu entdeckt hat ihn schließlich der Literaturwissenschaftler Dirk Heißerer. Der führte mich zur letzten Münchner Wohnung des jungen Dichters, die er seiner Tochter Hanne im Herbst 1923 mit diesen Worten mitgeteilt hatte: „Die Adresse deines Vaters ist Akademiestraße 15. Die Stadt heißt München, das Land Bayern und der Stern Erde." Vorher war Brecht im Rückgebäude der Georgenstraße 24 polizeilich gemeldet, während Lion Feuchtwanger den dritten Stock des Vorderhauses acht Jahre lang bewohnte.

Die Weggebliebenen

Mit diesem Feuchtwanger, einem blitzgescheiten Juden, der Brecht 1922 mit seinem ersten Stück „Trommeln in der Nacht" an die Kammerspiele vermittelt hatte, fremdelte München erst recht. Als der Emigrant 1957 von der SPD für den Literaturpreis vorgeschlagen wurde, gab es Widerstand im bürgerlichen Lager. Es ging um Zitate aus dem Roman „Erfolg", vor allem um eines: „Im Übrigen lebte die Stadt sich selber, ein lautes, ungeniertes Leben im Fleisch und im Gemüt. Sie war zufrieden mit sich, ihr Wahlspruch war: Bauen, brauen, sauen." Feuchtwanger bekam den Preis dann zwar doch noch, aber bald distanzierte sich der Stadtrat auf CSU-Antrag davon, weil der Schriftsteller für eine Verständigung mit der Sowjetunion als Weg zur Wiedervereinigung plädiert hatte.

Lion Feuchtwanger

Sein halbes Leben, ganze 40 Jahre, verbrachte der aus Lübeck zugezogene Thomas Mann in der „schönen und gemächlichen Stadt" München, von der er schon früh schwärmte, sie „leuchtete". Nachdem er sieben „Schwabinger Verstecke abgewohnt hatte (Bruder Heinrich brachte es sogar auf 15 Münchner Adressen), nachdem er weltberühmt und wohlhabend geworden war , ließ er sich in der damaligen Poschingerstraße 1 in Bogenhausen eine zweistöckige Villa bauen, die er bis zur erzwungenen Auswanderung 1933 mit seiner Großfamilie bewohnte.

Um dieses Haus nun, das die Kinder „Poschi" nannten, gab es nach dem Krieg ein unschönes Gerangel, über das in den Zeitungen immer wieder zu berichten war. Erst wurde die Ruine abgerissen und als Bungalow neu auf-

Oskar Maria Graf und Bert Brecht bei einem fröhlichen Umtrunk in New York. Nach München kamen die beiden Emigranten nach 1945 nur kurz zurück.

gebaut. Dann wurde der Bau fast originalgetreu rekonstruiert. Doch immer blieb er in privater Hand. Die Stadt kümmerte sich nicht um dieses kulturhistorische Erbe. Auch scheiterten die schönen Pläne eines von Dirk Heißerer gegründeten Freundeskreises, das 1500 Quadratmeter große Grundstück von der Erbengemeinschaft aufzukaufen und in eine Forschungsstätte mit Ausstellungsräumen zu verwandeln. Thomas Mann wollte seinen Wohnsitz nicht mehr zurück verlegen in die „völlig unliterarische Stadt", wie er München nun sah. Er starb als Emigrant und amerikanischer Staatsbürger – genauso wie Lion Feuchtwanger und wie Oskar Maria Graf.

Dieser „Provinzschriftsteller", wie sich OMG selbstironisch bezeichnete, kam immerhin noch vier Mal zurück in die Stadt, die von 1918 bis 1931 seine Heimat war. Dabei musste er jedoch zahlreiche Gutachten sammeln, um die Beschlagnahme seiner Wohnung in der Barerstraße 37 und andere Repressionen durch die Nazis nachweisen zu können. Und sein Besuch im Juli 1958 löste einen kleinen Skandal aus. Honorablen Bürgern gefiel es nämlich gar nicht, dass der proletarische Dichter in seiner alten Lederhose und kariertem Janker zu einer Lesung im Cuvilliés-Theaters erschien, „vor dem feinsten prominenten Publikum".

Inzwischen hat der allzeit rebellische Dichter einen hervorgehobenen Platz im Stadtmuseum und im Gedächtnis der Stadt überhaupt. Das Restaurant im Literaturhaus, das auch eine Ausstellung gestaltet hat, und eine Schule führen seinen Namen. Künstlerische Texte von Oskar Maria Graf finden sich auf Geschirr, Bänken und elektronischen Schrifttafeln. Eine literarische Gesellschaft, der ich gern angehöre, kümmert sich sehr aktiv um das Andenken an einen der vielen großen Geister, die je in der Stadt München „dahoam" waren.

Ein Jahrhundert in München

1900: Nach Eingemeindung von Laim und Thalkirchen hat die Stadt 499 932 gemeldete Einwohner. Mehr als 300 000 sind zugewandert, darunter viele Künstler und politische Aktivisten.

1901: Ein Jahr großer Neubauten: Müllersches Volksbad, Schausspielhaus, Industrie- und Handelskammer, Börse, Prinzregentenbrücke und erste Volksbibliothek.

1902: Zwei weitere Isarbrücken eingeweiht. Isartalverein gegründet. Der russische Emigrant Wladimir Iljitsch Uljanow, der als „Meyer" in Schwabing wohnt, veröffentlicht als „N. Lenin" die für die Rote Revolution gedachte Schrift „Was tun?"

1903: Corneliusbrücke stürzt ein und wird wieder aufgebaut. Künstlerkneipe „Simplicissimus" gegründet. Frauen dürfen fortan studieren.

1904: München zählt 600 Fabriken mit 28 000 Arbeitern. Insbesondere Theater und Kabarett erleben eine nie dagewesene Blüte.

1905: Große Zeit der Volkssänger und der Arbeitergesangsvereine. Kaufhäuser Tietz und Oberpollinger machen auf.

1906: Eingeweiht werden die Volkshochschule, ein Arbeitermuseum und ein erstes Mädchengymnasium. Für das Deutsche Museum wird der Grundstein gelegt.

1907: Weniger als die Hälfte der 555 000 Einwohner sind in München geboren. Frank Wedekinds „Frühlingserwachen" im Schauspielhaus ruft einen Skandal hervor.

1908: Das Neue Rathaus, die Großmarkthalle, der Justizpalast sind fertig. Auf der Theresienhöhe geht die Messe mit einer Gewerbeschau in Betrieb.

1909: Kaiser Wilhelm II. kommt zur Eröffnung der Schackgalerie. Im Westend baut Theodor Fischer die ersten Kleinwohnungen. Karl Valentin beginnt seine Komiker-Karriere.

1910: In Schwabing malt der Russe Wassily Kandinsky das erste abstrakte Gemälde. Paul Heyse erhält als erster Deutscher den Nobelpreis für Literatur.

1911: Menschenmassen feiern den 90. Geburtstag von Prinzregent Luitpold, der im Jahr darauf stirbt. Andere Massen demonstrieren gegen die Rüstungspolitik des Kaisers.

1912: Hohe Zeit der Literatur: mit Ludwig Thoma, Thomas Mann, Frank Wedekind, Oskar Maria Graf, Ricarda Huch, Lena Christ, Franziska von Reventlow, Johannes R. Becher, Hugo Ball, David Lawrence. Josef Ruederer, Peter Dörfler u.a.

1913: Im Mai meldet sich der österreichische Ansichtskartenmaler Adolf Hitler, der sich in seiner Heimat der Wehrpflicht entzieht, polizeilich an und gibt sich als „Schriftsteller" aus. Bahnbrechende Maler bilden die Gruppe „Blauer Reiter".

1914: König Ludwig III. verkündet Mobilmachung auf dem Balkon des Wittelsbacher Palais. Tausende jubeln vor der Feldherrnhalle, darunter angeblich der Kriegsfreiwillige Hitler.

1915: Lebensmittelkarten, Volksküchen, Sammelstellen für Altmetalle, der Einsatz von Frauen in Männerberufen und kleine Demonstrationen nach gescheiterten Friedensinitiativen bayerischer Politiker sind Folgen des Ersten Weltkriegs.

1916: Erster Luftangriff eines französischen Flugzeugs richtet nur geringen Schaden an. Heftige Auseinandersetzungen zwischen militanten Nationalisten und Pazifisten.

1917: Kälte und Kohlennot. In Freimann streiken Munitionsarbeiter. Ludwig Thoma redet bei der Deutschen Vaterlandspartei (DVP). Kurt Eisner verlässt die SPD, lässt die linkere USPD ins Vereinsregister eintragen und agitiert für Kriegsende.

1918: Januarstreiks in Rüstungsbetrieben sind Vorspiel zur Revolution. Am 8. November ruft Eisner den Freistaat aus. Der Eisenbahner Anton Drexler (zunächst DVP) gründet eine Vorläuferpartei der NSDAP.

1919: Eisner auf dem Weg zum Rücktritt nach verlorener Wahl von rechtsradikalem Offizier ermordet, SPD-Abgeordneter Erhard Auer im Landtag von Linksradikalem angeschossen. Räterepublik. Rote Armee geschlagen. Zweite, kommunistische Räterepublik. Ab 1. Mai München wird durch reguläre Truppen mit Gewalt und Terror befreit.

1920: Im Sterneckerbräu gründet sich die NSDAP, der Hitler als Nr. 7 beitritt und als Bierkeller- und Zirkus-Redner rasch bekannt wird. Hetze, Übergriffe, Femmemorde. Antisemiten verhindern Vortrag von Albert Einstein in der Universität.

1921: Hitlers neue Sturmabteilung (SA) prügelt Besucher aus dem Hofbräuhaus. Das erste Oktoberfest nach dem Krieg lockt 300 000 Besucher auf die Theresienhöhe.

1922: Reichspräsident Erich Ebert besucht München, wo die Inflation grassiert. Lion Feuchtwanger verhilft dem jungen Brecht zur Aufführung seines ersten Stückes in den Kammerspielen.

1923: Nazis führen erste Straßenkämpfe mit Jungsozialisten, feiern in München ersten „Reichsparteitag" und marschieren am 9. November zur Feldherrnhalle. Michael Faulhaber, neu zum Kardinal geweiht, wirft auf dem Katholikentag verantwortlichen Demokraten „Meineid und Hochverrat" vor.

1924: Hitler wird zu fünf Jahren Haft verurteilt, aber schon nach neun Monaten aus der Festung Landsberg, wo er „Mein Kampf" schreibt, entlassen. 23 Prozent der Münchner leben von öffentlicher Fürsorge. Die neue Siedlung Borstei soll die Wohnungsnot mildern.

1925: Das Deutsche Museum eröffnet feierlich. Oberwiesenfeld wird Verkehrsflughafen. Das Verbot der NSDAP wird aufgehoben, aber Hitler bekommt Redeverbot wegen Ausfällen gegen die Regierung.

1926: OB Karl Scharnagl reist nach New York, um eine Anleihe für München zu zeichnen. Auf dem 2. Reichsparteitag wird eine „Hitler-Jugend" beschlossen. In Neuhausen entsteht eine erste Jugendherberge.

1927: Stadtrat genehmigt 8 Millionen Reichsmark für Wohnungsbau. Geld wird in England geliehen. Erste automatische Verkehrsampeln regeln Verkehr.

1928: Erstes Hochhaus (Technisches Rathaus). Demonstrationen gegen Erhöhung der Hundesteuer und Tramverbot für Zamperl. SA stört Jazz-Oper. „Damische Ritter" gegründet. BMW steigt in Autoproduktion ein.

1929: SPD wird bei Kommunalwahl stärkste, NSDAP aber bereits drittstärkste Partei. Tanz der „Schwarzen Venus" Josefine Baker von der Polizei „wegen Verletzung des öffentlichen Anstands unterbunden", Nobelpreis für Literatur an Thomas Mann.

1930: Lion Feuchtwangers München-Roman „Erfolg" erntet wütende Proteste. Alfred Rosenberg, Chefredakteur des „Völkischen Beobachters", untermauert mit „Der Mythos des 20. Jahrhunderts" die NS-Ideologie.

1931: Das Zentralorgan und die Uniformen der Nazis werden von der Landesregierung kurzfristig verboten. Der Glaspalast brennt ab, rund 3000 Kunstwerke gehen in Flammen auf.

1932: Demonstrationen gegen Hunger und Arbeitslosigkeit. Mehrere „Reichskleinsiedlungen" entstehen. Wilhelm Hausenstein notiert, Münchens Wandlung sei „ungeheuerlich", komme einer Zerstörung gleich. Auch Thomas Mann äußert Besorgnis.

1933: Unmittelbar nach der „Machtübernahme" im Reich zwingen die neuen Herren Karl Scharnagl zum Rücktritt, erheben ihren Karl Fiehler zum Nachfolger und Heinrich Himmler zum Polizeipräsidenten, nehmen SPD-Stadträte in „Schutzhaft", fahnden nach dem untergetauchten Abgeordneten Wilhelm Hoegner, besetzen das Gewerkschaftshaus, verwüsten Redaktionen.

1934: In Stadelheim lässt Hitler seinen Duzfreund und Rivalen Ernst Röhm und weitere homosexuelle SA-Führer ermorden. Auch mit anderen „Staatsfeinden" wird kurzer Prozess gemacht. Das in Dachau erstellte Konzentrationslager füllt sich. Die Stadt richtet ein „Kulturamt" sein, geleitet von Hans Zöberlein, Autor von „Glaube an Deutschland" und 1945 Anführer der „Penzberger Mordnacht".

1935: Hitler ernennt seine Wahlheimat München zur „Hauptstadt der Bewegung". Seine Freundin Eva Braun unternimmt einen Selbstmordversuch. Erste Ausschreitungen von SA-Rowdies gegen jüdische Geschäfte. In der Ludwigstraße beginnt der Umbau zu „Hitlers München" durch Abrisse.

1936: Ein neues Stadtwappen fügt dem Münchner Kindl ein Hakenkreuz hinzu. Im Deutschen Museum findet eine „Antibolschewistische Schau" statt. Erste Luftschutzübungen mit „Verdunkelung".

1937: Pläne und Gesetze zur „Neugestaltung der Stadt". Als erster Nazi-Großbau wird das „Haus der Deutschen Kunst" mit gigantischem Festzug eingeweiht. Propagandaschauen „Entartete Kunst" und „Der ewige Jude". Halbnackige „Nacht der Amazonen" in Nymphenburg.

1938: Eingemeindung von acht Vororten katapultiert Bevölkerungszahl auf 790 000. Propagandaminister Goebbels verkündet in München „Reichskristallnacht". 700 jüdische Geschäfte werden demoliert, 900

Bürger nach Dachau deportiert. Hans und Sophie Scholl werden wegen „bündischer Umtriebe" für mehrere Wochen eingesperrt.

1939: Kriegsbeginn am 1. September mit der Ausgabe von Bezugsscheinen für Lebensmittel und Kohle, dem Bau von Splittergräben und Hochbunkern. 360 000 wehrpflichtige Münchner werden sofort einberufen. Das Sprengstoffattentat des Tischlers Elser im Bürgerbräukeller misslingt, weil Hitler vorzeitig aufbricht.

1940: Erste britische Luftangriffe beschädigen das Alte Rathaus. Die Luftwaffe antwortet mit einem weit schlimmeren „Vergeltungsschlag" gegen die Stadt Coventry. Aus der Nervenheilanstalt Haar werden die ersten 25 Euthanasie-Opfer deportiert. In Geislgasteig läuft die Produktion von Helden-, Heimat- und Operettenfilmen auf Hochtouren.

1941: Alle noch nicht emigrierten oder eingesperrten Juden müssen den gelben Stern tragen, sie dürfen bestimmte öffentliche Einrichtungen mehr nutzen. 971 Münchner Juden werden nach Litauen transportiert und ermordet. Am Stadtrand entstehen mehrere Zwangsarbeitslager. Am Goetheplatz wird der U-Bahn-Bau eingestellt.

1942: Alle Arbeiten am gigantischen Ausbau Münchens werden beendet. Amerikanische Bomber, die von Italien her anfliegen, verstärken die Luftangriffe rund um die Uhr. Eine Welle von Festnahmen, Hochverratsprozessen, Todesurteilen, Morden sowie von Großkundgebungen mit irrwitzigen Hitler-Reden schwappt über die erst wenig zerstörte Stadt.

1943: Rund um die Universität tauchen Flugblätter und Mauerparolen der „Weißen Rose" auf. Der studentische Widerstand wird schnell zerschlagen. Buben ab 15 Jahren werden von der Schule weg als Flakhelfer eingesetzt. Im Tierpark Hellabrunn wird erstmals in Europa ein afrikanischer Elefant geboren.

1944: Bei jetzt fast täglichen Fliegerangriffen werden zahlreiche historische Gebäude, Bahn- und Industrieanlagen in Schutt und Asche gelegt. Nach dem gescheiterten Attentat des Grafen Stauffenberg erlebt München eine neue Verhaftungswelle, die auch Jesuitenpatres und die Familie des nach Italien entflohenen bayerischen Kronprinzen Rupprecht trifft.

1945: Freiheitsaktion Bayern hat nur kurz Erfolg. Nazi-Führer fliehen mit bereit liegenden Gütern. Letzte schwere Kämpfe am nördlichen

Stadtrand kosten vielen blutjungen Münchnern und amerikanischen Soldaten das Leben. Einmarsch der US-Truppen von mehreren Seiten am 30. April. Danach stadtweite Plünderung gehorteter Waren. Bäckermeister Scharnagl wird erneut Oberbürgermeister.

1946: Täglich werden aus dem Internierungslager Moosburg etwa tausend Nazis und aus der Universität viele der 6000 Studenten zur Schutträumung in der Innenstadt eingesetzt. 3327 Stadtbedienstete werden entlassen. Die Lebensmittelzuteilung wird noch einmal gekürzt. Der Winter bringt ungewöhnliche Kälte und Hunger.

1947: Im Wirtschaftsministerium findet das erste und letzte Treffen der Ministerpräsidenten aus den vier Besatzungszonen statt. Ohne Ergebnis. Die Zeit des Wiederaufbaus der Stadt wird auf 30 bis 40 Jahre veranschlagt. Das beginnt mit der Schuttbefreiung des Stadtkerns und Sicherungsmaßnahmen, etwa einem Notdach auf dem Hauptbahnhof.

1948: Karl Valentin stirbt. Währungsreform leitet „Wirtschaftswunder" ein. Der neugewählte Oberbürgermeister Thomas Wimmer bezeichnet München als „lebenden Schutthaufen" und ruft die (inzwischen wieder rund 800 000) Bürger zum großen „Ramadama", wobei ehemalige Nazis und Offiziere verpflichtet werden.

1949: Antisemitischer Leserbrief in der neuen *Süddeutschen Zeitung* löst den Protestmarsch von der Möhlstraße her aus, beim Zusammenstoß mit der Polizei kommen drei Menschen um. Schwabinger Schuttberg erreicht eine Höhe von 52 Metern und wird mit einem Kreuz zur Erinnerung an die Bombenopfer gekrönt.

1950: Stadtrat diskutiert Neugestaltung des Marienplatzes samt Abriss des Alten Rathauses, was aber dank erster Bürgerinitiativen unterbleibt. Auch der Alte Peter kann so gerettet werden. Nach über elf Jahren endet die Lebensmittel-Rationalisierung. Zehntausende leben noch von öffentlicher Fürsorge. Wohlhabend sind nur die vielen Schieber, die ab und zu in Polizei-Razzien geraten.

1951: Sozialer Wohnungsbau beginnt. Das Kabarett „Kleine Freiheit", für das Erich Kästner schreibt, feiert Triumphe. US-Sender „Freies Europa" wird zum Sprachrohr im Kalten Krieg.

1952: Sprengstoffpaket an Bundeskanzler Adenauer explodiert und tötet Sprengmeister. Philipp Auerbach, Präsident des Landesentschädigungsamtes, nimmt sich das Leben, nachdem er von ehemaligen Nazi-Richtern wegen Untreue und Betrug verurteilt wurde.

1953: Franz Josef Strauß wird als Bundesminister für Sonderaufgaben nach Bonn berufen und steigt zum Atomminister auf. Stadtbaurat Högg plant die autogerechte Stadt. Bundespräsident Heuß eröffnet Deutsche Verkehrsausstellung, die drei Millionen Besucher hat.

1954: Stadtmuseum und Völkerkundemuseum wiedereröffnet. Kirchen St. Peter und St. Paul wieder eingeweiht. Fußballnationalmannschaft wird nach Weltmeisterschaftssieg in Bern begeistert empfangen.

1955: Der persische Schah mit Kaiserin Soraya und der italienische Superstar Gina Lollobrigida besuchen München. Sprengstoffanschlag tötet in Schwabinger Postamt den slowakischen Exilführer Cernak.

1956: Schutträumung beendet, es waren neun Millionen Kubikmeter. KPD verboten. Flüchtlingsstrom aus Ungarn nach Niederschlagung des antikommunistischen Aufstands. Griechisches Königspaar besucht Oktoberfest.

1957: Die ersten Wehrpflichtigen werden zur Bundeswehr eingezogen. In Garching entsteht das „Atom-Ei". Werner Heisenberg und andere Münchner Wissenschaftler sowie Erich Kästner und andere Schriftsteller warnen vor Atom-Bewaffnung. Raumfahrt-Ausstellung im Messegelände. Zum Jahresende wird der millionste Einwohner geboren.

1958: Viele große Feiern, Ausstellungen und andere Veranstaltungen zum 800. Geburtstag der Stadtgründung. Erste Demonstrationen gegen Atomrüstung an den Hochschulen. Oskar Maria Graf kommt aus Amerika und liest im Cuvilliestheater in der Lederhose, was manche unpassend finden.

1959: Spielbankprozess endet mit Urteilen, die hohe Politiker ins Zuchthaus schicken und die Bayernpartei auf viele Jahre lahmlegen. Der ukrainische Exilführer Stepan Bandera wird von einem Sowjetagenten ermordet. Schönheitengalerie und Volkstheater wiedereröffnet. Säureanschlag in der Alten Pinakothek.

1960: Der 34jähringe Jurist Hans-Jochen Vogel wird mit 64,2 Prozent zum Oberbürgermeister gewählt. Stadtrat beschließt Gesamtplan zur Behebung der Wohnungsnot. Große Siedlungsprojekte für Fürstenried,

Hasenbergl und Schleißheim sowie Pläne für Verkehrsausbau zugunsten des Automobils.

1961: Vogel wendet sich nach einer Studienreise durch Amerika vom Konzept der „autogerechten Stadt" ab. Das Ringstraßensystem wird vorangetrieben. In Großhadern wird der Grundstein gelegt für ein Großklinikum. Am Nationaltheater wird nach langjährigem Wiederaufbau Richtfest gefeiert.

1962: Im heißen Sommer entladen sich antiautoritäre Stimmungen in den „Schwabinger Krawallen". Sie verändern die Führung und die Taktik der noch nicht verstaatlichten Polizei. Strauß stürzt in Bonn über der „Spiegel-Affäre" und baut in München ein neues Machtzentrum auf. Ein Doppelmord führt zum Sensationsprozess Vera Brühne.

1963: Neuer Gesamtverkehrsplan. Bundesbahn bekommt die Direkttrasse Hauptbahnhof-Ostbahnhof für eine S-Bahn, Stadt will eine „Unterpflasterbahn" bauen. Die Könige von Afghanistan und von Burundi besuchen die Millionenstadt München, der ehemalige französische Ministerpräsident Bidault, in den Algerienkonflikt verwickelt, wird als politischer Flüchtling aufgenommen.

1964: Bau der U-Bahn beginnt in Schwabing. Am Hauptbahnhof treffen bis Jahresende über hunderttausend Gastarbeiter aus Italien, Griechenland und der Türkei ein. München erwirbt den Ruf einer „heimlichen Hauptstadt". Verstärkter Zustrom von Touristen und Staatsbesuchern, angesagt sind die britische Königin Elisabeth II. und das Königspaar von Thailand.

1965: Bewerbung für die Olympischen Spiele 1972, unterstützt vom NOK. Studenten demonstrieren wegen Bildungsnotstand. Richtfest am höchsten Gebäude, dem Fernseh- und späteren Olympiaturm. Städtisches Krankenhaus Harlaching und Altenheim Bogenhausen fertig. „Rationaltheater" erregt Aufsehen mit scharfer politischen Satire.

1966: IOC vergibt Olympische Sommerspiele an München. Vogel mit 78 Prozent wiedergewählt. Fußgängerzone beschlossen. Letzte Gaslaternen demontiert. Stachus und Odeonsplatz werden Großbaustellen. Strauß geht noch mal als Minister (Finanzen) nach Bonn.

1967: Erste Anzeichen einer Revolte: Proteste gegen Schah-Besuch, Umzug von Studenten und Gewerkschaften gegen Preiserhöhung bei Trambahn. Zelt-Architektur für Olympia vorgestellt. Grundsteinlegung für Neu-Perlach.

1968: Unruhen an den Hochschulen. Kundgebung mit 10000 Teilnehmern auf dem Königsplatz. Vogel lädt zum Versöhnungsgespräch ins Rathaus. Ausschreitungen gegen Notstandsgesetze, Nazi-Professoren an der Uni, Niederschlagung des „Prager Frühlings", agitierende Springer-Zeitungen, dabei zwei Todesopfer in der Schellingstraße. Prozesse gegen studentische Rädelsführer. Sit-ins, Happenings.

1969: Weiterhin fast pausenlose politische Diskussionen. Kunstakademie vom Kultusministerium wegen allerlei Umtrieben vorübergehend geschlossen. Kostenexplosion beim Stachus-Umbau. Neue sozial-liberale Bundesregierung übernimmt die Hälfte der Olympiakosten.

1970: Studenten sprengen mehrmals die Wahl des Uni-Rektors. Deutscher Städtetag in München, das Touristiker zur „Stadt des Jahres" erklären. Hans-Jochen Vogel zieht sich nach Richtungsstreit in der SPD als Oberbürgermeister zurück, Nachfolger soll Georg Kronawitter werden

1971: Aufrührerische Studenten, besonders Fritz Teufel, immer wieder vor Gericht. In der Prinzregentenstraße erster Banküberfall mit Geiselnahme in Deutschland. Mehrere, aber meist harmlose Attentate. Im Amerikahaus explodiert ein Zeitzünder. Ausstellung „Der Mensch braucht eine andere Stadt".

1972: Bundespräsident Gustav Heinemann eröffnet am 26. August die XX. Olympischen Sommerspiele mit rund 8000 Sportlern aus 121 Ländern. In der Nacht zum 5. September erschüttert und unterbricht ein Anschlag von acht palästinensischen Terroristen, dem elf israelische Athleten und ein deutscher Polizist zum Opfer fallen, die bislang „heiteren Spiele". Die drei überlebenden Attentäter werden durch eine Flugzeugentführung freigepresst.

1973: Olkrise führt dazu, dass eine Million Menschen täglich den öffentlichen Verkehrsverbund mit seinen neuen S- und U-Bahnen benutzen. Der Stadtbereich dehnt sich aus bis Martinsried, wo die modernsten Forschungsbetriebe für Biotechnik entstehen. In der Nymphenburger Straße wird ein neuer Justizpalast errichtet.

1974: Stadtverwaltung vergibt Forschungsaufträge an Linke von fragwürdigem Wert. Stadträte diskutieren mit Prostituierten über ein städtisches Bordell. Klinikum Großhadern wird der Uni übergeben.
1975: Das renovierte Prinz-Carl-Palais wird dem Ministerpräsidenten Alfons Goppel übergeben. Am Isarufer beginnt, nach Widerstand in der SPD, der Bau des Europäischen Patentamtes. An der Barer Straße wird der Grundstein gelegt für die Neue Pinakothek.
1976: Stadtrat beschließt großes Kulturzentrum am Gasteig. Ärger über die von der Stadt eingesetzten „Schwarzen Sheriffs" sowie über einen internationalen Zuhälterring, der den Münchner Liebesmarkt kontrolliert. Rainer Werner Fassbinder startet seine Karriere.
1977: Sensationsprozess gegen die Schauspielerin Ingrid van Bergen, die ihren Liebhaber erschossen hat. In Stammheim erhängt sich Ingrid Schubert, Mitglied der Rote-Armee-Fraktion (RAF). Heinz Rühmann erhält den kulturellen Ehrenpreis der Stadt.
1978: Erich Kiesl (CSU) wird mit knapper Mehrheit zum Oberbürgermeister gewählt. Strauß wird Ministerpräsident und lässt sich im Hofgarten eine kolossale Staatskanzlei errichten. In einem dritten Prozess wird der ehemalige Studentensprecher Rolf Pohle wegen räuberischer Erpressung zu mehreren Jahren Gefängnis verurteilt.
1979: Strauß begnadigt Vera Brühne und kandidiert gegen Helmut Schmidt zum Bundeskanzler. Helmut Dietl dreht mit Helmut Fischer die erste München-Fernsehserie „Der ganz normale Wahnsinn". Gerhard Polt und Dieter Hildebrandt brillieren in dem satirischen Faschingsfilm „Kehraus".
1980: Schmidt und Strauß eröffnen in München die Weltenergiekonferenz. Bombe explodiert auf dem Oktoberfest, 13 Tote, darunter der Täter. Besuch von Papst Johannes Paul II.. Österreichs Kanzler Kreisky erhält Karl-Valentin-Orden.
1981: Stadt richtet Umweltreferat ein. Polizei wird mit umstrittenem Reizgas ausgerüstet und erschießt zwei Rechtsextreme. OB Kiesl verhökert wertvollen Grund an Unternehmer Schörghuber, der Deal wird später rückgängig gemacht. Prozess gegen Sexualmörder Schärmer.

1982: Schwabing feiert seine Gründung vor 1200 Jahren. Kiesl weiht Neubaugebiet an der Berliner Straße sowie erste „Sparhäuser" ein. 90 000 Münchner unterschreiben für Erhalt der Trambahn.

1983: Rechtsradikale „Republikaner" scharen sich um gefeuerten Fernseh-Abteilungsleiter Schönhuber. Neues Volkstheater in der Brienner Straße eröffnet. Große Erfolge der Musicals „Hair" und „Evita" im Deutschen Theater.

1984: Georg Kronawitter ein zweites Mal zum Oberbürgermeister gewählt. Kreisverwaltungsreferent Peter Gauweiler (CSU) rüstet zum Kampf gegen die brutal agierende Sex-Mafia. Hypo-Bank eröffnet an ihrem verlassenen Stammsitz eine anspruchsvolle Kunsthalle.

1985: Einige Stadtteile bekommen eigene Kulturzentren, z.B. in der Seidlvilla und der Pasinger Fabrik. Über 10 000 Münchner demonstrieren gegen die in Wackersdorf geplante Wiederaufbereitungsanlage für ausgebrannte Uranstäbe, viele fahren zum – schließlich erfolgreichen – Widerstand in die Operpfalz. Bombe der RAF tötet den MTU-Manager Zimmermann.

1986: Isarufer und Wiesen im Englischen Garten werden im Sommer zum städtisch geduldeten Paradies der Nackten. RAF-Mann tötet Siemens-Manager Beckurts mit Maschinenpistole. Die Münchner Politiker Hildegard Hamm-Brücher (FDP) und Peter Glotz (SPD) setzten sich in Büchern für die parlamentarische Demokratie ein.

1987: Hans-Jochen Vogel wird Bundesvorsitzender der SPD. Papst Johannes Paul II., Thronfolger Prinz Charles und Diana sowie Erich Honecker zu Staatsbesuch in München. Zum „Hurenkongress" kommen 50 delegierte Prostituierte und erheben allerlei Forderungen.

1988: Max Streibl, Nachfolger des tödlich verunglückten Strauß, stutzt dessen Pläne für die als „bayerischer Kreml" verlästerte neue Staatskanzlei um die beiden Flügel. Säureanschlag eines Geistesgestörten verätzt drei Dürer-Gemälde in der Alten Pinakothek. Bräustätte des 400 Jahre alt werdenden Hofbräuhauses nach Riem verlegt, Druckhaus und Verlag der *Süddeutschen Zeitung* nach Steinhausen.

1989: MBB in Ottobrunn fusioniert noch mit Daimler-Benz und wird größter Rüstungs- und Raumfahrtbetrieb. München ist jetzt größte Industriestadt Deutschlands. Neuer Bevölkerungszustrom nach Öffnung des Eisernen Vorhangs.

1990: Erste rot-grüne Stadtregierung. Das wiedervereinigte Berlin überholt München im Tourismus. Treffen der Ministerpräsidenten aller deutschen Bundesländer. Schauspieler Walter Sedlmayer von Angestellten seiner Gastwirtschaft ermordet.

1991: Einwohnerzahl übersteigt 1,3 Millionen. Umbenennung einiger Stadtbezirke. Riesiger neuer Rangierbahnhof gibt Bahnflächen frei. Beim ersten Stasi-Prozess erscheint früherer DDR-Geheimdienstchef Markus Wolf als Zeuge.

1992: Im Mai zieht der Flughafen von Riem ins Erdinger Moos um. Krawall und hartes Zugreifen der Polizei beim Weltwirtschaftsgipfel. Sowjetführer Gorbatschow und Frau Raissa kommen privat ins Hofbräuhaus und werden bei CSU-Versammlung begrüßt. 400 000 Münchner demonstrieren unter dem Motto „Eine Stadtr sagt Nein" gegen Fremdenhass.

1993: Neuer OB ist Christian Ude, der gegen Gauweiler klar gewinnt. Mit den Worten „Saludos Amigos" erklärt Ministerpräsident Streibl, der sich nach Südamerika einladen ließ, seinen Rücktritt. Beim U-Bahnbau werden in Feldmoching 10 Millionen Jahre alte Knochen gefunden.

1994: Beim U-Bahnbau stürzt in Trudering ein Bus in die Baugrube, drei Tote. Wegen verschiedenen Affären treten die CSU-Politiker Gauweiler und Tandler von ihren Ämtern zurück. Mehrere Manager, darunter neun von Siemens, sind in einem Korruptionsprozess angeklagt. Chinas Führer Li Peng zu Besuch.

1995: Wirtschaftsraum München gegründet. CSU-Fraktionschef Bletschacher erhält wegen Veruntreuung drei Jahre Gefängnis. Ein Kolumbianer, ein Spanier und ein Baske werden als Plutoniumschmuggler verurteilt. Propagandasender Free Europe und Liberty nach Prag verlagert.

1996: Alpenverein zieht um und eröffnet auf der Praterinsel das Alpine Museum. Bierpreis auf dem Oktoberfest über der Zehn-Mark-Marke. In Unterföhring entsteht eine Fernsehstadt. Im Olympiastadion treten drei Tenöre auf. Pläne für neues Fußballstadion bei Frötmaning reifen.

1997: Pläne für neue Großsiedlungen in Freiham (9400 Wohnungen), Riem (6000) und Schwabing Nord (1000 bis 3000). Arbeitslosenquote sinkt auf niedrigsten Stand (7,8 Prozent). Heftige Diskussionen um Ausstellung „Verbrechen der Wehrmacht" im Rathaus. Erster Spatenstich für Petueltunnel.

1998: München erlebt in diesem Jahr 14 000 Kongresse mit 860 000 Besuchern, bucht insgesamt 3,1 Millionen Übernachtungsgäste und 96 442 Studenten, beherbergt 220 000 Ausländer, zählt ihr bisher höchstes Steuereinkommen und bewirbt sich für 2008 vergeblich um Titel „Kulturhauptstadt Europas",

1999: Mehrere rätselhafte Morde und Skandale in mehreren Polizeiinspektionen, es geht um Körperverletzung und Freiheitsberaubung. Arbeitslosigkeit sinkt weiter, aber 600 Obdachlose leben auf der Straße. Bürgerdemos für Biergärten. Auf dem Müllberg Großlappen soll das erste Windrad die Stromversorgung fördern.

2000: Prozess gegen Ex-OB Kiesl wegen Verdachts auf Untreue wird eingestellt. OB Ude meldet erhebliche Bedenken am Schwebezuges „Transrapid", der den Flughafen laut Ministerpräsident Stoiber in zehn Minuten erreichen soll; die aufwendige Entwicklung wird aber erst acht Jahre später eingestellt. Renaturierung der innerstädtischen Isar beginnt.

Das vorliegende Kalendarium ist eine willkürliche Auswahl von Ereignissen, die der Autor als historisch wichtig, interessant oder amüsant erachtet. Zu Grunde lagen insbesondere die Chronik „München im 20. Jahrhundert", die Hans Dollinger 2001 für den Buchendorfer Verlag zusammengestellt hat, sowie die Bücher „Keiner will schuld sein", „Münchner Sittenbuch", „Babylon in Bayern" und „Weißblaues Schwarzbuch", von Karl Stankiewitz.

Nachwort

Reporter als Zeithistoriker

von Wolfgang R. Langenbucher

Der Autor dieses Buches, das eine Art Bilanz ziehen will, war noch sehr jung, gerade mal 19 Jahre alt, als er seiner Berufung als Journalist folgte, und dieser war er, ist er seit gut sieben Jahrzehnten verpflichtet, überzeugt davon, dass man als Beobachter von Welt und Gesellschaft sich nie pensionieren dürfe. Beobachter sein heißt Augenzeuge, Ohrenzeuge und, ja, Nasenzeuge sein. Dazu gibt es ein paar Hilfsmittel wie den Notizblock, das Diktiergerät, die Kamera, aber ohne Präsenz kann journalistische Authentizität nicht entstehen; die heute so komfortable Recherche via Computer ist das Gegenteil einer beruflichen Ethik der Autopsie, des persönlichen Augenscheins.

Karl Stankiewitz, dieser leidenschaftliche Münchner Stadtreporter, lässt auch im vorliegenden Buch erkennen, wie Öffentlichkeitsarbeit und Journalismus Hand in Hand gehen (müssen) und wie man trotzdem der Gefahr entgehen kann, die vom Vorbildreporter Herbert Riehl-Heyse angeprangerten „bestellten Wahrheiten" zu produzieren. Solch Reportertätigkeit auf lange Zeit macht aus dem Journalisten einen Zeithistoriker – über weite Strecken zu jenen gängigen Geschehnissen, die auch in jedem normalen wissenschaftlichen Geschichtswerk erzählt werden. Hier aber erlebt man sie noch einmal aus der Unmittelbarkeit des Geschehens.

Im Untertitel dieses Buches ist schlicht vom Reporter die Rede, aber wie differenziert kann sich das in einer langen Karriere auffächern: Gerichtsreporter, Stadtreporter (das war Stankiewitz vor allem), Landtagskorrespondent, Auslandsberichterstatter, Porträtist, Reisejournalist: langweilig kann einem da wohl nie werden und folglich an Emeritierung kein Gedanke.

Professor Dr. Wolfgang R. Langenbucher hat 32 Jahre lang an Universitäten in München und Wien gelehrt; ergilt als Pionier der modernen Kommunikationswissenschaft.

*Für das Korrekturlesen danke ich
meiner Schwägerin Alwine, meiner Schwiegertochter Andrea
und vor allem meinem alten AZ-Kollegen Gerhard Merk.*

Karl Stankiewitz, geboren 27. Oktober 1928 in Halle/Saale, aufgewachsen in Essen. Seit 1937 in München, 1946 Gründung der ersten Münchner Nachkriegs-Schülerzeitung. Oktober 1947, gleich nach dem Abitur am Wirtschaftsgymnasium, Volontär bei der *Süddeutschen Zeitung* (Außenpolitik, Innenpolitik, Lokales). Juni 1948 nach Gründung der *Abendzeitung* deren Chefreporter und Redakteur für die Reportage-Seite Drei. 1950, wegen Recherche zum Thema Menschenschmuggel, beim *Stern* in Hamburg und auch später dessen Mitarbeiter. 1950/51 Münchner Mitarbeiter des *Spiegel*. 1951 – 2000 Münchner Korrespondent für über zehn nichtbayerische Zeitungen sowie Mitarbeiter bei Münchner Zeitungen, beim Bayerischer Rundfunk, Deutschlandfunk, Deutsche Welle. Später auch freier Reise- und Alpinjournalist. Touristische und allgemeine Berichte aus 66 Ländern. 1977 Herwig-Weber-Preis des Internationalen Presseclubs München „für hervorragende journalistische Arbeiten über die bayerische Landeshauptstadt". 2018 Medaille „München leuchtet" in Silber. Seit 1999 auch Buchautor. Bisher 37 Titel, meist über München, Bayern und Zeitgeschichte. Weiterhin ständiger Mitarbeiter der *Abendzeitung* und der *Bayerischen Staatszeitung*.

Literatur:

Detjen Mation, Zum Staatsfeind ernannt, München, 1998
Dollinger Hans, München im 20. Jahrhundert, München 2001
Falter Josef, Chronik des Polizeipräsidiums München, München 1995
Großkopff Rudolf, Unsere 50er Jahre, Frankfurt 2005
Krauss Marita, München – Musenstadt mit Hinterhöfen, München 1988
Nauderer Ursula Katharina, Jugend gestern und heute, Dachau 2012
Obermeier Siegfried, Münchens goldene Jahre, München, 1976
Pfeiffer Zara, Proteste in München seit 1945, München 2011
Proebst / Karl Ude, Denk ich an München, München, 1966
Stankiewitz Karl. Keiner will schuld sein. Regensburg, 2005
Stankiewitz Karl, Nachkriegsjahre, Regensburg 2006
Stankiewitz Karl, München 68, München, 2007
Stankiewitz Karl, Eine Jugend in München, Schussenried, 2012
dgl. Rebellen Reformer Regenten, Schussenried, 2013
dg. Minderheiten in München, Regensburg, 2015
dgl. Macher Mörder Menschenfreunde. Schussenried, 2015
dgl. Die große Gaudi, München 2016
dgl Aus is und gar is, München 2018
Schörken Rolf, Jugend 1945, 1990
Vogel Hans-Jochen, Die Amtskette, München 1972

Bildnachweis:

AZ-Archiv: Seiten 29, 46, 47, 50, 57, 78, 81, 85, 92, 97, 98, 101, 104, 162, 163, 167, 203, 207, 211.
Thomas Stankiewicz: Titel-Porträt, Seiten 44, 141, 144, 147, 153, 156, 166, 174, 181, 187, 214, 215.
Münchner Stadtbibliothek / Monacensia, OMG F 43, Seite 229
Alle anderen Bilder und Dokumente Karl Stankiewitz